LE GUIDE

DES JEUNES

MATHÉMATICIENS

*Dans l'étude des Elémens des Mathématiques
de M. l'Abbé* DE LA CAILLE.

Par un Ami de l'Auteur de ces Leçons.

A PARIS,

Chez les Libraires affociés.

M. DCC. LXV.

PRÉFACE.

Contenant le plan de cet Ouvrage & la manière de s'en servir avec succès.

S'IL est quelquefois des Préfaces inutiles, il en est aussi de nécessaires. De ce dernier genre sont sans contredit celles qui servent d'introduction à un sçavant ouvrage. C'est-là pour l'ordinaire qu'un Auteur méthodique met sous les yeux d'un lecteur attentif la nature de la science qu'il est résolu de traiter, le chemin qu'il s'est frayé pour la présenter d'une manière neuve, les moyens qu'il faut mettre en usage pour l'étudier avec succès. Sur un plan si simple & si juste, nous déterminerons d'abord quels sont les Traités de Mathématique que l'on doit faire entrer dans la classe des *Elémens*; nous indiquerons ensuite la marche que nous avons tenue en commentant l'ouvrage du célébre Abbé de la Caille où ces connoissances élémentaires sont renfermées; nous dirons enfin comment il faut s'y prendre pour profiter, sans le secours d'aucun Maitre, des leçons laconiques de ce grand Homme.

L'Arithmétique ordinaire & algébrique poussée jusqu'à la solution des problêmes du troisième, quatrième, cinquième degré &c ; la

Géométrie fpéculative & pratique dans laquelle on apprenne à mefurer les furfaces & les folides les plus irréguliers ; la Trigonométrie & la manière de calculer les logarithmes non feulement des finus, tangentes & fécantes, mais ceux encore des nombres entiers & rompus ; les fections coniques avec la méthode de parvenir, au moins par approximation, à la quadrature de la plupart des courbes ; le calcul différentiel & intégral avec fes principaux ufages ; voilà ce qu'on appelle dans ce fiécle éclairé *fimples élémens des Mathématiques*, & voilà ce que Mr. l'Abbé de la Caille a renfermé dans un feul volume *in octavo* de 277 pages.

Ce chef d'œuvre d'un des plus grands Mathématiciens que la France ait vu naitre dans fon fein, n'a pas été fait, je le fçais, pour être mis entre les mains des commençans abandonnés à eux-mêmes. Son Auteur l'expliquoit dans fa claffe avec cette méthode, cette clarté & cette aménité qui lui étoient propres ; & s'il en confeilloit la lecture à fes élévcs, ce n'étoit que pour leur rappeller en peu de mots ce qu'il leur avoit dit plus au long dans fes fçavantes explications. Voici comment il parle lui-même dans l'Avertiffement qu'il a mis à la tête de fes Leçons élémentaires d'Algébre & de Géométrie : *Mon but a été de renfermer en très peu de paroles..... tout ce qu'il eft néceffaire de fçavoir d'élémens des Mathématiques. Ceux qui font profeffion d'enfei-*

gner les Principes de ces sciences, conviendront sans peine que lorsqu'un éléve joint à des dispositions favorables une envie marquée d'étudier plus que superficiellement, il seroit nécessaire de mettre entre ses mains un livre qui contînt en une ou deux pages tout ce qu'on lui auroit expliqué au long dans chaque leçon . . . . Rien ne soulage tant l'esprit, & même la mémoire que d'avoir seulement à relire un abrégé dont chaque mot rappelle tous les raisonnemens & toutes les démonstrations qu'on a entendues.

Ces paroles seroient capables de faire regarder comme presque inutile, & par conséquent de faire tomber dans l'oubli un ouvrage dont on ne sçauroit trop multiplier les éditions. Il n'est qu'un moyen de prévenir ce malheur ; c'est de donner dans un volume séparé ce que Mr. l'Abbé de la Caille avoit coutume de dire dans les explications des points les plus difficiles & les plus épineux de ses Elémens. C'est-là précisément ce que je me propose dans l'ouvrage que je donne au public. La part que j'avois à la confiance de ce grand Homme, les bontés dont il m'honoroit, & la sçience à laquelle je m'addonne depuis une vingtaine d'années , me mettent en état d'exécuter cet utile projet. Je sçais d'ailleurs que commenter le volume des Elémens des Mathématiques, c'est commenter, pour ainsi dire, tous les autres ouvrages qu'a fait paroître Mr. l'Abbé de la Caille ; c'est-là, & ce n'est que là qu'il a coutume de renvoyer son lecteur.

Quant à la marche que j'ai tenue dans ce Commentaire, une longue expérience me l'a indiquée. Pendant la vie & depuis la mort de Mr. l'Abbé de la Caille, j'ai eu occasion de conseiller la lecture de ses Elémens à un très-grand nombre de personnes. J'ai examiné avec soin ce qui dans les commencemens a arrêté le commun des jeunes gens ; & ce font ces Points-là même que j'ai éclaircis le mieux qu'il m'a été possible. Dans le Traité d'Algébre, *par exemple*, je n'ai commenté ce qui regarde les formules de Mr. Halley, le calcul des radicaux, les équations d'un degré supérieur, les logarithmes & les suites, que parce que je n'ai presque point trouvé de commençant en état de s'en tirer, sans le secours d'un Maitre.

Mais ne nous en tenons pas à des généralités vagues ; entrons dans le détail le plus circonstancié & préfentons au lecteur l'abrégé de l'ouvrage que nous allons lui mettre sous les yeux. Le Commentaire des élémens des Mathématiques de de M. l'Abbé de la Caille est divisé en cinq livres. Le premier est sur le calcul arithmétique & algébrique ; le second, sur la Géométrie spéculative & pratique ; le troisiéme, sur la Trigonométrie rectiligne ; le quatriéme, sur les sections coniques ; le cinquiéme, sur le calcul infinitéfimal.

Après avoir tracé dans notre premier livre le caractère des ouvrages de M. l'Abbé de la Caille & fait quelques légéres remarques sur les articles

86 & 119 de fon Traité d'Arithmétique, nous
en fommes venu à fes élémens d'algébre aufquels
nous avions à faire de grandes additions. Et d'a-
bord fa méthode pour extraire la racine cubique
nous ayant paru trop longue & trop difficile à
retenir, nous en avons donné une beaucoup
plus courte, & qu'il eft prefque impoffible d'oublier. Nous avons enfuite calculé les formules
de M. Halley qui fervent à tirer par approximation les racines des puiffances plus élevées
que le quarré, & nous avons appris à appliquer
ces formules non feulement à la troifiéme,
quatriéme, cinquiéme, fixiéme & feptiéme puiffance, comme l'a fait l'Abbé de la Caille,
mais encore à la huitiéme, neuviéme, dixiéme
&c, &c.

Son calcul des radicaux eft trop abrégé, pour
être intelligible. Pour le mettre à la portée des
commençants, nous en avons remanié les formules,
& nous avons mis de fuite les opérations néceffaires
pour y arriver. Viennent immédiatement après les
équations ordinaires de l'Analyfe, & celles d'un
degré fupérieur au fecond. Les premières font
données avec trop de clarté, pour avoir eu befoin de commentaire. Il n'en eft pas ainfi des fe-
condes; l'Auteur en fait l'aveu. *Nous ne pouvons,*
dit-il, *nous étendre fur cet article, parce que
les différentes récherches que les Mathématiciens
ont faites fur ce fujet, ont produit une théorie
très compliquée & un grand nombre de méthodes,
furtout pour les équations purement algébriques.*

Le point de la difficulté en cette matière con-
fifte à mettre un commençant en état de faire
évanoüir le fecond terme d'une équation compléte du troifiéme degré, fans en changer la
valeur ; à la réduire enfuite à l'une de ces trois
formules $x^3 - px - q = 0$. $x^3 + px - q = 0$.
$x^3 - px + q = 0$; à trouver enfin la valeur de
x, l'une des trois racines de l'équation réduite.
Ce font là précifément les trois points que nous
nous fommes propofés dans le commentaire que
nous avons fait de cette partie des élémens de
M. l'Abbé de la Caille. Son Traité fur les *raifons*
& les *proportions* arithmétiques & géométriques
ne nous a pas occupé auffi férieufement que
celui des équations d'un degré fupérieur au fecond. Nous n'avons pas pu cependant fans une
étude férieufe & réfléchie réfoudre les deux problémes que l'Abbé de la Caille propofe à fon
éléve à peu-près en ces termes.

Etant données les deux équations $\omega - a =$
$dn - d$ & $\frac{an + \omega n}{2} = s$, trouver 20 formules
qui puiffent fervir à réfoudre la plupârt des problémes que l'on a coutume de propofer fur les
proportions arithmétiques.

Inférer un nombre quelconque de moyens
proportionnels géométriques entre deux termes
donnés.

Ces deux problémes réfolus, nous en fommes
venus à l'article des logarithmes que M. l'Abbé
de la Caille a prétendu expliquer en moins de

7 pages. Il donne les logarithmes des nombres compris entre 1 & 10, fans nous dire comment il les a trouvés. Nous n'avons pas fait une pareille omiffion ; l'on verra dans notre Commentaire les 52 opérations qu'il faut faire, lorfque l'on veut avoir le logarithme du feul nombre 9. Les logarithmes des fractions font encore plus difficiles à trouver que ceux des nombres entiers. Nous n'aurions garde de blamer la méthode dont fe fert l'Auteur que nous commentons ; nous donnons cependant la preférence à la méthode ordinaire, & nous avons eu foin de la préfenter dans tout fon jour.

Enfin nous nous fommes occupés fur la fin du premier livre de notre commentaire à réduire en fuite infinie les fractions $\frac{1}{1 + xx}$, $\frac{a}{b + x}$, $\frac{aa}{x + b}$, & les radicaux $\sqrt{aa - xx}$, $\sqrt{aa + xx}$, $\sqrt{aa + bx - xx}$; ce font des fuites dont on fait un ufage infini, lorfqu'il s'agit de procéder à la quadrature des courbes. Voilà ce que contient de plus effentiel notre Commentaire fur le calcul arithmétique & algébrique.

Dans les Elémens de Géométrie j'ai cru devoir éclaircir les propofitions fuivantes. Si quatre cordes forment un quadrilatère infcrit dans un cercle, le produit des deux diagonales de ce quadrilatère eft égal à la fomme des deux produits de chaque côté par le côté oppofé.

Tout triangle eft circonfcriptible au cercle.

Les furfaces de deux triangles femblables font

entre-elles en raifon doublée de leurs dimenfions homologues.

. La furface d'un cercle eft égale à celle d'un
quarré , dont le côté feroit moyen proportionnel géométrique entre le rayon de ce cercle
& une ligne de même longueur que la demi-
circonférence.

De tous les angles plans qui forment un
angle folide , le plus grand doit être moindre
que la fomme de tous les autres.

La fomme de tous les angles plans qui forment un angle folide , eft toujours moindre
que de 360 degrés , à moins que cet angle
folide ne foit compofé d'angles faillants & d'angles creux ou rentrants.

La furface d'un prifme droit & celle d'un
cylindre droit eft égale au produit de fon axe
par le contour d'une de fes bafes.

La furface de chaque face d'une pyramide
quelconque tronquée par un plan parallèle à fa
bafe , eft égale au moitié du produit de ce qui
refte de l'apothéme fur cette face , par la fomme de la bafe & de la fection , ou de la droite qui termine la partie coupée.

Les furfaces même totales de deux folides
femblables quelconques font entre-elles comme
le quarré d'une dimenfion quelconque de l'un ,
eft au quarré de la dimenfion homologue de
l'autre , ou en raifon doublée de leurs dimenfions homologues. Telles font les propofitions
qui m'ont paru avoir befoin de commentaire.

J'ai cru devoir outre cela donner dans toutes les régles la solution du fameux probléme de la trisection de l'angle dont M. l'Abbé de la Caille parle, comme en paſſant, à l'article 476.

Le Traité de Trigonométrie eſt donné d'une manière trop concise, pour ne pas mériter un commentaire beaucoup plus long que le texte. Auſſi de ſix chapitres qu'il contient, en avons-nous commenté quatre dans tous les formes ; ce ſont les chapitres 1 , 2 , 3 & 5. Dans le commentaire du chapitre premier nous nous ſommes ſurtout attachés à l'explication des formules tirées de l'article 733 qui ſervent à trouver la valeur des *ſinus* , *coſinus* , *tangentes* & *cotangentes*. En liſant le chapitre ſecond , nous avons cru qu'il étoit néceſſaire d'en commenter les articles 741 , 742 , & 743. Ils contiennent les verités ſuivantes : *les calculs faits pour un arc ſervent à trouver ce qu'il faut pour ſa moitié ou pour ſon double. Etant donnés les ſinus de deux arcs , on a le ſinus de leur ſomme ou de leur différence. La ſomme du ſinus d'un arc moindre que de 30 degrés & du produit de $\sqrt{3}$ par le ſinus de la différence entre cet arc & 30. degrés , eſt égale au ſinus d'un arc qui excéde autant 30 degrés , que le premier arc donné eſt moindre.* Pour ce qui régarde le chapitre troiſième , l'un des plus néceſſaires de la Trigonométrie rectiligne , nous eſpérons, avoir mis à la portée de tout le monde ce qui s'y refuſoit d'avantage, & ſurtout la propoſition où l'on aſſure que *dans tout triangle ſcaléne la*

*ſomme de deux côtés quelconques eſt à leur dif-
férence, comme la tangente de la demi-ſomme
des deux angles oppoſés à ces côtés eſt à la tangente de la demi-différence de ces deux angles.*
C'eſt-là ſans contredit la plus difficile propoſition
de la Trigonométrie rectiligne. Le chapitre quatrième n'a eu beſoin d'aucun éclairciſſement ;
les lettres 7ᵉ, & 8ᵉ, du livre premier de cet
ouvrage en ſont le commentaire naturel. Il n'en
a pas été ainſi du chapitre cinquième. La table
qu'il préſente pour le calcul des triangles rectangles eſt un chef-d'œuvre, j'en conviens, mais
un chef-d'œuvre dont il a été beſoin de faire
ſentir le méchaniſme. Nous l'avons décompoſée
en 21 problémes, dont nous avons donné la
ſolution & la démonſtration. Enfin le chapitre
ſixiéme deſtiné au calcul des triangles obliquangles contient cinq problémes dont la ſolution
s'offre comme d'elle même. le ſeul probléme de
l'article 759 a été ſuſceptible de quelques remarques. Il eſt conçû en ces termes : *Etant donnés deux côtés & un angle oppoſé à l'un des deux,
trouver l'angle oppoſé à l'autre, pourvû qu'on ſça-
che auparavant s'il eſt aigu ou obtus.*

Mais enfin le Traité ſur lequel nous avons
travaillé avec le plus de ſoin, c'eſt le Traité
des ſections coniques. On ne ſe ſeroit jamais
imaginé qu'il put venir à l'eſprit d'un homme
de renfermer en 24 pages d'un volume *in octavo*
tout ce qu'il y a à dire ſur la Parabole, l'Ellipſe & l'Hyperbole. M. l'Abbé de la Caille en

forma le projet ; il eut aſſez de courage pour mettre la main à l'œuvre , & aſſez de génie pour exécuter ſon entreprise avec le plus grand ſuccès. Il en coute , il eſt vrai , de ſuivre cet Auteur toujours entouré de caractères algébriques ; mais on eſt bien dédommagé de ſes peines par le plaiſir que l'on a de pouvoir contempler preſque en même tems & comme ſous un même point de vuë, une foule de verités , dont M. le Marquis de l'Hôpital a cru devoir faire la matière d'un volume *in quarto* d'environ cinq cent pages. M. l'Abbé de la Caille , pour avertir que ſon Traité des ſections coniques ne ſuppoſe pas un lecteur commençant, l'a fait imprimer en petit caractère. Notre but a été , & nous eſpérons en être venu à bout, de l'éclaircir de manière que tout homme qui a compris les quatre Traités précédens , puiſſe lire celui-ci, ſans avoir occaſion de ſe rébuter. Auſſi de 132 articles qu'il contient , en avonsnous commenté une centaine avec l'attention la plus ſcrupuleuſe ; & c'eſt-là ce qui forme le quatriéme livre de notre Commentaire. Nous ſouhaiterions qu'on ne jugeât de l'utilité de l'ouvrage que nous donnons au public, que lorſque l'on aura examiné ce quatrième livre en entier, ou du moins la partie qui contient les remarques que nous avons faites ſur les articles 846, 857, 861, & ſur preſque tous les articles du chapitre où ſe trouvent réſolus différens problémes ſur les ſections coniques. Il nous a falu un calcul infini pour démontrer la bonté des 12 formules de l'article 846 ; les feules équations omifes par M. l'Abbé de la Caille rempliffent 6 à 7 pages de notre Commentaire. L'article 857 ne nous a pas couté moins de travail. Il eft en effet très difficile de faire bien fentir que fi, dans l'hyperbole, comme dans l'ellipfe, des extrêmités de deux diamètres conjugués on méne deux ordonnées à l'axe principal, le quarré de la coupée comprife entre le centre & la rencontre d'une des ordonnées, eft égal au produit des abfciffes de l'autre ordonnée. L'article 861 eft de la nature des deux précédents. Il y eft dit que le quarré d'une ligne droite tirée en dedans d'une fection conique & ordonnée à un diamètre quelconque, eft au produit de fes abfciffes, comme le quarré du demi-diamètre conjugué eft au quarré du demi-diamètre auquel eft ordonnée la ligne droite qui a été tirée. A peine cinq pages de notre commentaire ont-elles pu fuffire pour mettre cette vérité dans tout fon jour ; M. l'Abbé de la Caille l'a cependant démontrée dans 18 à 20 lignes ; auffi fa démonftration devient-elle une étude férieufe pour ceux-là même qu'on regarde comme très avancés dans la fcience des Mathématiques. Ce qu'il dit fur la quadrature de la parabole, de l'ellipfe & de l'hyperbole eft encore plus difficile. Nous nous flattons qu'on ne fera pas mécontent de la manière dont nous avons développé ces problémes. Nous ne craignons pas qu'on nous accufe d'avoir imité l'exemple de ces commentateurs qui s'étendent fur les chofes que tout le monde fçait, & qui paffent legérement fur les points qui demandent, pour être compris, une étude conftante & à l'épreuve des difficultés.

Cette dernière réflexion nous avoit d'abord fait venir la penfée de traiter dans toutes les formes le calcul infinitéfimal dont M. l'Abbé de la Caille donne quelques notions abrégées, & dont il rapporte quelques ufages dans les 14 dernières pages de fes Elémens des Mathématiques. Mais comme ce travail auroit demandé une collection de plufieurs volumes, nous avons cru qu'il fuffiroit de préfenter en grand les formules de cet admirable calcul, & de donner un ample commentaire du chapitre où notre laconique Auteur en fait l'application à ce qu'on appelle en géométrie les *Maxima* & les *Minima* des lignes courbes. Ce chapitre a eu befoin non feulement de plufieurs éclairciffemens, mais encore de plufieurs corrections dont la plûpart ne font pas auffi legères qu'on pourroit fe l'imaginer.

Mais comment faudra-t-il s'y prendre, pour fe fervir utilement de ce Commentaire ? le voici en deux mots. Que ce ne foit que dans le befoin qu'un commençant le life, c'eft-à-dire, qu'il ne le confulte, qu'après avoir fait tout fon poffible pour trouver par lui-même tout ce que Mr. l'Abbé de la Caille a cru devoir fupprimer.

Par-là il entrera dans les vûes de ce grand Maitre qui veut qu'on acquiere l'habitude d'étudier avec attention, & d'exercer beaucoup plus fon jugement, que fa mémoire.

Le lecteur s'attend fans doute à trouver ici réunis fous un même point de vûe les principaux traits de la vie de l'illuftre Mathématicien dont je commente les ouvrages. Ce projet vient d'être exécuté d'une manière fupérieure par un Génie du premier ordre. Pouvois-je terminer plus heureufement cette Préface, que par l'éloge hiftorique qu'a donné de Mr. l'Abbé de la Caille l'incomparable Émule de Tacite?

AVIS AU LECTEUR.

L'Édition des Elémens des Mathématiques de M. l'Abbé de la Caille fur laquelle ce Commentaire a été fait, eft celle de 1764 entièrement femblable à celle de 1759. C'eft toujours l'une des deux que nous citons, lorfque nous renvoyons le lecteur au texte de l'Auteur, ou aux figures qu'il auroit été inutile de faire graver une feconde fois.

CLARISSIM

CLARISSIMI VIRI
NICOLAI-LUDOVICI DE LA CAILLE
VITA,

Ad Cl. V. JOANNEM DOMINICUM MARALDI;

Scriptore P. GABRIELE BROTIER *Soc. Jef.*

I. VIROS, fcientiæ ac virtutis focietate illuftres, poft expleta mortalis vitæ fata celebrare eò fuavius eft, clariffime MARALDI, quòd iis fit vitæ laudabiliter actæ præmium, amicis dulciffimæ confuetudinis amiffæ folatium, fæculo futurifque ætatibus recti verique grande fimul exemplum ac documentum. His incitatus, amici, quem animi & ftudiorum fimilitudo conjunctiffimum tibi fecerat, vitam confcribere in me recepi, ut, dum tu ejus fcripta ab interitu, ego ejus virtutes ab oblivione vindicarem. Simplex, fincera, modefta erit fcribendi ratio, quæ cum optimis mortui moribus conveniat, nec tuis diffentiat.

II. NICOLAUS-LUDOVICUS DE LA CAILLE natus eft in Remorum oppidulo, cui nomen Rumignio (*a*), Idibus Martiis, anno Jefu-Chrifti M DCC XIII. Patrem habuit Ludovicum DE LA CAILLE, matrem Barbaram RUBUY, honeftis quidem natalibus, ingenio tamen, quàm fortunâ, meliores. Pater multa variaque ftipendia olim meritus, relictis caftris, domefticæ vitæ otia Mathematicis artibus exhilarabat; iifque intentus, quæ plus haberent utilitatis, quàm curiofitatis, Mechanicis animum advertit, & ingenii facilitate multa invenit, quæ in publica commoda cederent.

III. HÆC inter enutritus filius, prævalido in infantium animos parentum exemplo, ad Mechanicas artes adolevit,

---

(*a*) *Rumigny.*

*

quarum illi poftea fuit ufus plurimus cum dexteritate ac
fubtilitate conjunctus. At, ne mens rudi exercitatione hebef-
ceret, miffus eft Meduntam (*a*), oppidum Sequanæ expo-
fitum, ut ibi politioris literaturæ rudimenta poneret. Vires,
propter corporis imbecillitatem, acrioribus ftudiis impares,
ardor animi fupplevit. Ibique juvenis primùm fponte, dein
impetu, ad literas tractus, brevi ea dedit felicioris ingenii
indicia, quæ fpes facerent parentibus lætiffimas: nova ftatim addita calcaria.

IV. Parisios enim, urbem regni & literarum fedem,
miffus anno M D C C XXIX, Collegium Lexovienfe (*b*) intra-
vit, Rhetoricæ deftinatus. Acre & fervidum ejus ingenium,
naturæ magis quàm præceptoris ductu, quid in juvenilibus
ftudiis fit egregium confeftim vidit, firmiterque tenuit. Per
duos enim annos pauca fcribere, multa legere, plura meditari, idque vel in ftudiorum ratione obfervare, ut Gallicis
literis non fpretis, fed in maturiorem ætatem dilatis, exem-
plaria, quæ vetus Roma, ingeniorum magis, quàm impe-
riorum, parens, fuppeditat, diu noctuque evolveret, &,
quæ oculis perluftraret, animo combiberet. Scilicet certus in
elegantioribus literis inutilem operam poni, nifi firma fixa-
que pulchri imago menti hæreat, illam adeò vividam ex his
literarum Principibus accepit, ut licèt poftea auftera ina-
mœnaque ftudia fecutus, quæ optima effent femper fenferit;
&, fi fortè quid fibi judicandum, aut fcribendum, ingenio-
sè judicaret, concinnè fcriberet: veritatis tamen in fcribendo, quàm elegantiæ, curiofior.

V. Tali veritatis amore accenfus, ad Philofophiam acceffit. In hoc novo ftudiorum genere ejus induftriam acuit vir
optimus (*c*), juventutis moderator, a quo edoctus eft Phi-
lofophicas ac Mathematicas artes indiffolubili fœdere con-
jungi. Ad utrafque mens ftatim intenta. Sed vicit natura
ad Mathematicas pronior; jamque læta, quod, quæ cupe-

(*a*) *Mantes-fur-Seine.*
(*b*) *De Lifieux.*
(*c*) D. Robert, e fodalitio Presbyterorum a Divo Sulpitio nuncu-
patorum, vir eruditus, & inftillandæ juvenum mentibus pietatis & eru-
ditionis peritiffimus.

ret, poſſet adſequi. Ingenii, ad eas facti, argumentum fuere
elementa Euclidis, nullo præeunte magiſtro, lecta ſimul & in-
tellecta. Mox ad ingenitam cognoſcendi cæli cupidinem pro-
ſiluit animus. Deerant præcepta, organa, tempora. Loco
omnium fuere ſiderum fulgor, noctes inſomnes, oculorum
acies, & inſuperabilis ſciendi voluntas.

VI. Interim patrem amiſit; eoque extincto, concidit domûs
fortuna. Tam luctuosâ morte peribant tanta ſcientiæ molimi-
na & magna naturæ deſtinatio, ni egregia juvenis indoles, mo-
deratoribus ſuis probata, patronum reperiſſet Principem (a)
Condæorum ſanguine, propriâque laude nobilem. Olim in patrem beneficus, filii juventutem ſibi commendatam tutatus
eſt hac unâ gratiâ terram incertum, an cælum, magis ſibi
auctoraturus.

VII. Principis enim præſidio adoleſcens, neque ad ſu-
perbiam, neque ad inertiam, abuti: ſed totum ſe permitte-
re ſtudiis, quibus jam ſolis datum vivere. Ne quid etiam in
poſterum obſtaret, ſe Eccleſiaſticæ vitæ addicere, ut ſibi
& ſcientiis ſemper vacaret. Itaque, emenſo Philoſophiæ cur-
riculo, Theologiam in collegio Navarræo adgredi; eamque
Mathematicâ methodo tractare, quæ nihil veritati demeret,
multùm temporis adderet. Tum tota vitæ ratio in duas
partes diviſa. Interdiu tractata religionis arcana : noctu
inſpecta cæli ſidera. Per tres annos conſtans id vitæ genus ;
nec, niſi improviſo caſu, quem ſilere nefas, ruptum.

VIII. Moris eſt ut doctrinæ examen inſtituatur, quo ſe
doctis titulis dignos oſtentent Philoſophiæ & Theologiæ
alumni. Inſtitutum certè laudabile, ſi ſemper foret favoris,
præjudicatæve opinionis, expers. Pro more ad examen venit
juvenis, ſui conſcius, alienæ laudis incurioſus. Reſponſis ſe
judicibus adprobavit. Examinis tamen arbiter, ætate & uſu
ſuetus dialecticas captiones inextricabilibus verbis involvere,
neſcio quid ex vetere Philoſophiâ recoctum interrogavit.
Bonum virum barbaramque ſapientiam riſit juvenis. Arbiter,
gravi ſupercilio indignans, juvenem abſonum, ſcientiæ ru-
dem, Philoſophicis honoribus indignum pronuntiat. Ceteri

(a) Ducem Borbonium.

judices ftatim reluctari , juvenem laudare , fenilem Philofo-
phiæ barbariem incufare , ac tandem ipfam arbitri duri-
tiem flectere , qui , reluctante dextrâ , non amico capiti
pileatum doctrinæ infigne admovit.

IX. Ut inopina quæque funt cogitationum fecunda , cœpit juvenis fecum reputare hæc honoris infignia , difficulter
habita , dein forfan obtentu difficiliora , nihil juvare , plurimùm retardare poffe , fi conceptam animo Mathematicæ
doctrinæ opinionem velit adfequi : fe facris initiatum (a),
ea potiri quibus alatur pietas , non impediantur ftudia : dignitatis incrementum otio nociturum : Aftronomiam , me-
diocritati infenfam , nullam effe , nifi fummam ; nec fieri
fummam , ni in eâ fis totus. His victus cogitationibus , Theologiæ valedixit. Quiquid pecuniæ fuerat erogatum ,ut Theo-
logicâ laureâ donaretur , in Mathematicos libros impen-
dit , feque totum Aftronomiæ adferuit.

X. Cum jam nulla fupereffent occupationum diverticula ,
cura fuit lecta reminifci , nova evolvere , fingula meditari ,
obfervare innumera , certas fpeculandi , expeditas compu-
tandi methodos invenire. His inftructus fubfidiis , certufque
umbraticis ftudiis doctrinam inchoari , doctorum hominum
colloquiis perfici , ad Jacobum Cassini , regiæ arcis fpecu-
latoriæ præfidem , acceffit. Viro , fcientiâ , modeftiâ , humanitate , pietate fuprà ætatem noftram claro , ut vifus juvenis ,
ftatim fuit probatus ; nec in laboris tantùm , fed & in con-
tubernii focietatem adlectus. Incredibile quantùm ei placue-
rit hæc regia imperii Aftronomici fedes. Cum voluptate ac-
crevit ad fumma enitendi ardor , tuis , Clariffime Maraldi ,
(nec tibi fit pudor audire , quæ feciffe decorum , mihi
honeftum fcribere , omnibus gratum legere) tuis , inquam ,
exemplis , confiliis , amicitiâ , tunc cœpta , nunquam in-
terruptâ , incenfus.

XI. Te duce , ardor ille , tardi moliminis impatiens , in
publicam utilitatem erupit. Oras enim maris a Nannetibus
Baionam ufque defcribere juffi , illas tam curiosè relegiftis ,

---

(a) Diaconus erat ; munerifque officium in ecclefiâ collegii Mazari-
næi per plurimos annos obivit. Sacerdotii dignitate , ne ob ftudia , quæ
multùm temporis abfumerent , minùs dignè fuftineretur , abftinuit.

ut per CCLX paffuum millia terrarum alta , ima , plana, de-
vexa, cava, hiulca , maris acceffus , receffus , meatus , fluxus ,
finus, anfractus curatè adnotaretis , Geographiæ decus , arti
nauticæ fecuritatem addituri. Anno MDCCXXXVIII inchoata,
te auctore,hæc amici tui celebritas,quam deinde per quatuor
& viginti annos novis laboribus, novis in dies fucceffibus auc-
tam vidifti , tuifque gratulationibus ac fuffragiis incitafti.

XII. INCREMENTA dedit fequens annus. Jacobus enim
CASSINI, priore fucceffu invitatus , Juvenem, publico bono
natum, operi diu experito deftinavit. Res paulo fuperiùs re-
petenda. Munificentiâ LUDOVICI XIV, majeftate imperii &
confiliorum fublimitate , quàm victoriarum celeritate , ma-
joris , Aftronomiâ ex Italiâ in Galliam evocatâ, plurima du-
raturæ laudis & utilitatis opera fuere fufcepta. Hæc inter
memorabilis exftitit meridiana linea, quam anno MDCXC
Aftronomiæ antiftites à Septemtrionali regni fine ad Auftra-
lem per regiam arcem fpeculatoriam Parifienfem duxere. Ut
magnis animis cœptum opus, magnis quoque abfolutum.
Sed novitas operis , & rudis adhuc organorum fabrica , om-
nem erroris fufpicionem haud effugere. Retractandum ergo
fuit tantorum virorum opus : id etiam abhinc annos quinque
Minifter regius (a) efflagitaverat. Laboriofæ expeditioni
præfectus eft Cæfar-Francifcus CASSINI DE THURY , cui ju-
vando haud impar vifus juvenis DE LA CAILLE.

XIII. ITINERUM avia, tempeftatum dura, hofpitiorum
horrida , dies laboriofos, noctes obfervando , fcribendo ,
infomnes, referre piget. Neque eques è Pyrenæis montibus
in torrentem præceps actus , diuque delitefcens , pòft ena-
tans , mutatâque vefte , ftatim ad ftudia redux , neque hiemis, quæ anno MDCCXL fæviit, atrocitas, quidquid difcrimi-
nis aditum eft, fatis expefferint. At meminerint harum
rerum periti vividam juvenis mentem, boni publici capa-
cem, fufcepti operis naturâ fummorum virorum non judi-
cem tantùm, fed emendatricem, vel in fummâ modeftiâ
magni nominis initia profpectantem , & quantùm, ut opus
fuccederet , fuerit fudatum facilè judicaverint.

(a) D. ORRY, ærario præfectus.

XIV. Nec fefellit præjudicatæ famæ opinio. Nam medios inter operis labores, procul ab urbe, fideribus, quam hominibus, notior, fine ambitu, & forte infcius, iv Calendas Novembres, anno MDCCXXXIX, a fummo Collegi Mazaririnæi moderatore (a) electus eft ut vacuam Mathematicæ fcholæ cathedram occuparet. Sedem hanc, celeberrimi Petri VARIGNON nomine adhuc plenam, à juvene, quinque & viginti annos nato, occupatam nemo ftupuit, nemo invidit, omnibus adprobavit exitus, ubi primùm, obitis per Provincias laboribus ad adftruendam meridianæ lineæ veritatem, docendi munia fub finem anni MDCCXL adire licuit.

XV. Tum videre fcholæ Parifienfes veram optimi magiftri imaginem, in omnibus difciplinis raram, in Mathematicis rariffimam. Securus enim adversùs communia magiftrorum vitia, qui, vel doctrinâ fuperbi, meditatione taciturni, difcipulorum mentes deterrent, vel infcitiâ audaces, ineptiâ garruli, eas deterunt, ipfe difcere femper, ut foret ad docendum paratior : quidquid fciret, in publicos ufus transfundere : Mathematicas veritates feligere, ordinare, ad auditorum intelligentiam accomodare : ita explicare, ut, an ftatim, an penitus caperentur, attenderet : retractare, donec omnibus obvias videret : fic omnibus publicè confulere : privatim verò ad colloquia, quos difficultatibus irretitos, aut fcientiæ amore fuccenfos perfentifceret, invitare : exteris æquè, ac familiaribus, facilis.

XVI. Hæc jugis fuit, nec per tot annos unquam intermiffa, docendi ratio; quam ut expeditiorem utilioremque redderet, in perpetuis fcolarum fcriptionibus maximam temporis jacturam effe gnarus, fub finem anni lectiones fuas Mathematicas typis mandari curavit. Sed a lucro abhorrens, eas impenfis fuis (licèt tenuiffimâ uteretur fortunâ) edidit : pauperibus auditoribus gratis elargitus eft ; ditiores ipsâ pretii vilitate, quæ vix mediam ejus partem æquaret, ad ftudium provocavit.

XVII. Nunc verò tot magifterii curas reputans, quis

(a) D. ROBRE, viro fupra candidatorum preces; & patronorum fuperbiam pofito.

exiftimet eas fuiffe minimam laboriofæ vitæ partem ? Interea tamen ad numerorum feveritatem revocabatur quidquid menfurarum pro meridianâ lineâ fuerat peractum. Sideralis fpecula in collegio Mazarinæo attollebatur. Apud artifices, magiftri confiliis & ductu, Mathematica cudebantur organa, accuratiffimè dividebantur. Honos ipfe , tot hominibus laborum finis , novorum neceffitatem & cupidinem illi indidit. Vix enim hoc anno MDCCXLI, IV. Calendas Maias, Regiæ Scientiarum Academiæ fuit adjunctus , & Aftronomiæ addictus , cum quid pro eâ perficiendâ poffet fufcipi, cœpit cogitare. Verùm, antequam quid viderit, quid egerit, referam, Aftronomiæ vices ejufque ftatum priùs expediam.

XVIII. ASTRONOMIA , cœli benignitate Chaldeis primùm culta , inde Egyptios , Lndos, Sinas, Phœnices , vetere´fque populos pervagata, ad Græcos devenit, rudis adhuc, nec nifi magnis cælorum converfionibus, fiderumque deliquiis celebrata. Hi , fueti inventis addere, cœlorum vaftitatem complecti : magnum doctrinæ inftrumentum , Signiferi (a) obliquitatem deprehendere : ftellas annumerare ; earum loca & magnitudines fignare : multivagos errantium fiderum curfus, variafque ftationes definire: Cometas ipfos obfervare. At innatâ gentis vanitate citò corrupta ars ; nec tam ftata temporum fpatia, quàm fallacia vitæ & fortunæ figna in cælis quæfita. Scientia fic adulterata tranfiit ad Romanos, cæli capaces, ut potè qui Cometas effe mundo æquales intellexere. Verùm ambitio & avaritia, folita regnorum vitia, artem perditum iere, cùm magis juvaret per genethliacas fraudes ad opulenta fcelera emergere , quàm peruditas obfervationes ad cælum eniti. Crevit fuperftitio Arabum deliriis & victoriis fuperba. Aftronomia, has inter tenebras diu eluctata , per varia Europæ regna cæleftibus animis , nondum tamen fuperfticione penitùs , abfolutis adfulfit; ac tandem, Italis Germanifque , duce Keplero , auxiliantibus, pura nitidaque in lucem evafit. Hanc communibus ftudiis excepere Galli & Angli , altâ cogitatione,

(1 (*L'Ecliptique.*

jugi, mutuâque obfervatione, peregrinatione multiplici, infinitis experimentis, non tantùm cælorum motus ac menfuras, fed rerum caufas magnumque mundi arcanum, aufpice Newtono, indice Bradleio inveftigare aufi.

XIX. Hic Aftronomiæ ftatus, cùm cæli interpres Academiæ fuffragiis deftinatus eft clariffimus de la Caille. Ut fui fpecimen daret, eofque, quos operis focios optabat, juvaret, differentiarum computationem ad trigonometriam fphæricam applicandi rationem demonftravit. Anglicum quidem inventum (a), fed antè paucis notum, intellectu difficillimum, nunc verò demonftratâ methodo, expeditum, Aftronomis omnibus obvium, & adversùs quofcumque errores tutiffimum.

XX. Post Hipparchi æmulus, minore impendio, utilitate maxima, non mille fexcentas, quod olim prodigiofum videbatur, fed omnes cælorum ftellas numerandi viam aperuit; remque, quam Veteres *Deo improbam* dixere, ipfe tironibus facilem fecit. Tantùm valet unius hominis mens! nec ipfa, dum nos non laboris fatias, non defperatio capiat, humanæ capacitatis terminus.

XXI. Infinita foret hiftoria, fi fingulis annis excogitatas, & femper compendiarias, feu perplexos Cometarum motus divinandi, feu locum, in quo Sol à terrâ magis diftat, determinandi feu figurandi *projectiones fphæricas* (nova enim narranti novis utendum verbis) cum minimis partium fcrupulis congruentes, & omnibus Solis & ftellarum intercedente Lunâ, occultationibus accomodatas, methodos recenferem; fi innumeras ftellarum & fiderum obfervationes, repertæ veritatis teftes, referrem. Hæc omnia exftant in Regiæ Scientiarum Academiæ actis publicæ utilitati & æternitati confecrata.

XXII. Duo tantum ad virtutis commendationem memorare juvat. Alterum difcipulorum curâ laudabile. Præceptor

---

(a) A Rogerio Cotefio excogitatum. Exftat in libro, cui titulus: *Rogerii Cotefii Harmonia Menfurarum*, & *ejufdem Opufcula Mathematica, ex recenfione Roberti* Smith. *Cantabrigiæ* 1722. *in-*4°. Inter hæc opufcula unum eft infcriptum: *Æftimatio errorum in mixtâ Mathefi.*

enim optimus, de eorum progreſſu ſemper ſollicitus, tot
inter labores in publicum emiſit Mechanicæ, Opticæ & Aſtronomiæ elementa, capitulatim quidem, non tamen cur-
ſim expoſita; ſed quidquid hactenus inventum, & quod
ad inflammandos juvenum animos optimum, quid quæ-
rendum, quid inveniendum ſuperet, ſtrictim complexa. Alterum verò alienæ gloriæ ſtudio, propriæ negligentiâ, mi-
rabilius. Tum enim ſingulos Solis ac Lunæ ab ortu Jeſu-
Chriſti ad annum MDCCC defectus ad accuratiſſimam computationem revocavit, ne mancus ac mendax foret liber (*a*),
qui explorandæ temporum veritati parabatur: iter viri eru-
diti (*b*), de artibus optimè meriti, qui Fortunatas inſulas
(*c*) luſtraverat, in Academiæ bibliothecâ adſervatum,
ſed occultum, breviter doctèque expoſuit, ut Aſtronomis
& Geographis clareſceret: Valtheri aliorumque obſervationes, vetuſtate antiquatas, Aſtronomiæ tamen utiliſſimas,
publico uſui reſtituit.

XXIII. Tot vigiliis illuſtrata pars cæli Septemtrionalis:
ſed adhuc obſcura erat pars Auſtralis. Mens irrequieta, ni
totum ſibi pateret cælum, iter ad Caput Bonæ-Spei, præci-
puam Batavorum in Africâ ſedem meditata eſt. Conſilium
ſibi glorioſum, omnibus utile laudavit Academia, probavit Miniſter regius (*d*), cujuſcumque egregii publici fau-
tor, magno animo fovit Batavorum reſpublica.

XXIV. Ubi ſic læta fauſtaque viſa ſunt omnia, ne, ut
pleraque conſilia, apparatu maxima, ſucceſſu minima, hoc
quoque vaneſceret, cogitationes præmiſit Clariſſimus DE
LA CAILLE, & quantùm Aſtronomiæ in Africâ poſſet con-
ſulere prævidit. Nec jam uni ſtellarum cenſui intentus,
ſtatuit etiam Lunæ, Martis, ac Veneris parallaxim inquirere. Verùm cùm ad id mutuis ſibique reſpondentibus ob-

---

(*a*) L'Art de vérifier les Dates des faits Hiſtoriques, des Chartes,
des Chroniques & autres anciens monuments depuis la naiſſance de
Notre-Seigneur. *Par des Religieux Benedictins.* Paris. 1750. in-4°.

(*b*) P. Feuillée, ex Minimorum ordine.

(*c*) *Les Iſles Canaries.*

(*d*) D. D'Argenson.

fervationibus opus foret , ftudiorum fuorum confortes (*a*)
quid pararet publico fcripto monuit; & ne multum operæ
impenderent , addidit notas fiderum , ftellarum , loco-
rum , dierum, ut ad ea , quæ erant obfervanda , protinus
accederent.

XXV. Tum compofitâ curtâ fupellectile , paratifque organis , itineri fe accinxit. At minifter regius , fuetus im-
portunis concurfationibus poftulationibufque, obniti, mira-
tur fe non adiri , nihil peti. Tanto parfimoniæ exemplo
magis , quàm aliorum precibus, motus , mittit CLXXXIV au-
reos (*b*) , & libellum, quo fponfore , neceffaria in pofterum
provideantur. Accepta pecunia in comparandis novis am-
plioribufque organis , tum ob Aftronomiæ utilitatem , tum
ob artificis , cui erant oneri , levamen , ftatim expenfa eft.

XXVI. Mox non ditior , fed fcientiæ inftrumentis gra-
vior , die XII Calendas Novembres , anno MDCCL , Parifiis
proficifcitur, folus extrema Africæ petiturus, ni juvenis qui-
dam artifex (*c*), humanitate & artis fuæ ftudio animatus , fe
comitem fore exoraffet. Oriente, portu apud minores Britan-
nos propter Societatis Indicæ commercia non incelebri , fol-
vêre XI Calendas Decembres , rectore navis , cui nomen *Glo-
riofæ* (*d*) , non magis quàm decet , fed quàm folitum eft ,
Mathematicis artibus exculto. Tali duce , lætum fuit iter ,
gratâque obfervationum (longitudinum imprimis & latitu-
dinum) varietate recreatum. Ad Caput Bonæ-Spei XIII

(*a*) Quorum præcipui , & literarum commercio fociati, fuere Lon-
dini Cll. BRADLEY , BEVIS , & MORTON eruditis omnibus ob humanitatem , nobis ob præftita ad editionem C. Corn. Taciti , quam ador-
namus , egregia officia cum gratâ animi teftificatione femper memoran-
dus:Petropoli Cll. MULLER & GRISCHOW:Amftælodami Cl. STRUICK:
Stokolmiæ Cl. WARGENTIN : Upfaliæ Cl. FERNER : Gottingæ Cl.
MAYER. Plurimi quoque e Societate Jefu Mathematici: Romæ P. Bos-
COVICH : Vindobonæ PP. HELL , LIESGÆNIG & SCHEFFER : Floren-
tiæ P. XIMENEZ : Maffiliæ P. PEZENAS: Lugduni P. BÉRAUD: Pechini
PP. GAUBIL & BENOIST.

(*b*) Ut vulgò loquimur libras Gallicas 4000.

(*c*) Nomine RÉTAIL.

(*d*) D. DAPRÉS DE MANEVILLETTE, auctore libri optimi, cui
titulus : *Le Neptune Oriental.*

Calendas Maias anni MDCCLI perventum eſt.

XXVII. Nihil mollitiei, nihil corpori datum. Sed ſtatim ſalutato loci præſide (*a*), ceteriſque primoribus (*b*), quos omnes ne optari quidem meliores amicioreſque licuit, è navi Mathematicam educere ſarcinam : adlaborantibus Batavis, exſtruere Aſtronomicam ſpeculam : aptare organa : nova condere ; totamque machinarum vim in novum cælum, tanto apparatu expugnandum, dirigere. Opus, Atlanticis laboribus majus, vi Idus Maïas cœptum.

XXVIII. Pura quidem & ſerena erat cæli facies. Sed vulturnus (*c*), ventus in hac orâ frequens, admirationem ſimul & terrorem intulit. Hoc enim vehementiùs flante, ſidera viſa creſcere, ſalire : Luna, undante quaſi fluctu, tremere : ſtellæ ipſæ, Cometarum modo, in ſpeciem barbæ comæve promitti. Ni fuiſſet mens plurimo obſervationum uſu exercitata, longæ ſpes ſubitam in deſperationem vertebantur. At ipſâ difficultate crevit animus ; diuque cum naturâ luctatus, eam ſuperavit. Nam haud ita ſalire ſidera, brevioribus organis : iiſque adversùs ventum munitis, quod ſupererat tremoris imminui, penituſve tolli.

XXIX. Tum victor Aſtronomus, cxxvii noctibus vigilatis, Auſtrali cælo dominari ; ibique, quod ferme incredibile plus quàm decem ſtellarum millia (*d*) dinumerare, nec minori laude eas in ordinem redigere. Quippe Veteres, anilibus fabulis ludificati, cælum ſibi cognitum monſtris oppleverant. Poſt à Recentioribus nomina Principum ſuaque ſideribus inſerta. Aſtronomus ſupra fabulas, adulationem, vanitatemque erectus, organa, quibus naturam vincere docuit recens Philoſophia, per cælum ire juſſit eorumque nomine cæleſtia ſigna vocitari : nullâ præmiorum ſpe, nullâ ſui oſtentatione, ſed magnâ ſcientiæ commendatione.

XXX. Pari ſucceſſu Luna, ſidus contumax, Mars igneus,

(*a*) D. Tulbagh, ob humanitatem egregiaque officia & optimam voluntatem plurimùm laudando.

(*b*) DD. Bestbier, Ruyter, Muller, &c.

(*c*) Nobis *le vent de Sud-Eſt.*

(*d*) Vide in *Cæli Auſtralis Stelliferi* opere monitum editoris (Clariſſimi Maraldi) qui earum numerum & ordinem ritè digeſſit.

Venus rutilans , Sol ipfe radians, exploratâ eorum parallaxi, victori parere juffa. Expletâ jam itineris deftinatione , necdum inftante reditu , ne quid temporis utilitati publicæ periret , improbum aliud aufum tentatum eft , quafi puderet cœlorum vaftitatem fcrutari , & terræ menfuram non agere. Hanc quidem aliquot ante annis numerofa eruditorum virorum caterva, annuente LUDOVICO XV, fautore artium munifico, magnis laboribus, magnis impenfis,in Europâ Americâque peregerant, uno gradu fub Æquatore, altero fub poli Arctici circulo, dimenfis. Nondum tamen compertum erat utrum in parallelis orbis Auftralis gradibus eadem effet menfuræ ratio. Id inquirere adgreffus eft vir unus (a), duce tantum & interprete amico hofpite (b), focio juveni artifice fuprà memorato, famulantibus fervis rudi ingenio magis , quàm nigro colore, humani ritûs degeneribus: per folitudines, per arenas , per montes, per mare, per pruinam, per imbres , per grandinem atroxque frigus, adversùs morbos, fatigationis fævæque tempeftatis comites, unâ diætâ defenfus.

XXXI. HAUD irrita fuit improbi laboris fpes. Exactâ enim à loco , cui nomen *Klip-Fonteyn*,ad Caput Bonæ-Spei pedum CCCCXMDCCCXIV menfurâ, bafique XXXVIIIMDCCCII pedum ter ad examen revocatâ , novum patuit naturæ arcanum; fcilicet parallelos gradus latitudinis Auftralis (c) non habere radios æquales parallelis gradibus latitudinis Septemtrionalis : novo argumento naturam effe miraculis involutam, nec in fui manifeftationem nifi affiduis experimentis evincendam.

XXXII. DUM hæc aliaque terræ & cœli prodigia explorabantur, ac veterator (d), qui Europæ mendacia venditaverat, coarguebatur , è Galliâ venêre naves , quæ non reditum, fed in infulas Francioam & Durboniam (e) profectionem , nûntiavere, ut harum pofitus Geometricâ methodo determinaretur. Supervacua quidem erant hæc juffa, cùm vir (f) in omni obfervationum diligentiâ mirus , id priore anno perfeciffet.Ne quid tamen peccaretur in regiam majeftatem , cujus mandata laus eft exequi, non fcrutari, obtemperatum eft;variaque in his infulis obfervata.

(a) A Cl. DE LA CAILLE cœptum opus ineunte Septembri, abfolutum exeunte Octobri, anno 1752.

(b) D. BESTBIER.

(c) Versùs trigefimum tertium latitudinis Auftralis gradum reperit terreftrem gradum conftare pedibus 342222.

(d) Petrus KOLBE , qui Capitis Bonæ-Spei defcriptionem mendaciis fquallidam commentus eft. Multò. adhuc deterior interpretatio Gallica quæ prodiit anno 1741.

(e) *L'Ifle de France, l'Ifle Bourbon.*

(f) D. DAPRE'S DE MANEVILLETTE , jam laudatus fuprà num. XXVI.

XXXIII. Interim curiositas, moras pati nescia, Astronomos in Europâ tantò acriùs urebat, quod non modò quid in Africâ repertum, sed quid ipsi mutuis observationibus invenissent, scire percuperent. His consultum voluit Academia, & observationes epistolis ex Africa acceptas publicavit. Verùm, uti adsolet, haud imminutum mutis literis desiderium, sed irritatum, unâ scriptoris præsentiâ levandum. Tam diu, tam multis desideratus, tandem rediit Parisios IV Calendas Quintiles, anno MDCCLIV, spretâ magnâ pecuniæ vi (a), quæ redeunti oblata, ut suam portoriorum immunitatem cum viro lucri, quàm gloriæ, cupidiore, communicaret : ac in diuturno quatuor ferme annorum itinere pro se artificeque comite, nobis sæpiùs dicto, expenderat tantùm quinquaginta sestertia (b). Quæ quidem minuta nos referre nemo queratur, cùm iis pateat honestissimum pariter & frugalissimum hominis ingenium, ævo pecuniæ & deliciarum avido minimè silendum.

XXXIV. Ubi primùm ejus reditus innotuit Parisiis, omnes ventitare : amici adventum gratulari : Astronomi externa quærere, sua narrare : curiosi vanique portenta, Veteribus Recentibusve celebrata, interrogare, laudare, mirari, ingentes fortunæ spes ; itineris præmium, oggerere. Ille, verborum parcus, nec fortunæ anxius, amicis benevolentiam rependere : cum Astronomis scientiam communicare : curiosos vanosque silentio modestiâve premere : mox claritudinem suam dolens ; tria summa, quæ sunt sapienti inimica, auctoritatem, fortunam, famam deprecari : secessum etiam ex urbe cogitare ; ut procul a turbâ clam, in aliquo Occitaniæ aut Provinciæ (c) angulo, liberiore purioreque cœlo, totus sideribus hæreret.

XXXV. Restitere amici ; vicitque publica utilitas. Sed pristinæ consuetudinis retinens, & contra blanda & in vanitatem trahentia urbis vitia obfirmatus, mediâ in urbe solitudinem sibi facere : cum amicis, cum discipulis, cum Academiâ versari : superbis abstinere liminibus : concursationes ad divitias euntium horrere : in seipsum suaque studia recedere. Tum, post vindicatam meridianæ lineæ diligentiam, ab erudito viro (d) subtiliùs, quàm veriùs, impugnatam, retractata singula per peregrinationem observata, & ad publicos usus disposita. Primùm summam totius itineris breviter prodidit. Deinde ad peculiaria progressus, mutuas Astronomorum observationes cum suis contulit, & incredibili sagacitate Solis, Lunæ, Martis ac Veneris parallaxes definivit (e). Mox, experimento edoctus, sidera præter latitudinis differentiam pro diversâ

(a) Illi oblatæ ut vulgò loquimur, 100000 libræ Gallicæ.
(b) Rotundè dictum. Tota enim itineris per quatuor annos expensa, per soluto etiam comitis artificis famulitio, fuit tantùm librarum Gallicarum 9144. cum assibus 5.
(c) *Le Languedoc, la Provence.*
(d) D. Euler.
(e) Ex omnibus istis observationibus inter se collatis definivit Solem habere parallaxin $9'' \frac{1}{2}$. Lunam $56' 56''$. Martem in opposito $26''$. Venerem $38''$.

adhuc aëris denfitate aut levitate, calore aut frigore, ficcitate aut hu-
more, fublimiora humiliorave videri, accuratiffimas *refractionum* leges,
quibus vera fiderum altitudo notefceret, condidit. Demum, perplexio-
ra fecutus, inveniendæ, dum navigatur, longitudinis, Lunâ duce, fuâ
expérientiâ tefte, viam, vel Mathematicarum artium rudibus, facilem,
aperuit. Atque, licèt difficultate, quæ tot torfit ingenia, non penitus
fuperatâ, tamen imminutâ, humanitati egregiè confuluit.

XXXVI FAMA viri, bono publico nati, tot laboribus per Europam
diditâ; celeberrimæ Academiæ (*a*) Inftitutum Bononienfe, quod multis antè annis præiverat, æmulatæ, eum in dignitatis fuæ focietatem
adfcivere, ut ipfæ in ejus laudis partem venirent. Singulæ magnificis
verbis fuam admirationem & venerationem teftatam voluere. Regia
Academia Parifienfis, cui nihil fupererat novæ dignitatis, quod confer-
ret, annuam dedit pecuniam (*b*): munus, in quo parum fortunæ, fed
honoris plurimùm; aliquot pôft annis adhuc auctum (*c*).

XXXVII. MENTEM jam alacrem incitavere tanta fuffragia. Ac tandem anno MDCCLVII prodiit opus per decem annos elucubratum, non
mole, fed rerum magnitudine & veritate ingens. In eo enim, veterum
Aftronomorum laboribus minimè per invidiam elevatis, fed errorum
fufpectæque fidei caufis breviter demonftratis, *Aftronomiæ Fundamenta*
noviffimis & indubitatis Solis & ftellarum obfervationibus ftabilita. Ne
quid etiam in pofterum defideraretur, additæ anno fequenti *Tabulæ So-
lares*, invictâ Aftronomicæ mentis pertinaciâ ufque ad decumas fecun-
dæ partes protractæ: ipfaque fiderum gravitas, quæ Solis motum diftur-
bat, per fcrupulofas computationes in iis provifa.

XXXVIII. VIX in lucem exierat immenfæ diligentiæ opus, cùm Petrus BOUGUER, operis adprobator fimul & auctoris amicus, ftudiorum atque animorum confortio pridem conjunctus, mortem obiit XVIII
Calendas Septembres, anno MDCCLVIII. Doloris acerbitatem auxit fuprema morientis volùntas, qui fcripta fua, cariffima pignora, amico
fuperftiti commendaverat. Quantâ diligentiâ ei obfecundaverit teftatur
tum opus ejus *de Luminis Gradibus* diligentiffimâ editum, tum ejus *de
Navigatione* tractatus, quem vel per compendium duplo majorem fecit,
& ad plures faciliorefque ufus difpofuit.

XXXIX. EADEM pietate motus, alias mortuorum reliquias, fibi
haud ita caras, fed Academiæ creditas & Aftronomiæ utiles, ne oblivione fituve perirent, curavit. Inde e tenebris erutæ GUILIELMI (*d*),
Cattorum (*e*) Principis, Aftronomicæ obfervationes diu obliteratæ. Inde

---

(*a*) Petropolitana, Berolinenfis, Gottingenfis, Holmienfis. Inftitutum Bononienfe præiverat anno 1745.

(*b*) Libras Gallicas 500.

(*c*) Libris Gallicis 400.

(*d*) Guillielmus IV, Cognomento *fapiens*, ob literarum atque imprimis Aftronomiæ, quæ tum revivifcebat, ftudium, inter eruditos fæculi XVI. Principes
meritò annumerandus.

(*e*) *La Heffe*.

cum erudito orbe communicata Orientis monimenta , Ægypti miracula, quæ Ludovici XIV juſſu olim luſtraverat Joannes-Matthæus de Chazelles.

XL. Hæc ſubſecivis horis deproperabat, oculis in cœlum ſemper intentis , ne quid clanculùm fugeret. Dignum tantâ aſſiduitate apparuit ſpeɛlaculum , cùm refulſit anno MDCCLIX Cometes, unicum haɛlenus, ſed tandem evidentiſſimum , ut probavit, argumentum perpetua hæc ſidera ſuo ire ambitu , & ut cetera errantia , ſi Aſtronomis per plurima ſæcula non defuerit conſtantia , in cœleſtem nomenclaturam ventura. Duos alios Cometas vidit & deſcripſit anno MDCCLX , quorum alter celerrimi motûs VI Idus Januarias gradus ferme quadraginta intra viginti quatuor horas percucurrit. Artis periti ſidus hoc multò propiùs ; quàm Lunam , terris propinquaſſe contendebant. Imperiti, ſibi ſuiſque paventes , terras Cometis elidendas exurendaſve jam fremebant. Ipſe falſas conjeɛlationes , inſanos terrores , ratione demonſtrationum ſemper inviɛlâ repreſſit. Quodque incredibile videbatur , retrogrados Cometas , iu eâdem , ac Lunam , diſtantiâ , viſo ſidere multò velociores eſſe poſſe omnibus certum fecit.

XLI. Cœlos ita ſcrutantem mortalitatis admonuit acris podagra. At laborum patientiâ & reɛli conſcientiâ adversùs morbos & mortis timores ſecurus , nihil ſtudiorum remiſit. Tantò etiam acrior , quantò longa ſpes incertior , loca ſtellarum , quæ Zodiacum tenent , novis obſervationibus ſignare adgreſſus eſt. Opus aliud maximum animo concepit, quo ſingulas Aſtronomiæ ætates deſcriberet ; veteres recenteſque obſervationes , ævo teſte , retraɛlaret & inter ſe componeret (a) ; organorum , quorum ope reſerata tot naturæ arcana , fabricam & uſus doceret. Ac ne urbis tumultu avocaretur , obtinuit in regiis Vincennarum ædibus habitationem , in quâ ſecretior liberiorque viveret.

XLII. Dum Aſtronomicus apparatus ibi inſtruitur , diu expetitum Auſtralium ſtellarum catalogum , ad ſtriɛlas Aſtronomiæ leges elaboratum ; typis mandare cœpit (b). Simul *Ephemerides Cœleſtes* (c), cum maximû tum Geographiæ , tum rei nauticæ utilitate ante viginti annos inchoatæ , ad novum decennium continuabantur. Nec in tantis occupationibns ceſſata ſcholarum & Academiæ munia. Immo his , quaſi relaxatione , uſus, maximam noɛtis partem obſervationibus dabat , vel

(a) Quantùm hâc in re valeret , quantùmque damni mors ejus præpropera attulerit , ſatis indicat oratiuncula , quam ultimo Ephemeridum ſuarum cœleſtium volumini ſubtexuit , hoc titulo : *Diſcours ſur les progrès que l'Aſtronomie a faits depuis une trentaine d'années.*

(b) Editionem abſolvit Clariſſimus Maraldi , hoc titulo inſignitam : *Cœlum Auſtrale ſtelliferum* , &c.

(c) Poſtremum volumen ante Auɛloris mortem jam editum , nondum tamen in publicum emiſſum , catalogo ſtellarum , in Zodiaco obſervatarum , auxit Cl. Bailly ; eumque inſcripſit : *Catalogue de 515 Etoiles Zodiacales , obſervées en 1760 & 1761 , par M. l'Abbé* de la Caille *, & réduites au commencement de l'année 1765 , par M. Bailly , de l'Académie des Sciences.* Oɛlingintas ſtellas in Zodiaco obſervaſſet Cl. de la Caille , ſi mors procraſtinaſſet.

frigidiffimo hiemis tempore, pofitu corporis tam incommodo , ut refu-
pinus ftellas capiti imminentes per tres continuas horas fufpiceret , &
quandoque frigore torpens ægre furgeret.

XLIII. Valetudo, olim laboribus firmata , his tandem fraĉta ,
fuccubuit fub finem hiemis , anno MDCCLXII. Tum enim fanguis ar-
defcere, gravefcere caput, renes incurvefcere, pigrefcere ftomachus,
oppleri corpus: animus tamen adhuc pertinax reluĉtari , nec à prifcâ
ftudiorum confuetudine moveri. Sed ipfe tandem , malorum mole op-
preffus , fatifcere. Idıbus Martiis fupervenit Medicina, quæ mala,quiete
mitiganda , remediis exafperavit. Senfit æger, morbumque, quem
decennio antè ars modica in Africâ levaverat, plurimâ arte in patriâ
irritari ingemuit. At mox ut anteà , dum valebat , vitæ prodigus , fic in
ægrotatione mortis contemptor , fuprema fua audaĉter intueri, auda-
ciùs loqui; nec amicorum medicorumque vanâ fpe delufus , lætus æter-
nitatem animo volvere : interim varia difponere , quibus Academiæ obfervationum fuarum diaria committeret, artifque inftrumenta, tot eruditorum virorum laboribus fuifque nobilitata , reftitueret; tibi , Clariffime Maraldi , quod reliquum erat fecretiorum chartarum crederet ;
parentibus modicas , fed gloriofè partas, facultates relinqueret. Dein
cunĉtis Chriftiani viri officiis fummâ cum pietate funĉtus , vim morbi ,
medicamentis graffantem , vidit impavidus. Incifâ enim ultimùm venâ,
gravis incubuit lethargus , quo vitam finivit die decimâ Calendas Apri-
les; novem & quadraginta annos natus. Ævum breve , fi fortem naturæ
fpeĉtamus ; fi labores gloriamque cogitaverimus , longiffimum.

XLIV. Mortales quidem corporis exuvias , plurimis cum lacrimis
funeratas, obruit profunda tumuli altitudo : ad notas cœlorum fedes evolavit immortalis fpiritus. Nos tamen non penitùs deferuit , fed
manet adhuc magnâ parte fui fuperftes. Vivit enim , vivetque diu, Clariffime Maraldi, magnarum ejus virtutum memoria. Apud nos publi-
cis laudibus (a) jam confecrata, apud exteros magis ac magis celebra-
bitur, cum audierint virum, quem ob doĉtrinæ claritatem fufpiciunt ,
quemque vernaculis ejus operum interpretationibus quafi fuum fecêre ,
fuiffe eximiis animi & corporis dotibus ornatum,liberali & decorâ facie,
fuci nefciâ ; ingenio acri & fervido; mente firmâ & conftante; vitâ fim-
plice & æquabili; moribus integerrimis ; reliogiofum & pium,humanum
& officiofum, amicitiæ parcum, fed obfervantiffimum, in quo id unum
fortè culpandum, quòd quantò modeftior, tantò effet fincerior reĉtique
ac veri pervicacior. Quæ quidem libertas, vigentibus moribus , femper
laudata, iifdem inclinatis , aut proftratis, non ita probatur, five quòd
fumma virtutum ferendo fumus impares, five quòd nimis è propinquo
vitia argui nolumus. Quidquid id eft , maxima laus eft hac ætate exfti-
tiffe virum eruditum,in quo nihil , nifi virtutem, reprehenderis.

(a) Clariffimus de Fouchy , Regiæ Scientiarum Academiæ à fecretis, folita
laudum officia eleganter & eruditè perfolvit: olim juvenilium ftudiorum inf-
tinĉtor, nunc laudator. Ejufdem Academiæ focii, Cll. de la Lande & Bailly,
Aftronomiæ fcientiâ nobiles, focium , fibi chariffimum, brevioribus quidem ,
fed æquè finceris , laudibus ornavere.

LE GUIDE

DES JEUNES

MATHÉMATICIENS

*Dans l'étude des Elémens des Mathématiques
de M. l'Abbé DE LA CAILLE.*

LIVRE PREMIER

*Contenant les éclaircissemens des endroits les plus difficiles
des Élémens d'Arithmetique & d'Algébre.*

INTRODUCTION.

LES Elémens d'Arithmétique & d'Algébre ne
sont, à proprement parler, que l'introduction
aux Mathématiques ; c'est un amas de régles
infaillibles qui mettent en état de faire dans
cette sçience les plus rapides progrés, lorsqu'on
a une fois acquis l'heureuse habitude de s'en servir avec ha-
bileté. Aussi, quelque secs, & quelque rebutants que soient ces

A

Traités, M. l'Abbé de la Caille n'a-t-'il pas héfité de les mettre d'abord entre les mains de fes Elèves. A fon exemple, nous avons cru devoir commencer notre commentaire par éclaircir ce qu'ils renferment de plus difficile & de plus épineux. Pour en rendre la lecture fupportable, nous nous fommes déterminés à le préfenter fous la forme d'un commerce épiftolaire. Les difficultés que nous ont propofé, pour l'ordinaire par écrit, ceux à qui nous avons confeillé la lecture des ouvrages de M. l'Abbé de la Caille, feront la matière de toutes les *lettres* qui compofent ce recueil ; c'eft dans les *réponfes* que l'on trouvera les éclairciffemens des points que nous croyons être au-deffus de la portée des commençans, ou pour mieux dire, c'eft dans les *réponfes* qu'eft contenu ce qui forme proprement le commentaire que nous donnons au Public. Le défir que nous avons de lui être utile, nous donne une efpèce de droit à fon indulgence.

LETTRE PREMIERE.

Caractére des Ouvrages de M. l'Abbé de la Caille. Difficultés qui se rencontrent dans la lecture des num. 86 & 119.

JE ne sçaurois trop vous remercier, M, du conseil que vous m'avez donné de lire de suite & presque sans interruption les ouvrages du célébre Abbé de la Caille. Résolu de consacrer à l'étude des Mathématiques le loisir que me donne le séjour de la campagne, & déterminé depuis long-tems à ne pas me servir de ces livres élémentaires dont on ne voit jamais la fin, je ne pouvois pas tomber sur un livre plus méthodique, & qui dit plus de choses en moins de paroles que celui ci. Cet Auteur est admirable; il a le talent de présenter d'une manière intéressante les choses les plus communes, & d'une manière neuve ce que cent personnes avoient déja dit avant lui. Je craignois, je vous l'avoüe, que son extrême laconisme ne le rendit obscur; mais si tous ses Traités sont semblables à celui que je viens de lire sur l'Arithmétique, je vois que ce ne sera là qu'une terreur panique. En tout cas je profiterai, M, de la permission que vous m'avez donnée de vous demander par lettres tous les éclaircissemens qui me seront nécessaires; les liaisons étroites que vous avez eues avec M. l'Abbé de la Caille, & la lecture réfléchie que vous avez faite de ses ouvrages vous mettent en état de me rendre ce service, sans qu'il vous en coute presque rien. Ceux que j'ai à vous demander sur ce premier Traité se réduisent à deux. Les voici.

J'ai parfaitement bien compris toutes les régles qu'il donne pour trouver le plus grand commun diviseur possible de deux quantités quelconques; (*num. 86. pag. 23*) mais il n'en est pas ainsi de la démonstration qu'il en apporte; je ne conçois pas même comment il a osé parler algébre à un lecteur qu'il suppose ignorer les premiers élémens de cette science. C'est-là une faute qu'il faudroit corriger dans une nouvelle édition de cet ouvrage.

M. l'Abbé de la Caille est tombé dans une semblable faute à la fin de son Traité d'Arithmétique (*num.* 119. *pag.* 37). Il veut donner une méthode générale pour opérer sur des quantités de différente espèce, par exemple, pour multiplier des livres, des onces, des gros & des grains par des livres, des sols & des deniers ; mais sa méthode est fondée sur une régle dont il n'a pas encore parlé, je veux dire, sur la régle de proportion. Il en fait de même pour la division de ces mêmes quantités. J'ai omis cet article, bien résolu d'y revenir, lorsqu'il m'aura parlé de cette régle. J'attens votre réponse pour sçavoir si j'ai bien ou mal fait. Je vais en attendant commencer la lecture de ses élémens d'algébre. Je suis, &c.

R É P O N S E.

L'Abbé de la Caille vous paroîtra toujours tel, M, que vous me l'avez dépeint dans la lettre que vous m'avez fait l'honneur de m'écrire. Son extrême laconisme vous le rendra plutôt épineux & difficile, qu'obscur & embarrassé. Mais soyez tranquille ; vous me trouverez toujours prêt à vous rendre dans ces sortes d'occasions tous les services qui dépendront de moi. Je ne suis pas étonné que vous n'ayez pas compris les articles 86 & 119 de son Traité d'Arithmétique ; il a eu soin de les mettre en petit caractére ; & il vous avertit sur la fin de sa Préface que ceux qui voudront s'en tenir aux premiers principes des Mathématiques, n'auront à étudier que ce qui est en gros caractére ; mais que ceux qui voudront se mettre en état de lire les livres où les choses ne sont pas traitées d'une façon élémentaire, doivent tout étudier avec soin. Il ajoute que ce qui est en petit caractére suppose ordinairement une connoissance parfaite de tous les Principes qui sont en gros caractére, & que ce n'est qu'après les avoir conçus parfaitement, qu'on doit apprendre le reste dans une seconde lecture. Telle eſt , M , la méthode de l'Auteur que je vous ai mis entre les mains. Vous me demanderez ſi je la goute; je vous avouerai naturellement que non; je crois qu'il auroit mieux fait de ne mettre les choſes , qu'à meſure qu'il ſuppoſoit ſon lecteur en état de les comprendre. La démonſtration de l'article 86 eſt très-bien ; & ſi vous la reliſez , lorſque vous aurez appris à manier une équation algébrique , je ſuis aſſuré qu'elle vous fera plaiſir. Mais il me paroît que l'on pourroit expliquer cet article d'une manière plus ſimple, & qui ne ſuppoſe , pour être compriſe , que les notions ſur l'arithmétique que vous avez déja. Permettez-moi de vous communiquer ma méthode ; elle conſiſte à rendre raiſon de chacune des régles qu'apporte M. l'Abbé de la Caille.

1. Il dit (*num.86*) que pour trouver le plus grand commun diviſeur poſſible de deux quantités quelconques,*il faut diviſer la plus grande par la plus petite , & ſi la diviſion ſe fait ſans reſte, la plus petite quantité eſt le plus grand diviſeur cherché.* Cette première régle n'a pas beſoin de preuve. L'on me demande le plus grand commun diviſeur poſſible de 12 & de 48 ; je diviſe 48 par 12 ; & comme la diviſion ſe fait ſans reſte, je conclus que 12 eſt le plus grand commun diviſeur qu'il ſoit poſſible de trouver à 12 & à 48. La choſe ſaute aux yeux.

2. Il dit que *ſi après la diviſion il ſe trouve un reſte , il faut diviſer la plus petite quantité donnée par ce reſte ; & ſi la diviſion ſe fait ſans un nouveau reſte , le premier reſte eſt le plus grand diviſeur cherché. Exemple.* Il faut trouver le plus grand diviſeur poſſible de 18 & de 42. Je diviſe 42 par 18 ; je néglige le quotient 2 , & je ne fais attention qu'au reſte 6. Je diviſe par 6 la plus petite des deux quantités données , c'eſt-à-dire, 18 ; & comme cette ſeconde diviſion ſe fait ſans reſte , je conclus que 6 eſt le plus grand commun diviſeur qu'il ſoit poſſible d'aſſigner à 18 & à 42. Ces deux quantités en effet ſont tellement multiples de 6 , que 18 le contient préciſément trois fois, & 42 préciſément 7 fois.

A iij

3. Il dit que *s'il se trouve un second reste , il faut diviser le premier reste par ce second reste , & si la division se fait sans troisième reste , le second reste est le plus grand commun diviseur cherché.* Il apporte pour exemple les deux quantités 91 & 294. Il divise 294 par 91. Il néglige le quotient 3, & il a pour premier reste 21. Il divise 91 par 21. Il négligé le quotient 4, & il a pour second reste 7. Il divise le premier reste 21 par le second reste 7 ; & comme la division se fait exactement , il conclut que 7 est le plus grand commun diviseur qu'il soit possible d'assigner à 91 & à 294. En effet 7 est un diviseur commun à ces deux quantités, puisqu'il se trouve contenu exactement 13 fois dans 91 , & 42 fois dans 294. C'est encore le plus grand commun diviseur de ces deux quantités , puisque 91 & 21 qu'on avoit essayé auparavant, n'en étoient pas des diviseurs exacts. M. de la Caille conclut de toutes ces régles qu'*en général, le reste qui divise justement le reste précédent , est le plus grand commun diviseur cherché.* Je ne crois pas, M, que vous soyez tenté de lui contester la justesse de cette conséquence.

Pour ce qui regarde l'article 119, il est impossible que vous le compreniez, avant que d'avoir appris parfaitement la régle de proportion. Vous avez bien fait de passer outre ; vous y reviendrez, lorsque vous aurez lu les articles 320, 321, 322 & 323 du volume que vous avez entre les mains. J'ai l'honneur d'être , &c.

LETTRE SECONDE.

Idée générale des élémens d'algébre de M. l'Abbé de la Caille. Extraction de la racine cubique. Difficultés tirées des articles 191 & 192.

POur faire sentir qu'une science est difficile , on a coutume , M , de la comparer à l'Algébre. Peut-être autrefois avoit-on raison de parler de la sorte. Mais aujourd'hui je n'adopterois pas une pareille comparaison ; M.

l'Abbé de la Caille à mis les élémens de l'algébre à la por- tée de tout le monde, & cependant il les a renfermés en 31 pages. Non feulement ce qu'il a mis en gros caractére, mais encore bien des chofes qu'il a marquées en petit ca- ractére, ne m'ont pas arrêté. Tel eft l'article 156 où il apprend a trouver tous les divifeurs d'une quantité donnée ; tels font les articles renfermés entre les *numeros* 165 & 172 où il parle des différentes expreffions des puiffances & des racines ; tels font enfin les articles compris entre les *numeros* 182 & 190 où il parle du cube & de la racine cu- bique. Il avoue lui-même que la méthode qu'il donne pour extraire cette racine, eft bien longue & bien en- nuyeufe. J'étois fur le point de vous écrire, pour vous en demander une plus courte, lorfque j'ai eu la vifite du Che- valier *** dont vous connoiffez le gout décidé pour les Mathématiques. Il m'en a donné une charmante ; elle con- fifte à fuppofer que le cube arithmétique propofé eft égal au cube du binome $a + b$, c'eft-à-dire, $a^3 + 3aab + 3abb + b^3$, & à faire fur ce cube arithmétique toutes les opé- rations que l'on a faites fur le cube algébrique. Avant-que de vous expliquer fa méthode, permettez-moi de vous préfenter le Tableau de fes opérations. Il s'agit d'extraire la racine cubique du nombre 74088.

TABLEAU des opérations néceffaires pour extraire la racine cubique du nombre 74088.

$$74,088 = a^3 + 3aab + 3abb + b^3.$$
$$64 \quad = a^3. \text{ Donc } a = 4$$

$$10088 = 3aab + 3abb + b^3$$
$$48 \quad = 3aa. \text{ Donc } b = 2$$

$$96 \quad = 3aab$$
$$48 \quad = 3abb$$
$$8 = b^3$$

$$10088 = 3aab + 3abb + b^3$$

Racine cubique $a + b = 42.$

EXPLICATION

Des opérations précédentes.

VOici, M, comment le Chevalier s'y eſt pris pour extraire la racine cubique du nombre 74088.

1. Suivant la coutume il l'a partagé en tranches de trois en trois chiffres, en allant de droite à gauche.

2. Il a ſuppoſé $74,088 = a^3 + 3aab + 3abb + b^3$.

3. Comme 64 eſt le plus grand cube renfermé dans les chiffres de la première tranche, il a mis 64 ſous 74 ; il a fait la ſouſtraction à l'ordinaire ; il a eu pour reſte 10 ; & la première opération a été faite.

4. Avant que de paſſer à la ſeconde opération, il m'a fait remarquer que puiſque 64 étoit le premier cube parfait de 74088, & a^3 le premier cube parfait de $a^3 + 3aab + 3abb + b^3$; il avoit eu droit de faire $64 = a^3$, & $4 = a$.

5. Pour faire la ſeconde opération, il a deſcendu à côté du reſte 10, les chiffres de la ſeconde tranche, & il a eu $10088 = 3aab + 3abb + b^3$.

6. Dans ce trinome algébrique dont il connoiſſoit la valeur de a, il a cherché à connoître la valeur de b. Pour en venir à bout il a diviſé 10088 par $3aa = 48$, & le quotient 2 lui a donné la valeur de b, & le ſecond chiffre de la racine cubique de 74088. Ce qui m'a ſurtout fait plaiſir, M, çà été la manière aiſée dont il a prouvé la bonté de ſa méthode. Il a pris la valeur de $3aab = 96$, celle de $3abb = 48$, & celle de $b^3 = 8$; il les a arrangées comme j'ai eu ſoin de le faire dans l'exemple ſupérieur ; il les a enſuite additionnées ; & comme leur ſomme a été 10088, il a conclu que 74088 étoit un cube parfait dont la racine cubique étoit 42.

Si cette ſomme eut été inférieure à 10088, le nombre 74088 n'auroit pas été un cube parfait, & 42 auroit été la racine cubique du plus grand cube contenu dans ce nombre.

7. Enfin le Chevalier m'a averti que lorsqu'il y avoit une troisieme opération à faire, il falloit opérer comme dans la seconde, avec cette différence que l'on regardoit les 2 *racines trouvées* comme ne faisant qu'une seule racine. Les chiffres qui restent pour faire la troisième opération sont encore égaux au trinome $3aab + 3abb + b^3$, & les deux *racines trouvées* représentent la valeur de a dont on se sert pour trouver une seconde fois la valeur de b. Pour me rendre cette remarque plus sensible, il a opéré avec la dernière aisance sur le nombre 34,328,125 en la manière suivante.

$$34{,}328{,}125 = a^3 + 3aab + 3abb + b^3$$
$$27 \qquad = a^3. \text{ Donc } a = 3$$

$$7328 \qquad = 3aab + 3abb + b^3$$
$$27 \qquad = 3aa. \text{ Donc } b = 2$$

$$54 \qquad = 3aab$$
$$36 \qquad = 3abb$$
$$8 \qquad = b^3$$

$$5768$$

$$1560 \text{ différence entre } 7328 \text{ \& } 5768.$$

Pour la troisième opération descendez à côté de cette différence les chiffres de la troisième tranche, c'est-à-dire, 125, & faites $a = 32$

$$1560125 = 3aab + 3abb + b$$
$$3072 \quad = 3aa \text{ Donc } b = 5. \text{ Donc la racine cubique totale } = 325.$$

$$15360 \quad = 3aab$$
$$2400 \quad = 3abb$$
$$125 \quad = b^3$$

$$1560125 = 3aab + 3abb + b.$$

Le Chevalier opéra encore en ma présence avec une extrême facilité fur le nombre 5,305,472 dont M. l'Abbé de la Caille a extrait la racine la plus approchante, *num.* 190.

$$5,305,472 = a^3 + 3\,aab + 3\,abb + b^3$$
$$1 \qquad\quad = a^3. \text{ Donc } a = 1$$

$$4305 \qquad = 3\,aab + 3\,abb + b^3$$
$$3 \qquad\quad = 3\,aa. \text{ Donc } b = 7.$$

$$21 \qquad\quad = 3\,aab$$
$$147 \qquad\quad = 3\,abb$$
$$343 \qquad\quad = b^3$$

$$3913$$

392 différence entre 4305 & 3913

Pour la troifième opération defcendez à côté de cette différence les chiffres de la troifième tranche, c'eft-à-dire, 472, & faites $a = 17$

$$392472 = 3\,aab + 3\,abb + b^3$$
$$867 \qquad = 3\,aa. \text{ Donc } b = 4. \text{ Donc la racine cubique to-}$$
$$\text{tale} = 174.$$

$$3468 \quad = 3\,aab$$
$$816 \quad = 3\,abb$$
$$64 = b^3$$

$$355024$$

37448 différence entre 392472 & 355024.

Le Chevalier n'a pas manqué de me faire remarquer que ce refte prouvoit que 5305472 n'étoit pas un cube parfait, & que par fa méthode il avoit trouvé la racine du plus grand cube qu'il contenoit.

Avant qu'il partit, je le priai de jetter un coup d'œil fur les articles 191 & 192. Il le fit, & il me confeilla de ne les voir, que lorfque j'aurois appris à manier une équation algébrique, en lifant avec attention tout ce qui eft compris entre les articles 206 & 237. Il me paroît que je la manie maintenant avec assez de facilité, lors même qu'il s'agit de compléter un quarré incomplet, & d'en extraire la racine quarrée. Je ne puis pas cependant me tirer de ces deux articles. J'ai recours à vous, & je vous prie de marquer toutes les opérations qu'a dû faire M. Halley pour trouver ses fameuses formules. Ne craignez pas de mettre dans votre lettre beaucoup d'opérations algébriques, je commence à ne pas m'effrayer des xx, yy, &c. J'ai l'honneur d'être, &c.

RÉPONSE.

JE ferois bien surpris, M, si dans la suite vous ne vous faisiez pas un nom parmi les Mathématiciens. La dernière lettre que vous m'avez fait l'honneur de m'écrire, ne prouve pas seulement que M. l'Abbé de la Caille est un grand Maître, elle prouve encore que vous êtes fait pour l'étude des Mathématiques. Puisque vous paroissez familiarisé avec les opérations algébriques, je n'aurai pas grand peine à vous faire comprendre les fameuses formules de M. Halley pour extraire par approximation les racines des Puissances plus élevées que le quarré. Je vous prie de jetter auparavant un coup d'œil sur l'*article* 192 dans lequel vous trouverez les puissances successives du binome $a+b$ depuis la première jusqu'à la sixième. Examinez avec attention quelques unes de ces puissances, par exemple, la troisième & la quatrième.

$$\text{Troisième puissance de } a+b$$
$$1\,a^3 + 3\,a^2\,b^1 + 3\,a^1\,b^2 + b^3$$
$$\text{Quatrième puissance de } a+b$$
$$1\,a^4 + 4\,a^3\,b^1 + 6\,a^2\,b^2 + 4\,a^1\,b^3 + b^4$$

La première réflexion que vous ferez sera sans doute celle-ci: Dans la troisième puissance de $a+b$, les exposants de a vont en diminuant depuis 3 jusqu'à 1, tandisque ceux de

b vont en augmentant depuis 1 jufqu'à 3. De même dans la quatrième puiffance les expofants de a vont en diminuant depuis 4 jufqu'à 1, tandis que ceux de b vont en augmentant depuis 1 jufqu'à 4. Cette régle eft conftante ; elle fe garde dans toutes les puiffances poffibles de $a+b$. Mais ce que je vous prie, M, d'examiner avec toute l'attention dont vous ferez capable, c'eft la manière dont a été formé le coéfficient 3 du troifième terme de la troifième puiffance de $a+b$; la voici. L'on a pris le produit des deux premiers expofants de a ; on l'a divifé par le produit des deux premiers expofants de b, & le quotient a donné le coéfficient en queftion. En effet $\frac{3 \times 2}{1 \times 2} = 3$. Dans la quatrième puiffance de $a+b$, le coéfficient 6 a été formé de la même maniére, puifque $\frac{4 \times 3}{1 \times 2} = 6$. En un mot dans toutes les puiffances de $a+b$, le coéfficient du troifième terme eft la moitié du produit des deux premiers expofants de a. Cela fuppofé, je n'aurai plus de peine à vous prouver que la racine cubique de $a^3 \pm b = \frac{1}{2} a + \sqrt{\frac{1}{4} a a \pm \frac{b}{3a}}$. Faifons pour cela $\sqrt[3]{a^3 + b} = a + d$, & fuppofons que d exprime une fraction. Voici d'abord la fuite de mes opérations ; leur explication fuivra de près. Je vous prie feulement de vous rappeller que puifque d exprime une fraction, & que les valeurs des fractions diminuent à proportion qu'on les éleve à de plus hautes puiffances, on peut regarder comme très petits, & par conféquent négliger non feulement toutes les puiffances de d qui paffent le quarré, mais encore tous les termes qui font multipliés par les puiffances de d qui font au-deffus du quarré.

$$\sqrt[3]{a^3 + b} = \tfrac{1}{2} a + \sqrt{\tfrac{1}{4} a a + \tfrac{b}{3a}}.$$

Calcul pour parvenir à cette équation.

1. $\sqrt[3]{a^3 + b} = a + d$, *par hypothèse*

2. $a^3 + b = a^3 + 3\,a\,a\,d + 3\,a\,d\,d + d^3$

3. $a^3 + b = a^3 + 3\,a\,a\,d + 3\,a\,d\,d$

4. $b = 3\,a\,a\,d + 3\,a\,d\,d$

5. $\dfrac{b}{3a} = a\,d + d\,d$

6. $\tfrac{1}{4}\,a\,a + \dfrac{b}{3a} = \tfrac{1}{4}\,a\,a + a\,d + d\,d$

7. $\sqrt{\tfrac{1}{4}\,a\,a + \dfrac{b}{3a}} = \tfrac{1}{2}\,a + d$

8. $\tfrac{1}{2}\,a + \sqrt{\tfrac{1}{4}\,a\,a + \dfrac{b}{3a}} = \tfrac{1}{2}\,a + \tfrac{1}{2}\,a + d$

9. $\tfrac{1}{2}\,a + \sqrt{\tfrac{1}{4}\,a\,a + \dfrac{b}{3a}} = a + d$

10. $\sqrt[3]{a^3 + b} = a + d$, *par hypothèse.*

11. $\sqrt[3]{a^3 + b} = \tfrac{1}{2}\,a + \sqrt{\tfrac{1}{4}\,a\,a + \dfrac{b}{3a}}$

Explication des opérations précédentes.

1. LA première équation $\sqrt[3]{a^3 + b} = a + d$ est une pure supposition que tout algébriste est obligé d'accorder.

2. La seconde équation est fondée sur cet axiome ; *si l'égalité se trouve entre les membres de la première équation, elle subsistera entre les cubes de ces deux membres.*

3. La troisième équation est aussi vraie que la seconde, parce que le second membre de celle-là ne diffère du second membre de celle-ci que de la quantité infiniment petite d^3.

4. La quatrième équation est incontestable. Pour la former, on n'a fait qu'ôter a^3 de chaque membre de la troisième équation.

5. On a eu la cinquième équation en divisant tout par $3\,a$.

6. On a formé la 6ᵉ. équation en complétant le quarré imparfait $a\,d + d\,d$, à la manière ordinaire.

7. L'extraction de la racine quarrée de chaque membre de la sixième équation, a donné la septième équation.

8. On a ajouté $\frac{1}{2}a$ à chaque membre de la septième équation pour former la huitième équation.

9. L'addition de $\frac{1}{2}a + \frac{1}{2}a = a$ devoit donner naturellement la neuvième équation.

10. La dixième équation est la même que la première.

11. La onzième est fondée sur ce Principe : 2 *choses égales à une troisième sont égales entre elles.* Contentez-vous pour le présent de ce calcul ; lorsque vous connoîtrez les logarithmes, vous vous en servirez alors avec avantage. Examinons maintenant comment M. Halley a trouvé

$$\sqrt[4]{a^4 + b} = \tfrac{2}{3}a + \sqrt{\tfrac{1}{9}a\,a + \tfrac{b}{6aa}}.$$

Calcul pour parvenir à cette équation.

1. $\sqrt[4]{a^4 + b} = a + d$, *par hypothèse.*

2. $a^4 + b = a^4 + 4a^3 d + 6a^2 d^2 + 4a d^3 + d^4$

3. $a^4 + b = a^4 + 4a^3 d + 6a^2 d^2$

4. $b = 4a^3 d + 6a^2 d^2$

5. $\dfrac{b}{6aa} = \tfrac{2}{3}a d + d\,d$

6. $\tfrac{1}{9}a\,a + \dfrac{b}{6aa} = \tfrac{1}{9}a\,a + \tfrac{2}{3}a d + d\,d$

7. $\sqrt{\tfrac{1}{9}a\,a + \dfrac{b}{6aa}} = \tfrac{1}{3}a + d$

8. $\tfrac{2}{3}a + \sqrt{\tfrac{1}{9}a\,a + \dfrac{b}{6aa}} = \tfrac{2}{3}a + \tfrac{1}{3}a + d$

9. $\tfrac{2}{3}a + \sqrt{\tfrac{1}{9}a\,a + \dfrac{b}{6aa}} = a + d$

10. $\sqrt[4]{a^4 + b} = a + d$, *par hypothèse.*

11. $\sqrt[4]{a^4 + b} = \tfrac{2}{3}a + \sqrt{\tfrac{1}{9}a\,a + \dfrac{b}{6aa}}$

Ce calcul est fondé sur les mêmes principes que le précédent. Il suffira de vous faire remarquer, M, que pour former la troisième équation, on a négligé les deux derniers termes du second membre de la seconde équation ; ce sont-là en effet deux quantités presque infiniment petites. Il est encore bon de vous faire souvenir que pour compléter le quarré imparfait $\frac{2}{3}ad + dd$, il a fallu lui ajouter $\frac{1}{9}aa$, c'est-à-dire, le quarré de la moitié de la quantité connue $\frac{2}{3}a$ qui multiplie l'inconnue d. Voulez-vous maintenant pousser ces espèces de formules encore plus loin que M. l'Abbé de la Caille ? Faites avec moi les réflexions suivantes sur les radicaux que je vais vous mettre sous les yeux.

$$\sqrt[3]{a^3 \pm b} = \frac{1}{2}a + \sqrt{\frac{1}{4}aa \pm \frac{b}{3a}}$$

$$\sqrt[4]{a^4 \pm b} = \frac{2}{3}a + \sqrt{\frac{1}{9}aa \pm \frac{b}{6aa}}$$

$$\sqrt[5]{a^5 \pm b} = \frac{3}{4}a + \sqrt{\frac{1}{16}aa \pm \frac{b}{10a^3}}$$

$$\sqrt[6]{a^6 \pm b} = \frac{4}{5}a + \sqrt{\frac{1}{25}aa \pm \frac{b}{15a^4}}$$

$$\sqrt[7]{a^7 \pm b} = \frac{5}{6}a + \sqrt{\frac{1}{36}aa \pm \frac{b}{21a^5}}$$

$$\sqrt[8]{a^8 \pm b} = \frac{6}{7}a + \sqrt{\frac{1}{49}aa \pm \frac{b}{28a^6}}$$

RÉFLEXIONS

Sur les six formules précédentes.

1. TOus les termes qui forment les seconds membres de toutes ces formules sont fractionnaires.

2. Le dénominateur du premier terme du second membre de la première formule devient numérateur du premier terme du second membre de la seconde formule, & ce dernier prend pour dénominateur l'exposant de la racine de la première formule. De même le dénominateur du premier terme du second membre de la seconde formule devient numérateur du premier terme du second membre de la troisième formule, & ce dernier prend pour dénomina-

teur l'expofant de la racine de la feconde formule ; & ainſi des autres à l'infini.

3. Tous les premiers termes des feconds membres des formules de M. Halley ont la même lettre, élevée à la même puiſſance, je veux dire, a.

4. Tous les feconds termes des feconds membres des formules de M. Halley ont $1aa$ pour numérateur, & ils ont pour dénominateur le quarré du dénominateur du premier terme du même membre.

5. Tous les troiſièmes termes des feconds membres des formules de M. Halley ont b pour numérateur. Pour ce qui regarde leur dénominateur, celui de la première formule eſt a, celui de la feconde a^2, celui de la troiſième a^3, celui de la quatrième a^4, & ainſi des autres à l'infini. Toutes ces différentes puiſſances de a ont un coéfficient qui fe forme en la manière fuivante : je vous l'ai déja indiquée au commencement de cette lettre. Le coéfficient 3 dans le terme $\frac{b}{3a}$ eſt la moitié du produit des deux premiers expoſants de la troiſième puiſſance de a. En effet $\frac{3 \times 2}{1 \times 2} = \frac{6}{2} = 3$.

Le coéfficient 6 dans le terme $\frac{b}{6aa}$ eſt la moitié du produit des deux premiers expoſants de la quatrième puiſſance de a. En effet $\frac{4 \times 3}{1 \times 2} = \frac{12}{2} = 6$. Le coéfficient 10 dans le terme $\frac{b}{10a^3}$ eſt la moitié du produit des deux premiers expoſants de la cinquième puiſſance de a. En effet $\frac{5 \times 4}{1 \times 2} = \frac{20}{2} = 10$.

Le coéfficient 15 dans le terme $\frac{b}{15a^4}$ eſt la moitié du produit des deux premiers expoſants de la ſixième puiſſance de a, puiſque $\frac{6 \times 5}{1 \times 2} = \frac{30}{2} = 15$. Le coéfficient 21 dans le terme $\frac{b}{21a^5}$ eſt la moitié du produit des deux premiers expoſants de la feptième puiſſance de a, puiſque $\frac{7 \times 6}{1 \times 2} = \frac{42}{2} = 21$.

Enfin

Enfin le coéfficient 28 dans le terme $\frac{b}{28a^6}$ eſt la moitié du produit des deux premiers expoſans de la huitième puiſſance de a, puiſque $\frac{8 \times 7}{1 \times 2} = \frac{56}{2} = 28$. Je crois, M, qu'avec ces remarques que je pourrois appeller des découvertes, vous ſerez en état de pouſſer à l'infini les formules de M. Halley. Vous comprendrez dans la ſuite toute l'utilité de ces formules ; attendez pour cela que M. l'Abbé de la Caille vous ait mis au fait des logarithmes.

Peut-être la formule de l'article 192 vous paroîtra-t-elle difficile au premier abord. Mais ne vous effrayez pas ; & pour la comprendre facilement, faites ce qui ſuit. Ne la liſez qu'après avoir formé vous même les différentes puiſſances du binome $a + b$, depuis la première juſqu'à la ſixième incluſivement. Lorſque vous aurez formé quelqu'une de ces puiſſances, examinez attentivement les expoſans & les coéfficients de a & de b. Souvenez-vous que dans la formule générale m ſignifie 1, lorſque le binome $a + b$ eſt élevé à la première puiſſance ; 2, lorſqu'il eſt élevé à la ſeconde ; 3, lorſqu'il eſt élevé à la troiſième &c. Souvenez-vous encore que dans tout cet article, l'on met un point au lieu du ſigne de la multiplication. Ainſi $\frac{m \cdot m - 1}{1 \cdot 2} = \frac{m \times m - 1}{1 \times 2}$. Je crois que ces éclairciſſements ſont ſuffiſans pour vous mettre en état de comprendre non-ſeulement les articles 191 & 192, mais encore les 13 ſuivans que M. l'Abbé de la Caille a eu ſoin de marquer en petit caractère. S'il y avoit cependant quelque choſe qui vous arrêtat, vous me trouverez toujours diſpoſé a vous donner des preuves de l'attachement ſincére avec lequel je ſuis, &c.

LETTRE TROISIEME.

Difficultés qui se trouvent dans le calcul des radicaux, depuis l'article 195 jusqu'à l'article 205.

VOus avez trop bonne opinion de moi, lorsque vous me supposez en état de comprendre tout ce qui est renfermé entre les articles 193 & 206 ; je vous prie de vous rappeller qu'il n'y a pas encore trois mois que je m'addonne à l'étude des Mathématiques. Je vous avouerai cependant que j'ai calculé assez facilement les *puissances* par leurs *exposans* ; je n'ai eu pour cela qu'à relire ce que M. l'Abbé de la Caille avoit écrit sur cette matière depuis l'article 165 jusqu'à l'article 172. Mais pour le calcul des *radicaux* je n'y ai presque rien entendu. Je suis assuré de le comprendre, lorsque j'aurai lu la réponse à la lettre que je prens la liberté de vous écrire. Je vous prie de commencer à l'article 195, dans lequel il s'agit de faire entrer une expression quelconque $\frac{p}{q}$ dans un radical quelconque $\frac{a}{b}\sqrt[n]{\frac{c}{d}}$, sans en changer la valeur. Je ne comprens pas comment

$$\frac{aq}{bp}\sqrt[n]{\frac{cp^n}{dq^n}} = \frac{a}{b}\sqrt[n]{\frac{c}{d}}.$$ Je suis, &c.

RÉPONSE.

JE suis persuadé, M, que vous pourriez absolument vous tirer du calcul dont vous me parlez dans votre dernière lettre. Cependant puisque vous le souhaitez, je vais tenter de vous rendre raison de quelques formules employées par M. l'Abbé de la Caille ; il n'en faudra pas d'avantage pour vous rendre ce calcul très-intelligible.

Vous me demandez d'abord de vous prouver que la formule $\frac{aq}{bp}\sqrt[n]{\frac{cp^n}{dq^n}}$ dans laquelle on a fait entrer l'expreſſion

$\frac{p}{q}$, a la même valeur que le radical $\frac{a}{b}\sqrt[n]{\frac{c}{d}}$; il ne me ſera pas difficile de vous ſatisfaire ; je n'aurai qu'à vous faire remarquer que l'on a tellement fait entrer $\frac{p}{q}$ dans cette formule, que ce que l'on a mis dans le numérateur eſt évidemment détruit par ce que l'on a mis dans le dénominateur. En effet ce que l'on a mis de part & d'autre, c'eſt

$$\frac{q}{p}\sqrt[n]{\frac{p^n}{q^n}} = \frac{q^n p^n}{p^n q^n}\ (194).$$

Mais le numérateur de la fraction $\frac{q^n p^n}{p^n q^n}$ eſt évidemment détruit par ſon dénominateur, comme M. l'Abbé de la Caille vous l'a appris, lorſqu'il vous a donné les régles de la diviſion des grandeurs algébriques ; donc dans la

formule $\frac{aq}{bp}\sqrt[n]{\frac{cp^n}{dq^n}}$ l'on a tellement fait entrer $\frac{p}{q}$, que ce que l'on a mis dans le numérateur eſt évidemment détruit par ce que l'on a mis dans le dénominateur ; donc

$$\frac{aq}{bp}\sqrt[n]{\frac{cp^n}{dq^n}} = \frac{a}{b}\sqrt[n]{\frac{c}{d}}.$$

La formule ſuivante eſt encore plus ſimple que la précédente. Il s'agit d'ôter le coéfficient $\frac{a}{b}$ du radical $\frac{a}{b}\sqrt[n]{\frac{c}{d}}$; ſans en changer la valeur. Pour en venir à bout, M. l'Abbé de la Caille met $\frac{a}{b}$ ſous le ſigne radical $\sqrt[n]{\ }$, en élevant les deux termes de cette fraction à la puiſſance n (194); donc

$$\sqrt[n]{\frac{a^n c}{b^n d}} = \frac{a}{b}\sqrt[n]{\frac{c}{d}}.$$

La formule de l'article 197 eſt un peu plus compliquée. Il s'agit de réduire en entier la fraction $\frac{c}{d}$ qui eſt ſous le figne $\sqrt[n]{}$ du radical $\frac{a}{b}\sqrt[n]{\frac{c}{d}}$, fans en changer la valeur.

M. l'Abbé de la Caille donne pour formule $\frac{a}{bd}\sqrt[n]{c\,d^{n-1}}$. Voici comment il eft parvenu à cette équation. Il a multiplié par d^n la fraction $\frac{c}{d}$ du radical $\frac{a}{b}\sqrt[n]{\frac{c}{d}}$, & il a eu $\frac{a}{b}\sqrt[n]{\frac{c\,d^n}{d\,d^n}}$. Il a ôté d^n *dénominateur* de deffous le figne radical $\sqrt[n]{}$, & il a eu (194) $\frac{a}{bd}\sqrt[n]{\frac{c\,d^n}{d}}$. Mais $\frac{c\,d^n}{d} = c\,d^{n-1}$, puifque, fuivant les régles ordinaires de la divifion, $\frac{a^2}{a}$ $= a^{2-1} = a^1$; donc $\frac{a}{bd}\sqrt[n]{\frac{c\,d^n}{d}} = \frac{a}{bd}\sqrt[n]{c\,d^{n-1}}$; donc $\frac{a}{bd}\sqrt[n]{c\,d^{n-1}} = \frac{a}{b}\sqrt[n]{\frac{c}{d}}$.

Je ne vous parlerai pas, **M** , des formules des articles 198, 199, 200, 201 & 202 ; vous fçavez affez bien opérer fur les fractions ordinaires, pour les comprendre à la première lecture. Celle de l'article 203, vous donneroit beaucoup de peine. Il s'agit d'élever un radical $\frac{a}{b}\sqrt[n]{\frac{c}{d}}$ à une puiffance quelconque $\frac{u}{s}$. La formule donnée eft celleci $\sqrt[v]{\frac{a^n c}{b^n d}}^{\,ns}$. Voici la fuite des opérations qu'il a falu faire, pour y arriver.

D'abord l'on a mis la fraction $\frac{a}{b}$ fous le figne radical $\sqrt[n]{}$, & l'on a eu (196) $\sqrt[n]{\frac{a^n c}{b^n d}}$.

L'on a enfuite délivré du figne $\sqrt[n]{}$ le radical $\sqrt[n]{\frac{a^n c}{b^n d}}$,

& l'on a eu (167) $\dfrac{a^{\frac{n}{n}} c^{\frac{1}{u}}}{b^{\frac{n}{n}} d^{\frac{1}{u}}}$.

L'on a élevé cette derniere fraction à la puissance $\frac{u}{s}$;

& l'on a eu (161) $\dfrac{a^{\frac{nu}{ns}} c^{\frac{u}{ns}}}{b^{\frac{nu}{ns}} d^{\frac{u}{ns}}}$.

L'on a enfin remis sous le signe radical cette derniè-re fraction; & l'on a eu (167) $\sqrt[\frac{ns}{u}]{\dfrac{a^n c}{b^u d}}$.

La formule de l'article 204 est presque aussi embrouil-lée que la précédente. Il s'agit d'extraire une racine quelconque $\frac{u}{s}$ du radical $\frac{a}{b} \sqrt[n]{\dfrac{c}{d}}$. La formule que donne M. l'Abbé de la Caille est celle-ci $\sqrt[\frac{nu}{s}]{\dfrac{a^n c}{b^n d}}$. Voici par quelles opérations il l'a trouvée.

Il a d'abord mis $\frac{a}{b}$ sous le signe radical $\sqrt[n]{}$, & il a eu (196) $\sqrt[n]{\dfrac{a^u c}{b^n d}}$.

Il a ensuite délivré du signe $\sqrt[u]{}$ le radical $\sqrt[n]{\dfrac{a^n c}{b^n d}}$, & il a eu (167) $\dfrac{a^{\frac{u}{n}} c^{\frac{1}{n}}}{b^{\frac{u}{n}} d^{\frac{1}{n}}}$.

Il a extrait de cette dernière fraction la racine $\frac{u}{s}$, & il a eu (95 & 173) $\dfrac{a^{\frac{ns}{nu}} c^{\frac{s}{nu}}}{b^{\frac{ns}{nu}} d^{\frac{s}{nu}}}$.

Il a enfin remis sous le signe radical cette dernière

fraction, & il a eu (167) $\sqrt[\frac{nn}{s}]{\dfrac{a^n c}{b^n d}}$.

Je crois avoir répondu, M, à tous les articles de votre lettre. Vous en ſçavez aſſez pour ne pas trouver obſcure ma réponſe. Je vous eſtime trop , pour m'être cru obligé d'entrer dans un plus long détail. Je ſuis , &c.

LETTRE QUATRIEME.

Probléme propoſé à réſoudre, à l'article 237.

JE n'aurai pas cette fois-ci, M, grands éclairciſſemens à vous demander. J'ai non ſeulement compris ſans peine tout ce que dit M. l'Abbé de la Caille ſur les équations du premier & du ſecond degré depuis l'article 206 juſqu'à l'article 238 ; mais encore j'ai réſolu avec aſſez de facilité la plûpart des problémes qu'il a propoſés aux commençans, pour leur donner occaſion de s'exercer dans la ſcience du calcul. Un ſeul m'a arrêté ; c'eſt celui des trois chevaux ; je vous prie de m'en envoyer la ſolution, & de me croire très-parfaitement , &c.

REPONSE.

LE probléme dont vous me parlez , M , eſt l'écueil ordinaire de tous les commençans. Quoiqu'il ne ſoit que du premier degré , il ſuppoſe des combinaiſons & des tranſpoſitions preſque ſans nombre. En voici la ſolution , telle que vous me la demandez.

Problême exprimé en paroles.	*Problême exprimé algébriq.*
Un Marchand achéte trois chevaux. Le prix du premier avec la moitié du prix des deux autres, monte à 25 piſtoles. Le prix du ſecond avec le tiers du prix des deux autres monte à 26 piſtoles. Le prix du troiſième avec la moitié du prix des deux autres monte à 29 piſtoles. On demande le prix de chaque cheval.	25 piſtoles $= a$. 26 piſtoles $= b$. 29 piſtoles $= c$. Prix du premier cheval $= x$. Prix du ſecond $= y$. Prix du troiſième $= u$. 1ere. condition $x + \dfrac{y}{2} + \dfrac{u}{2} = a$. 2e. condition $y + \dfrac{x}{3} + \dfrac{u}{3} = b$ 3. condition $u + \dfrac{x}{2} + \dfrac{y}{2} = c$

Avant que de tirer des différentes conditions de mon problême les équations qui en doivent fournir la ſolution exacte, je remarque d'abord que ce problême eſt *determiné*, puiſqu'il contient autant de connues, que d'inconnues. Je cherche enſuite autant de différentes valeurs de x, que je pourrai en trouver. Je fais pour cela les opérations ſuivantes.

Première Opération

$$x + \frac{y}{2} + \frac{u}{2} = a$$

$$\frac{2x + y + u = a}{2}$$

$$2x + y + u = 2a$$

$$2x = 2a - y - u$$

$$x = \frac{2a - y - u}{2}$$

C'eſt ici la première valeur de x. Vous voyez, M. que je l'ai trouvée, en maniant ſuivant les régles ordinaires l'équation qui contient la première condition du problême. Celle qui contient la ſeconde condition va me donner une ſeconde valeur de x.

Seconde Opération.

$$y + \frac{x}{3} + \frac{u}{3} = b$$
$$3y + x + u = b$$
$$\overline{}$$
$$3$$
$$3y + x + u = 3b$$
$$x = 3b - 3y - u$$

La seconde valeur de x s'est trouvée aussi facilement que la première. Il en sera de même de la troisième ; elle sera fournie par la troisième condition du problème.

Troisième Opération.

$$u + \frac{x}{2} + \frac{y}{2} = c$$
$$2u + x + y = c$$
$$\overline{}$$
$$2$$
$$2u + x + y = 2c$$
$$x = 2c - 2u - y$$

Pour faire ma quatrième opération, je forme une équation des deux premières valeurs de x ; & cette équation maniée suivant les regles ordinaires, va me donner une valeur de u dont je ne sçaurois absolument me passer.

Quatrième Opération.

$$2a - y - u = 3b - 3y - u$$
$$\overline{}$$
$$2$$
$$2a - y - u = 6b - 6y - 2u$$
$$2a = 6b - 5y - u$$
$$u = 6b - 2a - 5y$$

Pour faire ma cinquième opération, je reprends la troisième équation de la première opération, c'est-à-dire $2x + y + u = 2a$; & pour tirer de cette équation la véritable valeur de y, je subſtitue à la quantité x ſa troifième valeur $2c - 2u - y$, & à la quantité u sa nouvelle valeur $6b - 2a - 5y$.

Cinquième Opération.

$$2x + y + u = 2a$$
$$4c - 4u - 2y + y + u = 2a$$
$$4c - 3u - y = 2a$$
$$4c - 2a - y = 3u$$
$$4c - 2a - y = 18b - 6u - 15y$$
$$4c = 18b - 4a - 14y$$
$$14y = 18b - 4a - 4c$$
$$y = \frac{18b - 4a - 4c}{14}$$
$$y = \frac{468 - 100 - 116}{14}$$
$$y = \frac{468 - 216}{14}$$
$$y = \frac{252}{14}$$
$$y = 18 \text{ piftoles}$$

La quantité y eft donc maintenant, M, une quantité connue ; elle va me donner la valeur précife de u ; je reprends pour cela la dernière équation de la quatrième opération.

Sixième Opération.

$$u = 6b - 2a - 5y$$
$$u = 156 - 50 - 90$$
$$u = 156 - 140$$
$$u = 16 \text{ piftoles.}$$

y & u étant deux quantités connues, x le fera par la même ; reprenez pour cela la feconde valeur de x, ou la dernière équation de la feconde opération.

Septième Opération.

$$x = 36 - 3y - u$$
$$x = 78 - 54 - 16$$
$$x = 78 - 70$$
$$x = 8 \quad \text{piſtoles.}$$

Le premier cheval aura donc couté, M. 8 piſtoles ; le ſecond, 18 ; & le troiſième, 16. Par-là toutes les conditions du problème ſont gardées. $x + \frac{y}{2} + \frac{u}{2} = a$, puiſque $8 + 9 + 8 = 25$. De même $y + \frac{x}{3} + \frac{u}{3} = b$, puiſque $18 + \frac{24}{3} = 26$. Enfin $u + \frac{x}{2} + \frac{y}{2} = c$, puiſque $16 + 4 + 9 = 29$. Voilà votre problème réſolu. Vous pouvez maintenant paſſer aux équations d'un degré ſupérieur. Si vous rencontrez des difficultés dans cette lecture, vous me trouverez toujours prêt à vous donner des preuves de l'attachement ſincére avec lequel j'ai l'honneur d'être &c.

LETTRE CINQUIEME.

Remarques ſur les régles que donne M. l'Abbé de la Caille pour opérer ſur les équations ſupérieures au ſecond degré.

M. L'Abbé de la Caille a eu ſoin de mettre en petit caractère, M, tout ce qu'il avoit à dire ſur la nature & les propriétés générales des équations de différens degrés. Je vous avouerai avec la franchiſe que vous me connoiſſez, que j'ai frémi, lorſque je me ſuis vu obligé de lire ſept à huit pages de ce petit caractère. J'ai prévu tout ce qu'alloit me couter une pareille étude. Mes craintes n'ont pas été vaines ; & je vous aſſure que ſi je puis me flâter de ſçavoir tout ce qui eſt renfermé entre les articles 238 & 259, je dois ajouter que je ſçais ce qu'il m'en coute. Mais enfin je tiens mon homme ; & les remarques suivantes en seront une assez bonne preuve ; j'espère qu'elles vous engageront à m'accorder la grace que je dois vous demander à la fin de cette lettre.

1. La formule $x^3 - xx(a + b + c) + x(ab + ac + bc) - abc = 0$ (240), équivaut à celle-ci $x^3 - axx - bxx - cxx + abx + acx + bcx - abc = 0$. Un simple coup d'œil jetté sur cette dernière formule apprend d'abord à un commençant que les quantités connues que M.l'Abbé de la Caille a mises entre deux parenthèses, ne multiplient que la seule inconnue qui les précéde. $a + b + c$, par-exemple, ne multiplie que $- xx$; de même $ab + ac + bc$ ne multiplie que $+ x$. Ce que je viens de dire, doit s'appliquer aux 4 formules de l'article 240.

2. Dans l'article 242 , M. l'Abbé de la Caille avance que *la somme de toutes les racines d'une équation forme le coëfficient du second terme; la somme des produits de ces mêmes racines prises deux à deux , forme le coëfficient du troisième terme : la somme des produits de ces mêmes racines prises trois à trois , forme le coëfficient du quatrième terme &c; & le produit de toutes ces racines prises ensemble forme le dernier terme.* La chose saute aux yeux, lorsque les racines de l'inconnue sont exprimées en lettres. Dans la formule que je viens de vous présenter , le second terme $- xx$ a pour coëfficient $a + b + c$, somme de toutes les racines de x; le troisième terme $+ x$ a pour coëfficient $ab + ac + bc$, somme du produit de ces mêmes racines prises deux à deux : Enfin le troisième terme est abc, produit de toutes ces racines prises ensemble. Lorsque les racines de l'inconnue sont exprimées en chiffre, la chose n'est pas si palpable , mais elle n'en est pas moins vraie. Rendons la sensible par l'exemple suivant. Supposons donc $x = 2, x = 4, x = 6$, & formons une équation complète de ces trois racines.

$$\left.\begin{array}{l} x - 2 = 0 \\ x - 4 = 0 \\ x - 6 = 0 \end{array}\right\} \quad x^3 - 12\,xx + 44\,x - 48 = 0$$

Dans cette équation complète le second terme a pour coéfficient $12 = 2 + 4 + 6$, somme des trois racines de x : le troisième terme a pour coéfficient $44 = 2 \times 4 + 2 \times 6 + 4 \times 6$, somme des produits de ces mêmes racines prises deux à deux : Enfin le dernier terme est $48 = 2 \times 4 \times 6$, produit de toutes ces racines prises ensemble.

3. L'exemple sur lequel je viens de raisonner, prouve que M. de la Caille eu droit d'avancer (243) que quand les termes d'une équation ordonnée & complète, sont alternativement précédés de signes différents, toutes les racines sont positives. L'exemple suivant prouvera aussi sensiblement que quand les termes sont tous précédés du même signe, toutes les racines sont négatives. Supposons donc $x = -1$, $x = -3$, $x = -4$, & formons une équation de ces trois racines imaginaires ; vous verrez que tous ses termes feront précédés du signe $+$.

$$\left.\begin{array}{l} x + 1 = 0 \\ x + 3 = 0 \\ x + 4 = 0 \end{array}\right\} \quad x^3 + 8\,xx + 19\,x + 12 = 0$$

Enfin si l'on veut s'occuper à former plusieurs équations de différens degrés, l'on se convaincra facilement qu'il y a autant de racines positives, qu'on trouve de changemens de signes de chaque terme au terme suivant ; & autant de racines négatives, qu'on trouve de fois le même signe de chaque terme au terme suivant.

4. M. l'Abbé de la Caille avertit (244) que le second terme doit manquer dans une équation où la somme des racines positives est égale à la somme des racines négatives. Il auroit pû apporter l'exemple suivant en preuve de ce théorême.

$$\left.\begin{array}{l} x - 2 = 0 \\ x - 4 = 0 \\ x + 6 = 0 \end{array}\right\} \quad x^3 - 28\,x + 48 = 0,$$

Ce même exemple prouve encore que si le nombre des

racines politives eft pair, le dernier terme eft potitif ; & la dernière formule de l'article 240 prouve auffi évidemment que fi le nombre des racines pofitives eft impair , le dernier terme eft négatif.

5. L'on n'a qu'à jetter les yeux fur les deux exemples fuivants ; & l'on fe convaincra que fi le fecond terme d'une équation complette eft négatif, la fomme des racines pofitives excéde celle des racines négatives ; fi au contraire le fecond terme d'une équation complette eft pofitif, la fomme des racines négatives excédera celle des racines pofitives.

$$\left.\begin{array}{l} x - 2 = 0 \\ x - 4 = 0 \\ x + 5 = 0 \end{array}\right\} \quad x^3 - xx - 22x + 40 = 0$$

$$\left.\begin{array}{l} x - 2 = 0 \\ x - 4 = 0 \\ x + 8 = 0 \end{array}\right\} \quad x^3 + 2xx - 40x + 64 = 0.$$

6. Une équation qui n'a pas de dernier terme, c'eft-à-dire, qui n'a aucun terme qui foit uniquement compofé de quantités connues, eft d'un degré inférieur à celui qui eft marqué par la plus haute puiffance de l'inconnue. L'équation $x^3 - ax^2 + bx = 0$, n'eft réellement que du fecond degré, puifque divifée par x, elle fe réduit à $xx - ax + b = 0$. Cette équation maniée fuivant les régles ordinaires, fe réfout de la forte.

$$xx - ax = -b$$
$$xx - ax + \tfrac{1}{4}aa = \tfrac{1}{4}aa - b$$
$$x - \tfrac{1}{2}a = \sqrt{\tfrac{1}{4}aa - b}$$
$$x = \tfrac{1}{2}a + \sqrt{\tfrac{1}{4}aa - b}$$

7. Si dans une équation on fubftitue à l'inconnue une de fes valeurs, toute l'équation fera réduite à zero (248). Comme c'eft ici le fondement de la méthode que M. l'Abbé de la Caille va nous donner pour opérer fur les équations d'un degré fupérieur , il me paroit néceffaire de confirmer la

vérité de ce théorême par un grand nombre d'exemples. Reprenons l'équation $x^3 - 12xx + 44x - 48 = 0$. Nous avons déja remarqué (*num.* 2de cette lettre) que les trois valeurs de x étoient 2, 4, 6. Subſtituons ſucceſſivement à x ſes trois valeurs, en commençant par 2, nous aurons les trois équations ſuivantes.

$$x = 2$$
$$x^3 - 12xx + 44x - 48 = 0$$
$$8 - 48 + 88 - 48 = 0$$

$$x = 4$$
$$x^3 - 12xx + 44x - 48 = 0$$
$$64 - 192 + 176 - 48 = 0$$

$$x = 6$$
$$x^3 - 12xx + 44x - 48 = 0$$
$$216 - 432 + 264 - 48 = 0$$

Cette régle a lieu, lorſque dans une équation incomplette on ſubſtitue à x quelqu'une de ſes valeurs réelles. En voici un exemple bien ſenſible. L'équation $x^3 - 28x + 48 = 0$ a deux valeurs réelles (*num.* 4 de cette lettre); ce ſont les quantités 2 & 4. Subſtituons à x ſes deux valeurs ; & nous verrons l'équation réduite à zero.

$$x = 2$$
$$x^3 - 28x + 48 = 0$$
$$8 - 56 + 48 = 0$$

$$x = 4$$
$$x^3 - 28x + 48 = 0$$
$$64 - 112 + 48 = 0$$

8. Après nous avoir donné toutes ces régles, M. l'Abbé de la Caille nous indique deux méthodes pour trouver en nombre les racines des équations de tous les degrés. La première, *dit-il*, n'eſt bonne que lorſque les racines réelles ſont des nombres entiers, & la ſeconde, lorſque ces nombres ſont joints à des fractions. Je ne vous rapporterai ici, M, aucune de ces méthodes, il eſt impoſſible de les préſenter

d'une manière plus claire & plus précise, qu'il l'a fait. J'en viens à la grace dont je vous ai parlé au commencement de ma lettre ; je vous prie de ne pas me la refuser. Voici le fait. Un homme très-entendu dans les Mathématiques m'a assuré que les méthodes de M. l'Abbé de la Caille faisoient perdre un tems infini ; qu'il étoit plus simple de faire évanouir le second terme d'une équation complette du troisième degré, & de la réduire ensuite à l'une de ces trois formules $x^3 - px - q = 0$. $x^3 + px - q = 0$. $x^3 - px + q = 0$. Cette réduction faite, *dit-il*, l'on cherche la valeur de x dont on se sert pour abbaisser d'un degré l'équation proposée. Je voudrois, M, que vous m'apprissiez en peu de mots comment il faut m'y prendre pour faire évanouir ce second terme, & pour manier facilement les trois formules ausquelles on réduit l'équation dont le second terme a disparu. Vous obligerez infiniment celui qui sera toute sa vie &c.

P. S. j'oubliois de vous dire qu'en méditant sur l'article 257, je fus arrêté, lorsqu'il s'agit de compléter le quarré imparfait $144\,dd + 295\,d = 116$. Je ne sçais comment s'y est pris M. l'Abbé de la Caille pour trouver $d = 0,337$ à peu-près. Je vous prie de m'envoyer les équations qu'il a dû faire, pour arriver à ce résultat. Je crois qu'il est encore plus difficile de manier l'équation $+ 0,623835 - 399,704645d + 166,923414dd = 0$. Mais apparemment que la méthode que vous me donnerez pour opérer sur le premier quarré imparfait me servira de guide pour opérer sur le second. Je conçois d'ailleurs que tenter de résoudre ces deux problémes, c'est porter l'exactitude jusqu'au scrupule. N'est-ce pas en effet vouloir perdre sans raison un tems infini, que de regarder comme considérable l'omission de $22\,d^3 + d^4$, dont la racine d est supposée $= 0,337$? Pour peu cependant que la chose vous paroisse utile, je me condamnerai sans peine à chercher la quatrième puissance de $5,337 - d$.

RÉPONSE.

Contenant une espèce de supplément à ce qui manque dans les élémens d'algébre de M. l'Abbé de la Caille sur les équations supérieures au second degré.

SI vous vouliez, M, prendre la peine de lire l'Analyse démontrée du P. Reynau, ou l'arithmétique universelle de Newton, ou le Tome I. du cours de Mathématique de Wolf, depuis la page 324 jusqu'à la page 342, vous trouveriez la solution des deux questions que vous m'avez proposées dans la dernière lettre que vous m'avez fait l'honneur de m'écrire. Mais puisque vos occupations ne vous permettent pas de lire des ouvrages aussi volumineux, je vais tenter de vous répondre le moins obscurément qu'il me sera possible ; il est difficile qu'un commençant trouve une théorie claire sur une matière aussi embrouillée que celle-ci.

1. L'on me propose l'équation complette du troisième degré $y^3 - 8y^2 - y + 8 = 0.$, & l'on me charge d'en faire évanouir le second terme sans en changer la valeur. Je me rappelle d'abord la régle générale que l'on a coutume de suivre dans ces sortes d'occasions. Elle est conçue en ces termes : *Si dans une équation supérieure le second terme est positif, l'on augmente la racine* y *; & s'il est négatif, l'on diminue la racine* y *d'une quantité fractionnaire qui a pour numérateur le coefficient du second terme, & pour dénominateur l'exposant du premier terme de l'équation donnée ; l'on a par ce moyen une équation transformée dont le second terme est évanoui.* Dans l'exemple proposé, je diminue la racine y de la quantité $\frac{8}{3}$, & je fais $y - \frac{8}{3} = x$, donc $y = x + \frac{8}{3}$.

2. Je cherche la nouvelle valeur de l'équation $y^3 - 8y^2 - y + 8 = 0$, en supposant $y = x + \frac{8}{3}$. Les opérations

que

que j'ai faites pour la trouver, m'ont donné le résultat suivant.

$$y^3 = x^3 + 8\,x^2 + \frac{64x}{3} + \frac{512}{27}$$
$$-8\,y^2 = -8x^2 - \frac{128x}{3} - \frac{512}{9}$$
$$-\,y = \qquad -\,x - \frac{8}{3}$$
$$+\,8 = \qquad\qquad +\,8$$

3. J'examine quelles font dans cette équation transfor‑ mée les quantités qui fe détruifent ; & après les avoir ôtées, il me refte $x^3 * - \frac{67x}{3} - \frac{880}{27} = y^3 - 8\,y^2 - y + 8$.

4. Dans l'équation transformée de laquelle j'ai fait éva‑ nouir le fecond terme, je fais $\frac{67}{3} = p$, $\frac{880}{27} = q$, & mon équation fe préfente fous la forme que vous demandez $x^3 - px - q = 0$; donc $x^3 = px + q$.

5. Il s'agit maintenant de vous prouver, M., que x, l'u‑ ne des trois racines de l'équation transformée, a pour va‑ leur le radical $\sqrt[3]{\frac{1}{2}q + \sqrt{\frac{1}{4}q^2 - \frac{1}{27}p^3}} + \sqrt[3]{\frac{1}{2}q - \sqrt{\frac{1}{4}q^2 - \frac{1}{27}p^3}}$. Ne vous effrayez pas, cette for‑ mule n'eft pas auffi embrouillée, qu'elle le paroît au premier coup d'œil.

6. Pour la trouver, je fais $x = u + z$, & je cherche quel‑ le fera dans cette hypothéfe la nouvelle valeur de l'équation $x^3 = px + q$; ce fera $u^3 + 3\,u^2 z + 3\,z^2 u + z^3 = pu + pz + q$.

7. Je fais $3\,u^2 z + 3\,z^2 u = pu + pz$; donc, en divifant tout par $u + z$, j'aurai $3\,uz = p$; donc $z = \frac{p}{3\,u}$.

8. $u^3 + 3\,u^2 z + 3\,z^2 u + z^3 = pu + pz + q$ (num. 6); de plus $3\,u^2 z + 3\,z^2 u = pu + pz$ (num. 7); donc $u^3 + z^3 = q$. Mais $z = \frac{p}{3u}$ (num. 7.); donc $u^3 + \frac{p^3}{27\,u^3} = q$.

9. $u^3 + \frac{p^3}{27u^3} = q$; donc, en multipliant tout par u^3, l'on aura $u^6 + \frac{1}{27}p^3 = qu^3$, qui devient une équation du second degré.

10. $u^6 + \frac{1}{27}p^3 = qu^3$; donc $u^6 - qu^3 = -\frac{1}{27}p^3$.

11. Si l'on ajoute de part & d'autre dans la dernière équation le quarré de la moitié de la quantité connue q qui multiplie l'inconnue u^3, l'on aura $u^6 - qu^3 + \frac{1}{4}q^2 = \frac{1}{4}q^2 - \frac{1}{27}p^3$; donc, en extrayant la racine quarrée, $u^3 - \frac{1}{2}q = \sqrt{\frac{1}{4}q^2 - \frac{1}{27}p^3}$; donc $u^3 = \frac{1}{2}q + \sqrt{\frac{1}{4}q^2 - \frac{1}{27}p^3}$; donc $u = \sqrt[3]{\frac{1}{2}q + \sqrt{\frac{1}{4}q^2 - \frac{1}{27}p^3}}$.

12. $z = \frac{p}{3u}$ (*num.* 7), donc $z = \dfrac{\frac{1}{3}p}{\sqrt[3]{\frac{1}{2}q + \sqrt{\frac{1}{4}q^2 - \frac{1}{27}p^3}}}$.

13. Il s'agit maintenant de vous prouver, M., que

$$\frac{\frac{1}{3}p}{\sqrt[3]{\frac{1}{2}q + \sqrt{\frac{1}{4}q^2 - \frac{1}{27}p^3}}} = \sqrt[3]{\frac{1}{2}q - \sqrt{\frac{1}{4}q^2 - \frac{1}{27}p^3}}.$$

Pour en venir à bout, voici comment je m'y prends; s'il faut de la méthode, c'est surtout en cette occasion.

14. Le cube de $\sqrt[3]{\frac{1}{2}q + \sqrt{\frac{1}{4}q^2 - \frac{1}{27}p^3}}$ est $\frac{1}{2}q + \sqrt{\frac{1}{4}q^2 - \frac{1}{27}p^3}$. De même le cube de $\sqrt[3]{\frac{1}{2}q - \sqrt{\frac{1}{4}q^2 - \frac{1}{27}p^3}}$ est $\frac{1}{2}q - \sqrt{\frac{1}{4}q^2 - \frac{1}{27}p^3}$.

15. Le produit du cube $\frac{1}{2}q + \sqrt{\frac{1}{4}q^2 - \frac{1}{27}p^3}$ par le cube $\frac{1}{2}q - \sqrt{\frac{1}{4}q^2 - \frac{1}{27}p^3}$ est $\frac{1}{27}p^3$. Ce résultat ne vous paroîtra pas extraordinaire, M., si vous prenez garde que $+\frac{1}{2}q \times +\frac{1}{2}q$ donne un produit que détruit $+\sqrt{\frac{1}{4}q^2} \times -\sqrt{\frac{1}{4}q^2}$.

Reste le produit de $-\sqrt{\frac{1}{27}p^3} \times -\sqrt{\frac{1}{27}p^3}$. Or ce produit est $+\frac{1}{27}p^3$; donc le produit du cube $\frac{1}{2}q + \sqrt{\frac{1}{4}q^2 - \frac{1}{27}p^3}$ par le cube $\frac{1}{2}q - \sqrt{\frac{1}{4}q^2 - \frac{1}{27}p^3}$ est $\frac{1}{27}p^3$; donc $\frac{1}{3}p$ est le produit des deux racines cubiques de ces deux cubes; donc

$\frac{1}{3}p$ est le produit de $\sqrt[3]{\frac{1}{2}q + \sqrt{\frac{1}{4}q^2 - \frac{1}{27}p^3}}$ par $\sqrt[3]{\frac{1}{2}q - \sqrt{\frac{1}{4}q^2 - \frac{1}{27}p^3}}$.

16. Si l'on divise le produit par le multiplicande, l'on a pour quotient le multiplicateur; donc $\dfrac{\frac{1}{3}p}{\sqrt[3]{\frac{1}{2}q + \sqrt{\frac{1}{4}q^2 - \frac{1}{27}p^3}}}$

$= \sqrt[3]{\frac{1}{2}q - \sqrt{\frac{1}{4}q^2 - \frac{1}{27}p^3}}$; donc (num. 12) $z =$ $\sqrt[3]{\frac{1}{2}q - \sqrt{\frac{1}{4}q^2 - \frac{1}{27}p^3}}$.

17. $x = u + z$ (num. 6), donc $x = \sqrt[3]{\frac{1}{2}q + \sqrt{\frac{1}{4}q^2 - \frac{1}{27}p^3}}$ $+ \sqrt[3]{\frac{1}{2}q - \sqrt{\frac{1}{4}q^2 - \frac{1}{27}p^3}}$.

18. Pour avoir en nombre la valeur de x, je suppose $q = 40$ & $p = 6$. Je cherche ensuite la valeur de $\frac{1}{2}q + \sqrt{\frac{1}{4}q^2 - \frac{1}{27}p^3} + \frac{1}{2}q - \sqrt{\frac{1}{4}q^2 - \frac{1}{27}p^3}$, cube du radical qui vient de me donner la valeur de x.

19. $\frac{1}{2}q = 20$. $\frac{1}{4}q^2 = 400$. $\frac{1}{3}p = 2$. Donc $\frac{1}{27}p^3 = 8$; donc $\sqrt{\frac{1}{4}q^2 - \frac{1}{27}p^3} = \sqrt{400 - 8} = \sqrt{392} = 14\sqrt{2}$, parce que si l'on divise 392 par 196, quarré de 14, l'on aura 2 pour quotient ; donc, par la régle générale, l'on aura une nouvelle expression de $\sqrt{392}$, en mettant 14 devant, & 2 après le signe $\sqrt{}$; donc le cube $\frac{1}{2}q +$ $\sqrt{\frac{1}{4}q^2 - \frac{1}{27}p^3} = 20 + 14\sqrt{2}$; donc $\sqrt[3]{\frac{1}{2}q + \sqrt{\frac{1}{4}q^2 - \frac{1}{27}p^3}}$ $= \sqrt[3]{20 + 14\sqrt{2}}$.

20. Le cube $20 + 14\sqrt{2}$ a pour racine cubique $2 + \sqrt{2}$. En effet le cube de $2 + \sqrt{2} = 8 + 12\sqrt{2} + 12 + 2\sqrt{2} = 20 + 14\sqrt{2}$. Donc le cube $20 + 14\sqrt{2}$ a pour racine cubique $2 + \sqrt{2}$; donc $\sqrt[3]{\frac{1}{2}q + \sqrt{\frac{1}{4}q^2 - \frac{1}{27}p^3}}$ $= \sqrt[3]{20 + 14\sqrt{2}} = 2 + \sqrt{2}$; donc $\sqrt[3]{\frac{1}{2}q - \sqrt{\frac{1}{4}q^2 - \frac{1}{27}p^3}} = 2 - \sqrt{2}$; donc $x = 2 + \sqrt{2} + 2 -$

$\sqrt{2}$; donc $x = 4$.

21. Si l'on vous eut donné l'équation $x^3 + p x - q = 0$, vous auriez trouvé par la même méthode $x =$

$$\sqrt[3]{\tfrac{1}{2} q + \sqrt{\tfrac{1}{4} q^2 + \tfrac{1}{27} p^3}} + \sqrt[3]{\tfrac{1}{2} q - \sqrt{\tfrac{1}{4} q^2 + \tfrac{1}{27} p^3}}.$$

22. Enfin si l'on vous eut donné $x^3 - p x + q = 0$, vous auriez eu avec la même facilité $x =$

$$\sqrt[3]{-\tfrac{1}{2} q + \sqrt{\tfrac{1}{4} q^2 - \tfrac{1}{27} p^3}} + \sqrt[3]{-\tfrac{1}{2} q - \sqrt{\tfrac{1}{4} q^2 - \tfrac{1}{27} p^3}}.$$

23. Comme dans le radical qui donne la valeur de x, les grandeurs q & p font toujours fuppofées des quantités connues, l'on cherche en nombre la valeur de x, en fuivant la méthode indiquée dans les *num.* 18, 19 & 20. Lorfque cette valeur a été trouvée, l'on reprend l'équation $y^3 - 8 y^2 - y + 8 = 0$, de laquelle l'on avoit fait évanouir le fecond terme ; l'on fe fouvient que l'on a fait $y = x + \tfrac{8}{3}$; & puifque x eft connu, y le fera auffi.

24. Si l'on a befoin de toutes les racines de $y^3 - 8 y^2 - y + 8 = 0$, l'on abaiffera cette équation d'un degré par le moyen de la racine trouvée, & l'on emploiera enfuite, pour la réduire, les régles que l'on a coutume de fuivre, lorfque l'on opére fur les équations du fecond degré. J'ai l'honneur d'être &c.

P. S. C'eft ici le lieu de répondre à la queftion que vous m'avez faite à la fin de votre derniere lettre. Vous n'avez pas pu, *dites-vous*, compléter le quarré imparfait $144 dd + 295 d = 116$, & par conféquent vous n'avez pas pû trouver $d = 0,337$ à peu-près. Pour arriver à ce réfultat, ayez préfent à l'efprit le quarré parfait $xx + 2ax + aa$, dont les deux racines font $x + a$, & fouvenez-vous que le fecond terme de ce quarré eft compofé de la feconde racine a multipliée par le double de la première racine x. Cela fuppofé, voici comment je raifonne.

Le quarré imparfait $144 \, dd + 295 d = 116$ a pour première racine $12 \, d$; donc le fecond terme $295 \, d$ eft le produit de $24 \, d$ multipliés par la feconde racine que l'on cherche; donc l'on aura cette seconde racine en divisant $295\,d$ par $24\,d$; donc cette seconde racine sera $12\frac{7}{24}$. Ajoutez maintenant le quarré de $12\frac{7}{24}$ dans chaque membre de l'équation proposée, vous aurez $144\,dd + 295\,d + 144\frac{49}{576} = 116 + 144\frac{49}{576}$; & négligeant la fraction $\frac{49}{576}$, vous aurez $144\,dd + 295\,d + 144 = 260$; donc $12\,d + 12 = \sqrt{260}$; donc $12\,d = -12 + 16$ à peu-près; donc $d = \frac{4}{12} = \frac{1}{3}$ à peu-près. Or la fraction $\frac{337}{1000}$ est sensiblement égale à la fraction $\frac{1}{3}$; donc M. l'Abbé de la Caille a eu raison d'avancer que dans le cas proposé $d = 0,337$, & que dans l'équation $x^4 + 2x^3 - 36\,x^2 + 5x - 116 = 0$, l'on trouvoit $x = 5,337$ à peu-près.

Vous pourrez par la même méthode résoudre l'équation $+ 0,623835 - 399,704645\,d + 166,923414\,dd = 0$; mais je vous avertis qu'au lieu de trouver $d = 0,001562$, vous trouverez $d = 2 +$ une décimale très-considérable ; ce qui vous prouvera que M. l'Abbé de la Caille s'est trompé dans un calcul qu'il n'étoit pas nécessaire de pousser si loin. *Quandoque bonus dormitat Homerus.*

LETTRE SIXIEME.

Idée générale du Traité sur les raisons & les proportions. Remarques sur les Articles 279 & 280 de ce Traité.

JE lis actuellement, M., avec tout le plaisir possible, le Traité de M. l'Abbé de la Caille sur les *raisons* & les *proportions*. Je ne crois pas avoir à vous faire grand nombre de questions sur cette matière ; notre incomparable Auteur a donné de la manière du monde la plus claire en une vingtaine de pages ce que les Mathématiciens ordinaires ont coutume de donner très-longuement & très-obscurément. Voici l'unique chose qui m'ait arrêté dans les progressions Arithmétiques. M. l'Abbé de la Caille, après avoir démontré (*num.* 279 , *pag.* 97) que dans une progression arithmétique la différence entre le premier & le dernier terme eſt égale au produit de la différence commune par le nombre des termes de toute la progreſſion, moins un ; & (*num.* 280, *même page*) que la ſomme de tous les termes d'une progreſſion arithmétique eſt égale à la moitié du produit de la ſomme des extrêmes multipliée par le nombre de tous les termes ; M. l'Abbé de la Caille, dis-je, aſſure que de ces deux propoſitions exprimées algébriquement l'on peut tirer 20 formules qui réſoudront tous les cas poſſibles que l'on pourra propoſer ſur ces ſortes de progreſſions. Il fait le premier terme de toute progreſſion arithmétique croiſſante $= a$, le dernier $= w$, la différence commune $= d$, le nombre des termes $= n$, la ſomme de tous les termes $= s$; & il avertit qu'on peut traiter comme croiſſante toute progreſſion décroiſſante, en appellant ſon premier terme w, & ſon dernier terme a. Cela ſuppoſé, il exprime les deux propoſitions des *num.* 279 & 280 par les deux équations

$$w - a = dn - d$$
$$\frac{an + wn}{2} = s$$

& c'eſt de là qu'il aſſure qu'on peut extraire les 20 formules algébriques dont je vous ai déja parlé. Voudriez-vous bien avoir la bonté, M., de m'éviter la peine de faire un pareil calcul ; il ſeroit difficile qu'un commençant comme moi s'en tirât. Vous obligerez ſenſiblement celui qui ſera toute ſa vie, &c.

REPONSE.

Contenant les 20 formules extraites des deux équations
$$\omega - a = dn - d, \ \& \ \frac{an + \omega n}{2} = s.$$

Vous ne connoissez pas assez vos forces, M. Si vous eussiez voulu prendre la peine de méditer sur les deux équations $\omega - a = dn - d$, & $\dfrac{an + \omega n}{2} = s$, vous en auriez tiré sans peine les 20 formules que je vais vous mettre sous les yeux.

Equation principale.

$$\omega - a = dn - d$$

Formules tirées de cette équation.

1ere $\omega = a + dn - d$

$2^{e}.$ $a = \omega - dn + d$

$3^{e}.$ $d = \dfrac{\omega - a}{n - 1}$

$4^{e}.$ $n = \dfrac{\omega - a}{d} + 1$

Equation principale.

$$\frac{an + \omega n}{2} = s$$

ou

$$an + \omega n = 2 s$$

Application

Des 20 formules algébriques à la progression arithmétique croissante 2, 4, 6, 8, 10.

1ere $10 = 2 + 2 \times 5 - 2 = 2 + 10 - 2.$

$2^{e}.$ $2 = 10 - 2 \times 5 + 2 = 10 - 10 + 2.$

$3^{e}.$ $2 = \dfrac{10 - 2}{5 - 1} = \dfrac{8}{4}.$

$4^{e}.$ $5 = \dfrac{10 - 2}{2} + 1 = \dfrac{8}{2} + 1$

Formules tirées de cette équation.

$$5^{e}.\ n = \frac{2s}{a+\omega}$$

$$6^{e}.\ a + \omega = \frac{2s}{n}$$

$$7^{e}\ a = \frac{2s}{n} - \omega$$

$$8^{e}.\ \omega = \frac{2s}{n} - a.$$

Equation principale.

$$2an + dnn - dn = 2s.$$

Formules tirées de cette équation.

$$9^{e}.\ s = \frac{2an + dnn - dn}{2}$$

$$10^{e}\ s = an + \frac{dnn - dn}{2}$$

$$11^{e}.\ a = \frac{s}{n} - \frac{dn}{2} + \frac{d}{2}$$

$$12^{e}\ d = \frac{2s - 2an}{nn - n}$$

Equation principale.

$$2\omega n - dnn + dn = 2s$$

Formules tirées de cette équation.

$$13^{e}\ s = \frac{2\omega n - dnn + dn}{2}$$

$$5^{e}\ 5 = \frac{60}{2+10} = \frac{60}{12}$$

$$6^{e}.\ 2 + 10 = \frac{60}{5}.$$

$$7^{e}.\ 2 = \frac{60}{5} - 10.$$

$$8^{e}.\ 10 = \frac{60}{5} - 2.$$

L'équation principale correspondante est formée de l'équation $an + \omega n = 2s$ dans laquelle on a fait entrer la valeur de $\omega = a + dn - d$ (*Formule* 1)

$$9^{e}.\ 30 = \frac{20+50-10}{2} = \frac{60}{2}.$$

$$10^{e}.\ 30 = 10 + \frac{50 - 10}{2}$$

$$= 10 + \frac{40}{2}$$

$$11^{e}.\ 2 = \frac{30}{5} - \frac{10}{2} + \frac{2}{2} = 6 - 5 + 1$$

$$12^{e}.\ 2 = \frac{60 - 20}{25 - 5} = \frac{40}{20}$$

L'équation principale correspondante est formée de l'équation $an + \omega n = 2s$ dans laquelle on a fait entrer la valeur de $a = \omega - dn + d.$ (*Formule* 2).

$$13^{e}.\ 30 = \frac{100 - 50 + 10}{2}$$

$$= \frac{60}{2}$$

$$14^{e}.\ s = \omega n - \frac{dnn + dn}{2} \qquad 14^{e}.\ 30 = 50 - \frac{50 + 10}{2}$$

$$= 50 - \frac{40}{2}$$

$$15^{e}.\ \omega = \frac{s}{n} + \frac{dn}{2} - \frac{d}{2} \qquad 15^{e}.\ 10 = \frac{30}{5} + \frac{10}{2} - \frac{2}{2}$$

$$= 6 + 5 - 1$$

$$16^{e}.\ d = \frac{2\omega n - 2s}{nn - n} \qquad 16^{e}.\ 2 = \frac{100 - 60}{25 - 5} = \frac{40}{20}$$

Equation principale.

$$2s = a + \omega + \frac{\omega\omega - aa}{d}$$

Formules tirées de cette équation.

L'équation principale correspondante eſt formée de l'équation $an + \omega n = 2s$, dans laquelle on a fait entrer la valeur de $n = \frac{\omega - a}{a} + 1$ (*Formule 4*)

$$17^{e}.\ s = \frac{a + \omega}{2} + \frac{\omega\omega - aa}{2d} \qquad 17^{e}.\ 30 = \frac{2+10}{2} + \frac{100-4}{4}$$

$$= 6 + 24.$$

$$18^{e}.\ a = \tfrac{1}{2}d + \sqrt{\tfrac{1}{4}dd + \omega d + \omega\omega - 2ds}.$$

$$18^{e}.\ 2 = 1 + \sqrt{1 + 20 + 100 - 120} = 1 + \sqrt{1} = 1 + 1$$

$$19^{e}.\ \omega = -\tfrac{1}{2}d + \sqrt{\tfrac{1}{4}dd + 2ds + aa - ad}.$$

$$19^{e}.\ 10 = -1 + \sqrt{1 + 120 + 4 - 4} = -1 + \sqrt{121} = -1 + 11$$

$$20^{e}.\ d = \frac{\omega\omega - aa}{2s - a - \omega} \qquad 20^{e}.\ 2 = \frac{100 - 4}{60 - 2 - 10} = \frac{96}{48}$$

Voilà , M. , les 20 fameuſes formules que l'on peut extraire des deux équations $\omega - a = dn - d$, & $\frac{an + \omega n}{2} = s$. Examinez-les avec attention ; vous conviendrez ſans peine avec M. l'Abbé de la Caille qu'elles peuvent ſer-

vir à résoudre la plupart des problêmes que l'on a coûtume
de proposer sur les proportions arithmétiques. J'attends avec
impatience une de vos lettres ; j'apprendrai avec plaisir ce
que vous pensez du Traité des proportions géométriques
dont vous avez sans doute bien avancé la lecture. Je suis, &c.

LETTRE SEPTIEME.

*Remarque sur l'article 332 du Traité des proportions, dans
lequel M. l'Abbé de la Caille apprend à inférer entre deux
termes donnés autant de moyens proportionnels que l'on
voudra. Nécessité du Traité des proportions pour l'intelligence de l'Article 119.*

IL me paroit , M. , que tout homme qui a suivi jusqu'à
présent l'Abbé de la Caille , ne peut faire qu'une question sur son traité des proportions & progressions géométriques. Tout à fait à la fin de ce traité (pag. 112 , art.
332), l'Auteur apprend à inférer autant de moyens proportionnels géométriques que l'on voudra entre deux termes donnés a & b , il prouve de la manière du monde la
plus claire que s'il ne s'agit que d'en inférer deux , ce seront
$\sqrt[3]{aab}$ & $\sqrt[3]{abb}$. Mais voulant ensuite donner une formule générale , il suppose qu'il faille inférer entre a & b
un nombre quelconque n de moyens proportionnels géométriques , & il prétend que le premier sera $\sqrt[n+1]{a^n b}$; le
second, $\sqrt[n+1]{a^{n-1} b^2}$; le troisième , $\sqrt[n+1]{a^{n-2} b^3}$ &c. Cette
formule, M., me paroît un peu obscure ; voudriez-vous bien
me donner là dessus quelques éclaircissemens ? C'est-là tout
ce qui m'a embarrassé dans le traité des proportions & progressions géométriques.

A peine l'ai-je eu fini , que, suivant le conseil que vous
me donnates dans la réponse que vous fites à la première lettre que j'ai eu l'honneur de vous écrire , j'en suis re-

venu à l'article 119 du traité de l'Arithmétique, où il s'a-
git de multiplier le nombre complexe 4℔, 7 f.,6 d., = 1050
deniers, par 2℔ 9 f., 7 d., = 595 deniers. La méthode qu'il
donne eſt la choſe du monde la plus ſimple. Comme la multiplication eſt une opération dans laquelle l'unité eſt au
multiplicande, dans le même rapport que le multiplicateur
eſt au produit, & comme dans cette occaſion l'unité eſt une
livre réduite en deniers, c'eſt-à-dire, 240 deniers, l'on
doit commencer par faire la régle de proportion ſuivante :
l'unité = 240 : au multiplicande = 1050 : : le multiplicateur 595 : au produit x, que l'on trouvera = 2603 $\frac{1}{8}$ deniers. L'on réduira enſuite ce produit en livres, en ſols &
en deniers par la méthode ordinaire. J'ai l'honneur
d'être &c.

RÉPONSE.

Contenant une eſpèce de commentaire de l'article 332 du Trai-
té des proportions géométriques de M. l'Abbé de la Caille.
Erreur découverte dans l'Article 324.

VOus n'êtes pas le ſeul à trouver difficile, M., la formule générale de l'article 332 du traité des proportions & progreſſions géométriques. Pour vous en faire comprendre toute la beauté, je vous prie de vous rappeller que
dans cette formule la lettre n ſignifie le nombre des moyens proportionnels que l'on veut inférer entre les termes
connus a & b. La lettre n vaudra donc 3, & $n+1$ vaudra
4, ſi l'on ne demande que trois moyens proportionnels. M.
l'Abbe de la Caille nous aſſure que dans ce cas les termes en
progreſſion géométrique, ſeront $\div a, \sqrt[n+1]{a^n b}, \sqrt[n+1]{a^{n-1}b^2},$
$\sqrt[n+1]{a^{n-2}b^3}, b$. Il a raiſon; le calcul ſuivant vous le fera
toucher au doigt.

L'on me demande trois moyens proportionnels $u, x, y,$

à inférer entre a & b. Je dis que l'on aura $u = \sqrt[n+1]{a^n b}$; $x = \sqrt[n+1]{a^{n-1} b^2}$; $y = \sqrt[n+1]{a^{n-2} b^3}$. En voici la démonſtration.

1°. Puiſque a, u, x, y, b ſont ſuppoſés en progreſſion géométrique, l'on aura $a : b :: a^4 : u^4$; M. l'Abbé de la Caille l'a démontré dans le traité des proportions (*num.* 318, *pag.* 107); donc $au^4 = a^4 b$; donc $u^4 = \dfrac{a^4 b}{a} = a^3 b$; donc $u = \sqrt[4]{a^3 b}$; donc $u = \sqrt[n+1]{a^n b}.$

2°. Par hypothéſe $a, \sqrt[4]{a^3 b}, x$ ſont trois termes en progreſſion géométrique; donc $a : \sqrt[4]{a^3 b} :: \sqrt[4]{a^3 b} : x$; donc $a^4 : a^3 b :: a^3 b : x^4$; donc $a^4 x^4 = a^6 b^2$; donc $x^4 = \dfrac{a^6 b^2}{a^4} = a^2 b^2$: donc $x = \sqrt[4]{a^2 b^2}$; donc $x = \sqrt[n+1]{a^{n-1} b^2}$.

3°. Par hypothéſe $a, \sqrt[4]{a^3 b}, \sqrt[4]{a^2 b^2}, y$ ſont 4 termes en proportion géométrique ; donc $a^4 : a^3 b :: a^2 b^2 : y^4$; donc $a^4 y^4 = a^5 b^3$; donc $y^4 = \dfrac{a^5 b^3}{a^4} = a^1 b^3$; donc $y = \sqrt[4]{a^1 b}$; donc $y = \sqrt[n+1]{a^{n-2} b^3}$; donc les 5 termes $a; \sqrt[n+1]{a^n b}; \sqrt[n+1]{a^{n-1} b^2}; \sqrt[n+1]{a^{n-2} b^3}; b$ ſont en progreſſion géométrique.

Je veux, avant que de finir cette lettre, vous faire remarquer qu'il eſt échapé à M. l'Abbé de la Caille une faute aſſez conſidérable dans ſon Traité des proportions Géométriques ; c'eſt à la page 110, ſur la fin de l'article 324. Voici le fait. Cet Auteur ſe propoſe la queſtion ſuivante ; 10 ſeptiers de bled peſants chacun 240 livres ont nourri pendant 4 jours 525 Soldats : avec 17 ſeptiers peſans chacun 320 livres, combien de jours pourra-t-on nourrir 217 Soldats ?

M. l'Abbé de la Caille répond que le nombre de jours

demandé fera exprimé par $\frac{17 \times 320 \times 4 \times 525}{10 \times 240 \times 217} = 21\frac{33}{62}$. C'eſt-là , M. , où eſt l'erreur ; il faut $\frac{58}{62}$ au lieu de $\frac{33}{62}$; en voici la démonſtration.

1°. $\frac{17 \times 320 \times 4 \times 525}{10 \times 240 \times 217} = \frac{11424000}{520800} = 21\frac{487200}{520800}$. Cela ſuppoſé, voici comment je raiſonne. Si le réſultat de M. l'Abbé de la Caille eſt vrai , il s'enſuit que $\frac{487200}{520800} = \frac{33}{62}$.

2°. Si $\frac{487200}{520800} = \frac{33}{62}$, donc $520800 : 487200 :: 62 : 33$; mais cela n'eſt pas, puiſqu'en multipliant les termes extrêmes d'un côté & les termes moyens de l'autre , on a des produits bien différens ; donc la fraction $\frac{487200}{520800}$ n'eſt pas égale à la fraction $\frac{33}{62}$.

3°. Comme $\frac{58}{62} = \frac{487200}{520800}$, puiſque $520800 : 487200 :: 62 : 58$; je conclus que dans le probléme propoſé le nombre de jours demandé eſt $21\frac{58}{62}$, & non pas $21\frac{33}{62}$. Au reſte, M., ce ſont là des fautes qui échapent aux perſonnes même les plus atentives. Cela ne doit pas vous empêcher d'avoir pour M. l'Abbé de la Caille autant d'eſtime que j'ai pour vous d'attachement. C'eſt dans ces ſentimens que j'ai l'honneur d'être , &c.

LETTRE SEPTIEME.

Réflexions ſur la méthode que donne M. l'Abbé de la Caille , pour trouver les logarithmes des nombres compris entre 1 & 10.

IL me paroît , M. , que ce que dit l'Abbé de la Caille ſur les logarithmes des nombres entiers depuis l'article 334 juſqu'à l'article 343 , ne peut pas ſuffire à un commençant. Avant que de lire ce Chapitre, je ſçavois quelque choſe ſur cette matière ; je ſçavois , par exemple , que nous devions cette invention admirable à Jean Neper , Gentilhomme Ecoſſois , & Baron de Merchiſton qui ſe rendit célébre parmi les Mathématiciens au commencement du 17ᵉ ſiécle. Je ſçavois encore que les nombres en progreſſion Géométrique décuple 1,10,100,1000 , &c. ont pour logarithmes les

quantités en progreſſion Arithmétique 0,0000000;
1,0000000; 2,0000000; 3,0000000, &c. Je ſçavois enfin qu’en introduiſant dans le calcul les logarithmes des
nombres, au lieu des nombres eux-mêmes, l’on ſubſti-
tuoit par-là l’addition à la multiplication, & la ſouſtraction
à la diviſion. L’on me demande, par exemple, de trouver
un quatrième proportionnel géométrique aux trois nombres.
52, 39 & 48. Au lieu de multiplier 48 par 39, & de diviſer le produit 1872 par 52, pour avoir le quatrième
nombre proportionnel 36; voici comment j’opére par le
moyen de mes Tables des logarithmes : au nombre
1.5910646, *logarithme de* 39, j’ajoute 1.6812412, *lo-*
garithme de 48 : de la ſomme de ces deux logarithmes
3.2723058, j’ôte 1.7160033, *logarithme de* 52 ; & j’ai
pour reſtant 1.5563025. J’examine à quel nombre répond
ce logarithme trouvé ; & comme il répond dans mes Tables au nombre 36, je conclus que 36 eſt en proportion
Géométrique avec 52, 39 & 48, tellement que 52 : 39 ::
48 : 36. Malgré ces connoiſſances élémentaires qui ne ſont
pas à mépriſer, je vous avouerai, M., que je n’ai preſque
rien compris à la méthode que donne M. l’Abbé de la
Caille, pour trouver les logarithmes des nombres contenus
entre 1 & 10. Il dit qu’en inſérant 9999999 moyens proportionnels arithmétiques entre 0.0000000 & 1.0000000,
l’on aura les logarithmes que l’on cherche, & que c’eſt
ainſi que l’on a trouvé 0.3010300; 0.4771211; 0.6020600
&c. pour logarithmes de 2, 3, 4 &c. Je voudrois vous
prier, M., de m’envoyer toutes les opérations qu’il a
fallu faire, pour en venir a ce réſultat. Vous ne réfuſerez
pas cette grace à celui qui ſera toute la vie, &c.

RÉPONSE.

Méthode pour trouver les logarithmes des nombres compris entre 1 & 10. Résultat des opérations que cette méthode demande.

LOrsque vous aurez lu la lettre que j'ai l'honneur de vous écrire, vous ne serez pas surpris, M., que j'aie tant tardé à répondre à la question que vous me proposâtes il y a environ un mois. Vous me demandiez les logarithmes des nombres compris entre 1 & 10; imaginez-vous que pour trouver le logarithme du seul nombre 9, il m'a fallu faire 52 opérations dont 26 sont très-longues & très-ennuyeuses. Si vous voulez me suivre facilement dans ma marche, je vous prie de vous rappeller que pour trouver un moyen proportionnel géométrique à 2 termes donnés, il faut les multiplier l'un par l'autre, & extraire la racine quarrée de leur produit; cette racine-là même vous donnera ce que vous cherchez. Me demande-t-on, par exemple, un moyen proportionnel géométrique aux deux nombres 2 & 32? Je multiplie 32 par 2; je tire la racine quarrée de leur produit 64; & cette racine 8 me donne la solution du problème. En effet 2 : 8 ;: 8 : 32. Je vous prie encore de vous rappeller que pour trouver un moyen proportionnel arithmétique à 2 termes donnés, il faut les ajouter l'un à l'autre; prendre la moitié de leur somme; & cette moitié sera le terme que l'on cherche. Le nombre 10, *par exemple*, n'est moyen proportionnel arithmétique entre 5 & 15, que parce qu'il est la moitié de la somme 5 + 15. Cela supposé, j'entre en matière, & j'examine, d'après Neper, comment il faut s'y prendre pour trouver le logarithme de 9. Le voici.

1. J'ajoute 7 zero à chacun des deux nombres donnés 1 & 10, afin de pouvoir introduire plus facilement, entre ces deux nombres 9999999 moyens proportionnels géomé-

triques, & afin que ce qu'on sera obligé de négliger, n'étant qu'un dix-millionième, ne nuise pas à l'exactitude des calculs.

2. Je cherche entre 1.0000000 & 10.0000000 un moyen proportionnel géométrique qui vaille 9.0000000 ; & c'est pour le trouver que j'ai fait 26 opérations dont je ne tarderai pas à vous mettre le tableau sous les yeux.

3. Ces 26 opérations m'ont donné 26 moyens proportionnels géométriques dont j'ai eu les logarithmes, en cherchant 26 moyens proportionnels arithmétiques entre 0.0000000 & 1.0000000.

4°. Le résultat de chaque opération ne contient que 3 nombres, dont les extrêmes sont connus, & dont le moyen, soit géométrique, soit arithmétique, a été trouvé par les 2 méthodes que je vous ai exposées au commencement de ma lettre.

Nombres en proportion géométrique.	*Logarithmes de ces nombres.*
1.0000000	0.0000000
1. Résultat. 3.1622777	0.5000000
10.0000000	1.0000000
10.0000000	1.0000000
2. Résultat. 5.6234132	0.7500000
3.1622777	0.5000000
10.0000000	1.0000000
3. Résultat. 7.4989421	0.8750000
5.6234132	0.7500000
10.0000000	1.0000000
4. Résultat. 8.6596432	0.9375000
7.4989421	0.8750000
10.0000000	1.0000000
5. Résultat. 9.3057204	0.9687500
8.6596432	0.9375000

Puisque

Puisque le moyen proportionnel géométrique que donne
le 5e résultat, est plus grand que celui que je demande ;
j'abandonne dans les opérations suivantes le premier terme
10.0000000, & je cherche d'abord un moyen proportionnel géométrique aux deux termes connus 9.3057204 &
8.6596432. J'abandonne de même le logarithme 1.0000000,
pour avoir un moyen proportionnel arithmétique aux deux
termes 0.9687500 & 0.9375000.

	Nombres en proportion géométrique.	*Logarithmes de ces nombres.*
6. Résultat.	9.3057204 8.9768713 8.6596432	0.9687500 0.9531250 0.9375000
7. Résultat.	9.3057204 9.1398170 8.9768713	0.9687500 0.9609375 0.9531250

Le moyen proportionnel géométrique que donne le 7e
résultat, est plus grand que celui que je cherche ; j'abandonne donc dans l'opération suivante le terme 9.3057204,
& je cherche un moyen proportionnel géométrique aux
deux termes 9.1398170 & 8.9768713. Par la même raison je cherche un moyen proportionnel arithmétique à
leurs logarithmes.

8. Résultat.	9.1398170 9.0579777 8.9768713	0.9609375 0.9570312 0.9531250

Le moyen proportionnel géométrique 9.0579777, &
le moyen proportionnel arithmétique 0.9570312 font plus
grands que ceux que je cherche ; aussi feront-ils les premiers termes des deux opérations suivantes.

9. Résultat.	9.0579777 9.0173333 8.9768713	0.9570312 0.9550781 0.9531250

D

Les deux opérations fuivantes doivent avoir pour premier terme, l'une 9.0173333, & l'autre 0.9550781 : vous en voyez la raifon.

	9.0173333	0.9550781
10. Réfultat.	8.9970796	0.9541015
	8.9768713	0.9531250
	9.0173333	0.9550781
11. Réfultat.	9.0072008	0.9545898
	8.9970796	0.9541015

Les deux termes 9.0072008 & 0.9545898 qui font plus grands que ceux que je cherche, feront par-là même à la tête des deux opérations fuivantes.

Nombres en proportion géométrique.	*Logarithmes de ces nombres.*
9.0072008	0.9545898
12. Réfultat. 9.0021388	0.9543457
8.9970796	0.9541015

Puifque le moyen proportionnel géométrique que donne le 12ᵉ. réfultat eft plus grand que 9.0000000, il va devenir le premier terme de la progreffion géométrique fuivante ; & fon logarithme fera le premier terme de la progreffion arithmétique correfpondante.

	9.0021388	0.9543457
13. Réfultat.	8.9996088	0.9542236
	8.9970796	0.9541015
	9.0021388	0.9543457
14. Réfultat.	9.0008737	0.9542846
	8.9996088	0.9542236

Les 2 moyens proportionnels que donne le 14ᵉ réfultat, font encore trop grands ; mettons-les à la tête des deux opérations fuivantes.

15. Réfultat.	9.0008737	0.9542846
	9.0002412	0.9542541
	8.9996088	0.9542236

La même raifon nous engage à mettre à la tête des deux opérations fuivantes les 2 moyens proportionnels qu'a donné le 15e réfultat.

16. Réfultat.	9.0002412	0.9542541
	8.9999250	0.9542388
	8.9996088	0.9542236
17. Réfultat.	9.0002412	0.9542541
	9.0000831	0.9542465
	8.9999250	0.9542388

Le 18e réfultat aura pour premiers termes 9.0000831 & 0.9542465 ; ces moyens proportionnels font un peu plus grands que ceux qu'on demande.

Nombres en proportion géométrique	Logarithmes de ces nombres.

18. Réfultat.	9.0000831	0.9542465
	9.0000041	0.9542427
	8.9999250	0.9542388

Les deux moyens proportionnels du réfultat précédent font encore un peu trop grands ; mettons-les pour premiers termes dans les deux opérations fuivantes.

19. Réfultat.	9.0000041	0.9542427
	8.9999650	0.9542408
	8.9999250	0.9542388
20. Réfultat.	9.0000041	0.9542427
	8.9999845	0.9542421
	8.9999650	0.9542408

	9.0000041	0.9542427
21. Réfultat.	8.9999943	0.9542423
	8.9999845	0.9542421

	9.0000041	0.9542427
22. Réfultat.	8.9999991	0.9542424
	8.9999943	0.9542422

	9.0000041	0.9542427
23. Réfultat.	9.0000016	0.9542425
	8.9999992	0.9542424

Les deux moyens proportionnels 9.0000016 & 0.9542425 vont devenir le premier terme des deux opérations fuivantes ; ils font encore un peu trop grands.

	9.0000016	0.9542425
24. Réfultat.	9.0000004	0.9542424 $\frac{1}{2}$
	8.9999992	0.9542424

Pour porter l'exactitude jufqu'au fcrupule, prenons 9.0000004 & 0.95444242 $\frac{1}{2}$ pour premiers termes des deux opérations fuivantes.

	9.0000004	0.9542424 $\frac{1}{2}$
25. Réfultat.	8.9999998	0.9542424 $\frac{1}{4}$
	8.9999992	0.9542424

	9.0000004	0.9542424 $\frac{1}{2}$
26. Réfultat.	9.0000000	0.9542424 $\frac{3}{8}$
	8.9999998	0.9542424 $\frac{1}{4}$

Le 26e réfultat me donne donc le moyen proportionnel géométrique que je cherche, & par conféquent le nombre 9 a pour logarithme 0.9542424 $\frac{3}{8}$. Dans la pratique cependant on prend indifféremment pour logarithme de 9, ou 0.9542424, ou 0.9542425.

5°. Il a été auffi difficile à Neper de trouver le logarithme de 8, que celui de 9. Pour en venir à bout, il a du

chercher entre 1.0000000 & 9.0000000 des moyens proportionnels géométriques, jufqu'à ce qu'il foit parvenu à
trouver 8.0000000 ; ce qui fuppofe bien des opérations. Il
a du enfuite chercher entre 0.0000000 *logarithme de* 1 , &
0.9542425 *logarithme de* 9 , des moyens proportionnels
arithmétiques , jufqu'à ce qu'il ait trouvé 0.9030900 , *logarithme de* 8.

6°. Neper n'a trouvé le logarithme de 7 , qu'en fuivant
cette longue & pénible marche. Il a cherché des moyens
proportionnels géométriques entre 1.0000000 & 8.0000000,
jufqu'à ce qu'il foit arrivé à 7.0000000. Il a enfuite cherché des moyens proportionnels arithmétiques entre le logarithme de 1 & le logarithme de 8 ; & il ne s'eft arrêté ,
que lorfqu'il a eu trouvé 0.8450980 , *logarithme de* 7.

7°. Les logarithmes de 2 , 3 , 4 , 5 & 6 ne lui ont prefque rien couté à trouver. La moitié du logarithme de 9 lui
a donné le logarithme de fa racine quarrée 3. En voici la
démonftration. Les nombres 1 , 3 , 9 font en progreffion
géométrique, puifqu'on peut dire 1 : 3 :: 3 : 9 ; donc leurs
logarithmes font en progreffion arithmétique ; donc la
fomme des logarithmes des nombres 1 & 9 eft égale au
double du logarithme de la racine quarrée 3. Mais le logarithme de 1 eft 0.0000000 ; donc le logarithme de 9 eft
égal au double du logarithme de fa racine quarrée 3 ; donc
la moitié du logarithme d'un quarré donne le logarithme
de fa racine ; donc le double du logarithme d'une racine
quarrée donne le logarithme du quarré.

8°. Le tiers du logarithme de 8 donne le logarithme
de fa racine cubique 2. En effet 1 : 2 :: 4 : 8 ; donc les
logarithmes de ces 4 nombres font en proportion arithmétique ; donc la fomme des logarithmes des nombres 1 & 8
eft égale à la fomme des logarithmes de 2 & de 4. Mais
le logarithme de 1 eft 0.0000000 ; donc le logarithme de
8 eft égal à la fomme des logarithmes de 2 & de 4. Mais
(*num.* 7) le logarithme de 4 eft double du logarithme de
2 ; donc le logarithme de 8 eft triple du logarithme de 2 ;
donc le tiers du logarithme de 8 donne le logarithme de fa

racine cubique 2 ; donc le triple du logarithme d'une ra‑
cine cubique quelconque donne le logarithme du cube.

9°. Le double du logarithme de 2 donne le logarithme
de 4 (*num.* 7).

10. Otez le logarithme de 2 du logarithme de 10, vous
aurez le logarithme de leur quotient 5. Je le démontre,
1 : 5 :: 2 : 10 ; donc leurs logarithmes sont en proportion
arithmétique ; donc la somme des logarithmes de 1 & de
10 est égale à la somme des logarithmes de 5 & de 2.
Mais le logarithme de 1 est 0.0000000 ; donc le logarith‑
me de 10 est égal à la somme des logarithmes de 5 &
de 2 ; donc en ôtant le logarithme de 2 du logarithme de
10, l'on aura le logarithme de 5 ; donc, en général, la
différence des logarithmes de deux nombres entiers est éga‑
le au logarithme de leur quotient.

11. Ajoutez le logarithme de 2 au logarithme de 3, vous
aurez le logarithme de leur produit 6. En effet 1 : 2 :: 3 :
6 ; donc les logarithmes de ces 4 nombres sont en propor‑
tion arithmétique ; donc la somme des logarithmes de 1
& de 6 est égale à la somme des logarithmes de 2 & de
3. Mais le logarithme de 1 est 0.0000000 ; donc le logarith‑
me de 6 est égal à la somme des logarithmes de 2 & de 3 ;
donc, en général, la somme des logarithmes de deux
nombres entiers est égale au logarithme de leur produit.

De toutes les opérations que je viens de faire, vous con‑
clurez sans doute, M., qu'il est très-facile de multiplier,
diviser & extraire les racines quarrée & cubique, lorsque
l'on sçait se servir des Tables des logarithmes. Ce que je
vous en ai dit, me paroît suffisant pour vous en faire com‑
prendre la construction. J'ai l'honneur d'être, &c.

LETTRE HUITIEME.

Doutes proposés sur les logarithmes des sinus, des tangentes, & des nombres fractionnaires.

GRaces à votre dernière lettre, M., je commence à comprendre sur quels principes est fondée la construction des Tables des logarithmes des nombres entiers. Je vois que si les logarithmes des nombres 1, 10, 100, 1000 sont 0.0000000, 1.0000000, 2.0000000, 3.0000000 ; les logarithmes des nombres 10000, 100000, 1000000, 10000000, &c. seront 4.0000000, 5.0000000, 6.0000000, 7.0000000, &c. Je vois encore aussi clairement que par le moyen des logarithmes des dix premiers nombres, l'on peut trouver les logarithmes d'une infinité d'autres nombres. Doublez, *par exemple*, le logarithme de 9, vous aurez celui de son quarré 81 ; triplez-le, vous aurez celui de son cube 729 ; quadruplez-le, vous aurez celui de son quarré-quarré 6561. De même ajoutez successivement au logarithme de 9 les logarithmes de 2, de 3, de 4, de 5, de 6, de 7 & de 8, vous aurez les logarithmes de 18, de 27, de 36, de 45, de 54, de 63 & de 72, &c. Mais une chose que je n'ai pas comprise, c'est la manière dont a été construite la Table des logarithmes des sinus & tangentes, qu'on a coutume de mettre à côté de celle des nombres entiers. Voici en deux mots ce qui m'a arrêté. Le nombre 10000000 n'a pour logarithme que 7.0000000 ; & dans mes Tables le sinus d'un angle d'un seul degré a pour logarithme 8.2418553. Le sinus de l'angle droit qui n'est que le rayon d'un cercle quelconque, a pour logarithme 10.0000000, & le logarithme de la tangente correspondante est infini. Voudriez-vous bien, M., me donner quelques éclaircissemens là dessus ? Voudriez-vous bien encore me dire pourquoi M. l'Abbé de la Caille nous parle des logarithmes des fractions depuis l'article 344 jusqu'à l'article 352 ? Ne nous a-t-il

pas dit (*num.* 338) que le logarithme de 1 eſt 0.0000000.
& n'eſt-il pas évident qu'un nombre fractionnaire eſt moindre que l'unité ; comment donc une fraction proprement
dite peut-elle avoir un logarithme ? Je ne vois rien de
moindre que zero. J'ai l'honneur d'être.

RÉPONSE.

*Eclairciſſemens des doutes propoſés dans la lettre
précédente.*

LA dernière lettre que vous m'avez fait l'honneur de
m'écrire , M. , contient deux queſtions intéreſſantes
auxquelles je vais répondre ſucceſſivement.

La première peut être propoſée en ces termes : *Pourquoi le logarithme de quelque ſinus que ce ſoit , eſt-il ſi conſidérable ?* Pour que ma réponſe ſoit plus facile à ſaiſir , je
vous prie de vous rappeller une choſe que vous n'avez
pas ſans doute manqué de remarquer. Dans tout logarithme le premier chiffre eſt toujours ſéparé des autres par
un point. Ce premier chiffre que l'on a coutume de
nommer *caractériſtique*, ſert a faire connoitre combien de
caractéres contient le nombre qui répond à un logarithme donné. La caractériſtique étant toujours moindre d'u-
ne unité, que les figures dont le nombre naturel eſt compoſé , je conclus qu'une quantité compoſée de 11 chiffres
devra avoir un logarithme dont la caractériſtique ſoit 10.
C'eſt-là le cas du rayon du cercle, ou ſinus de l'angle droit.
Neper pour être plus exact dans ſes calculs , ſuppoſa le
rayon du cercle diviſé en 10000000000 parties égales ;
il dut donc lui donner un logarithme dont la caractériftique fut 10. S'il donna à la tangente du quart de cercle
un logarithme infini , c'eſt que cette tangente eſt elle-
même infinie. Je crois, M. , votre première queſtion ſuffi-
ſamment réſolue , je paſſe à la ſeconde.

Vous me demandez en ſecond lieu comment il peut

fe faire que, le logarithme de 1 étant 0.0000000 , les nombres fractionnaires qui font des quantités moindres que l'unité , aient néanmoins de véritables logarithmes.

Les nombres fractionnaires ont de véritables logarithmes , j'en conviens ; mais ce font des logarithmes affectés du figne — , des logarithmes qui répondent à des quantités moindres que zero. Pour avoir , *par-exemple* le logarithme de la fraction $\frac{20}{80}$, voici comment je m'y prends. Je cherche dans mes tables les logarithmes des nombres 80 & 20 ; Ce font 1. 9030900 & 1. 3010300. J'ôte le fecond du premier ; & le reftant affecté du figne négatif , fera le logarithme que je demande. La fraction $\frac{20}{80}$ aura donc pour logarithme — 0.6020600. Ces opérations font fondées fur la démonftration fuivante : $80 \times \frac{20}{80} = 20$; donc (num. 11 de la réponfe à la lettre 7) le logarithme de 80 ajouté au logarithme de $\frac{20}{80}$, doit donner le logarithme de 20. Mais 1.9030900 ajouté à — $0.6020600 = 1.3010300$; donc le logarithme de 80 ajouté au logarithme de $\frac{10}{80}$ donne réellement le logarithme de 20 ; donc il eft auffi évident que le logarithme de $\frac{20}{80}$ eft — 0.6020600 , qu'il eft évident que le logarithme de 80 eft 1.9030900.

Faut-il trouver la fraction à laquelle répond un logarithme négatif ? je cherche dans mes tables à quel nombre répond ce logarithme pris pofitivement ; / je divife l'unité par ce nombre, & j'ai la fraction que je demande.

Exemple.

Le logarithme — 0.6020600 pris pofitivement répond au nombre 4. Je divife l'unité par 4 , & j'affure que — 0.6020600 eft le logarithme de la fraction $\frac{1}{4}$. En effet $\frac{20}{80}$ $= \frac{1}{4}$. Tout ceci eft conforme à la doctrine de M. l'Abbé de la Caille qui remarque (num. 345) que puifque les fractions proprement dites font des quantités moindres que l'unité , & que le logarithme de l'unité eft 0 , les logarithmes des fractions ne font que des nombres négatifs , & leur caractériftique doit être précédée du figne —.

Cet Auteur dit d'abord après, je le fçais, que les

fractions peuvent avoir des logarithmes positifs dont les caractéristiques soient 9, 8, 7, 6, 5, 4, 3, 2, 1 ; mais il ajoute en même tems que dans ce cas le logarithme de l'unité sera 10.0000000. Il donne même à cette occasion une méthode qui me paroit beaucoup moins simple que celle dont je viens de vous parler.

Il me reste à vous démontrer, M., qu'en divisant l'unité par le nombre auquel répond un logarithme négatif pris positivement, l'on a la fraction à laquelle appartient le logarithme négatif pris négativement. Reprenons le dernier des exemples que je vous ai apportés. Le logarithme — 0.6020600 pris positivement répond dans les tables au nombre 4. Je divise l'unité par 4, & je dis que la fraction $\frac{1}{4}$ a pour logarithme — 0.6020600. En effet 4 : 1 : : 1 : $\frac{1}{4}$, donc leurs logarithmes sont en progression arithmétique. Mais le logarithme du terme moyen est 0 ; donc la somme des logarithmes des extrêmes doit être 0. Mais $+$ 0.6020600, *logarithme de* 4, & — 0.6020600, *logarithme de* $\frac{1}{4}$ $=$ 0 ; donc il est aussi évident que — 0.6020600 est le logarithme de $\frac{1}{4}$, qu'il est évident que $+$ 0.6020600 est le logarithme de 4. je suis &c.

LETTRE NEUVIEME.

Dans laquelle on demande quelle est la nature de la proportion harmonique.

VOus le sçavez M. ; les élémens d'Arithmétique & d'Algébre de l'Abbé de la Caille sont terminés par trois chapitres sur les *suites*. L'Auteur examine dans le premier chapitre la nature & la formation des suites ; dans le second, leur sommation ; & dans le troisième, les rapports finis qu'ont entre-elles les sommes infinies des suites infinies. J'aurai une infinité de questions à vous faire sur cette matière, de laquelle, pour le dire en passant, il s'en faut bien que je sois encore au fait. Avant que de vous les propofer, je vous prie de me dire quelle eft cette progreffion que l'Abbé de la Caille appelle *harmonique*, & qu'il trouve entre les fractions $\frac{7}{3} \cdot \frac{7}{4} \cdot \frac{7}{5} \cdot \frac{7}{6} \cdot \frac{7}{7} \cdot \frac{7}{8}$; jufqu'à préfent il ne m'a parlé que de progreffions géométriques & algébriques. Tout ce que je fçais de la progreffion harmonique, c'eft qu'elle eft le fondement de la mufique. J'ai l'honneur d'être, &c.

RÉPONSE.

Nature de la proportion harmonique. Méthode pour trouver à 3 nombres donnés un quatrième, à 2 nombres donnés un troifième, aux deux extrêmes donnés un moyen qui foit en proportion harmonique.

JE conviens avec vous, M., que l'Abbé de la Caille auroit dû, ou ne pas parler de la progreffion harmonique, ou en donner les régles, avant que d'en apporter des exemples. Je vais fuppléer à ce qui manque dans cet article, & je vais le faire le plus méthodiquement qu'il me fera poffible.

1°. 4 nombres font en proportion harmonique, lorfque la différence du premier au fecond eft à la différence du troifième au quatrième, comme le premier nombre eft au quatrième; les quatre nombres 6, 8, 12, 18 font en proportion harmonique, puifqu'on peut dire; 2, *différence de 6 à 8*, eft à 6, *différence de 12 à 18*; comme 6, *premier nombre*, eft à 18, *quatrième nombre*. En effet 2 : 6 :: 6 : 18.

2°. Dans la progreffion harmonique il y a équivalemment quatre termes, puifque le fecond répété deux fois, fert de fecond & de troifième terme. Les trois nombres 10, 16, 40 font en progreffion harmonique. La preuve en eft fenfible. 6, *différence de 10 à 16*, eft à 24, différence de 16 à 40; comme 10, *premier nombre*, eft à 40, *quatrième nombre*. Par la même raifon les trois fractions $\frac{7}{3} \cdot \frac{7}{4} \cdot \frac{7}{5}$ forment une progreffion harmonique. En effet ces trois fractions réduites à une même dénomination font repréfentées par $\frac{140}{60}$. $\frac{105}{60}$. $\frac{84}{60}$. Or $\frac{35}{60}$, *différence de la première à la feconde fraction* , eft à $\frac{21}{60}$, *différence de la feconde à la troifième fraction* ; comme $\frac{140}{60}$, *première fraction* , eft à $\frac{84}{60}$, *troifième fraction* , donc les trois fractions $\frac{140}{60}$. $\frac{105}{60}$. $\frac{84}{60}$ font en progreffion harmonique ; donc leurs égales $\frac{7}{3}$. $\frac{7}{4}$. $\frac{7}{5}$ le font auffi.

3°. Pour trouver à 3 nombres donnés un quatrième qui foit en proportion harmonique , il faut multiplier le troi-fième nombre par le premier ; divifer le produit par la dif-férence qu'il y a entre le fecond nombre & le double du premier , & le quotient donnera ce que l'on cherche. *Exem-ple.* L'on me demande un quatrième nombre x qui foit en proportion harmonique avec les trois nombres donnés 10 , 15, 40. Pour le trouver , je multiplie 40 par 10 ; je divife le produit 400 par 5 , *différence qu'il y a entre le fecond nom-bre* 15 , *&* 20 , *double du premier nombre* 10 ; le quotient 80 me donnera ce que je demande. En effet 5 , *différence de* 10 *à* 15 , eft à 40 , *différence de* 40 *à* 80 ; comme 10 , *premier terme* , eft à 80 , *quatrième terme.* Pour le démontrer d'une manière générale , je nomme a , b , c les trois nombres donnés , & x le nombre cherché. Par la nature de la pro-portion harmonique $b - a : x - c :: a : x$; ce qui me don-ne occafion de former les équations fuivantes :

$$a x - a c = b x - a x$$
$$a x = b x - a x + a c$$
$$2 a x - b x = a c$$
$$x = \frac{a c}{2 a - b}$$
$$x = \frac{10 \times 40}{20 - 15}$$
$$x = \frac{400}{5}$$
$$x = 80$$

Il eft donc vrai que pour trouver aux trois nombres 10 , 15, 40 un quatrième qui foit en proportion harmonique , il

faut multiplier le troifième nombre par le premier, & divifer le produit par la différence qu'il y a entre le fecond
nombre & le double du premier ; ce qui le prouve, c'eft
l'équation $x = \dfrac{a\,c}{2a - b}$.

4°. Pour trouver à deux nombres donnés une quantité
qui foit en progreffion harmonique, pour trouver, *par exemple*, un nombre x qui foit en progreffion harmonique avec
les deux nombres 10 & 15 ; j'opére comme dans le probléme précédent, en confidérant 15, tantôt comme fecond,
& tantôt comme troifième terme. Faifons donc $10 = a$,
& $15 = b$, nous aurons les équations fuivantes.

$$b - a : x - b :: a : x$$
$$bx - ax = ax - ab$$
$$ab = 2ax - bx$$
$$\frac{a\,b}{2a - b} = x$$
$$\frac{10 \times 15}{20 - 15} = x$$
$$\frac{150}{5} = x$$
$$30 = x$$

En effet les trois nombres 10, 15, 30, font en progreffion harmonique, puifqu'on peut dire $15 - 10 = 5 :$
$30 - 15 = 15 :: 10 : 30$, ou plus briévement $5 : 15 :: 10 : 30$.

5°. Pour trouver à 2 quantités données une moyenne qui
foit avec les deux données en progreffion harmonique, pour
trouver, *par exemple*, aux deux nombres 10 & 40 un moyen
x qui forme avec les deux nombres affignés cette efpèce de
proportion, je multiplie 40 par 10 ; je double le produit
400 ; & j'ai 800 que je divife par la fomme des deux nombres donnés, c'eft-à-dire, dans le cas préfent par 50 ; le
quotient 16 me donnera ce que je cherche. Les équations
fuivantes garantiffent la bonté de cette méthode. Pour les
former, je nomme $10 = a$, le nombre moyen $= x$, $40 = b$.

$$x - a : b - x :: a : b$$
$$bx - ab = ab - ax$$
$$ax + bx = 2ab$$
$$x = \frac{2ab}{a+b}$$
$$x = \frac{2 \times 10 \times 40}{10 + 40}$$
$$x = \frac{800}{50}$$
$$x = 16$$

En effet les trois nombres 10, 16, 40 font en progreſſion harmonique, puiſqu'on peut dire $16 - 10 = 6$: $40 - 16 = 24 :: 10 : 40$, ou plus brievement $6 : 24 :: 10 : 40$.

Voilà, M., tout ce que je ſçais ſur la proportion harmonique. J'attends avec impatience les queſtions que vous avez à me faire ſur les *ſuites*. Vous me trouverez toujours diſpoſé à vous donner des marques de l'attachement ſincére avec lequel j'ai l'honneur d'être, &c.

LETTRE DIXIÉME.

Difficultés qui ſe trouvent à réduire en ſuite infinie les fractions $\frac{1}{1+xx}$, $\frac{a}{b+x}$, $\frac{aa}{x+b}$.

LA première queſtion que je prendrai la liberté de vous faire ſur les *ſuites*, ſera tirée, M., de l'article 370. L'Abbé de la Caille nous avertit dans cet article qu'en appliquant les régles ordinaires de la diviſion à la fraction $\frac{1}{1+xx}$, on la réduit en la *ſuite* infinie $1 - x^2 + x^4 - x^6 + x^8$, &c. Il ajoute que par la même méthode on trouve $\frac{a}{b+x} = \frac{a}{b} - \frac{ax}{b^2} + \frac{axx}{b^3} - \frac{ax^3}{b^4} + \frac{ax^4}{b^5}$, &c. Il veut enfin que la fraction $\frac{aa}{x+b}$ se réduise par la division en la *suite* infinie $\frac{aa}{x} - \frac{aab}{x^2} + \frac{aab^2}{x^3}$, &c. Il me paroît, M., que je sçais affez bien les régles de la division ; je n'ai pû cependant réduire en *suite* infinie aucune des trois fractions $\frac{1}{1+xx} \cdot \frac{a}{b+x} \cdot \frac{aa}{x+b}$. Je vous prie de me marquer les opérations qu'il a fallu faire pour en venir à bout, à peu-près comme vous me marquâtes les 52 opérations que fit Neper, lorsqu'il voulut trouver le logarithme de 9. Vous obligerez celui qui fera toute fa vie,&c.

<hr>

REPONSE.

Opérations qu'a du faire M. l'Abbé de la Caille, pour réduire en suite infinie les fractions $\frac{1}{1+xx}$, $\frac{a}{b+x}$, $\frac{aa}{x+b}$.

JE ne fuis pas furpris, M., que vous n'ayez pas pu réduire en *suite* infinie les fractions $\frac{1}{1+xx} \cdot \frac{a}{b+x} \cdot \frac{aa}{x+b}$; c'eft-là une des opérations des plus difficiles de l'Arithmétique algébrique. Voici comment s'y eft pris M. l'Abbé de la Caille pour tirer de la fraction $\frac{1}{1+xx}$ la *suite* infinie $1 - x^2 + x^4 - x^6 + x^8$, &c.

1. Il a divifé 1 par $1+xx$; le quotient a été le premier terme de la *suite*, c'eft-à-dire, 1. Il a enfuite multiplié, comme dans la divifion ordinaire, le divifeur $1+xx$ par le quotient 1. Il a enfin fouftrait le produit $1+xx$ du dividende 1, & le premier refte a été $-xx$.

2. Pour avoir le fecond terme de la *suite*, il a divifé le terme premier refte $-xx$ par le premier terme du divifeur ordinaire $1+xx$; il a eu $-xx$ pour quotient & pour fecond terme de la *suite*. Il a multiplié le divifeur $1+xx$ par le quotient $-xx$; il a eu pour produit $-xx - x^4$. Il a fouf-

trait ce produit du dividende $— xx$, & le second reste a
été $+ x^4$.

3. Il a eu de la manière suivante $+ x^4$ pour troisième
terme de la *suite*. Il a divisé le second reste $+ x^4$ par le
premier terme du diviseur ordinaire $1 + xx$; il a eu $+ x^4$
pour quotient & pour troisième terme de la *suite*. Il a multiplié le diviseur $1 + xx$ par le quotient x^4. Il a souftrait
le produit $x^4 + x^6$ du dividende x^4, & il a eu pour troisième reste $— x^6$.

4. Il a divisé le troisième reste $— x^6$ par le premier
terme du diviseur $1 + xx$, & le quotient $— x^6$ a été le
quatrième terme de la *suite*. Il a multiplié le diviseur $1 + xx$
par le quotient $— x^6$; il a souftrait le produit $— x^6 — x^8$
du dividende $— x^6$, & il a eu $+ x^8$ pour quatrième reste
& pour cinquième terme de la *suite*. Voici le tableau de
toutes ces opérations.

1re Opération.

Dividende 1
Diviseur $1 + xx$, quotient 1, *premier terme de la suite.*
Produit $1 + xx$
1er reste $— xx$

2e. Opération.

Dividende $— xx$
Diviseur $1 + xx$, quotient $— xx$, *second terme de la suite.*
Produit $— xx — x^4$
2^d. reste $+ x^4$

3e. Opération.

Dividende $+ x^4$
Diviseur $1 + xx$, quotient $+ x^4$, *troisième terme de
la suite.*
Produit $x^4 + x^6$
3e. reste $— x^6$

4e. Opération.

4ᵉ. Opération.

Dividende $- x^6$

Diviseur $1 + xx$, quotient $- x^6$, *quatrième terme de la suite.*

Produit $- x^6 - x^8$

4ᵉ. reste $+ x^8$

5ᵉ. Opération.

Dividende $+ x^8$

Diviseur $1 + xx$, quotient $+ x^8$, *cinquième terme de la suite.*

Produit $x^8 + x^{10}$

5ᵉ. reste $- x^{10}$

M. l'Abbé de la Caille dit dans le même article 370, que, si l'on veut réduire en *suite* infinie $\frac{a}{b+x}$, on s'y prendra de la même manière, & que l'on trouvera $\frac{a}{b} - \frac{ax}{b^2} + \frac{axx}{b^3} - \frac{ax^3}{b^4} + \frac{ax^4}{b^5}$, &c. Voici les opération qu'il a dû faire pour former cette *suite.*

1ᵉʳᵉ. Opération.

Dividende a

Diviseur $b + x$, quotient $\frac{a}{b}$, *premier terme de la suite.*

Produit $\frac{ab + ax}{b} = a + \frac{ax}{b}$

1ᵉʳ. reste $- \frac{ax}{b}$

E

2e. Opération.

Dividende $-\ \dfrac{a\,x}{b}$

Diviseur $b+x$, quotient $-\dfrac{ax}{b^2}$, *sec. terme de la suite.*

Produit $-\ \dfrac{abx - axx}{b^2} = -\ \dfrac{a\,x}{b} - \dfrac{a\,xx}{b^2}$

2^d reste $+\ \dfrac{a\,x\,x}{b^2}$

3e. Opération.

Dividende $+\ \dfrac{a\,x\,x}{b^2}$

Diviseur $b+x$, quot. $+\dfrac{axx}{b^3}$, *troisième terme de la suite.*

Produit $+\ \dfrac{abxx + ax^3}{b^3} = +\ \dfrac{a\,xx}{b^2} + \dfrac{a\,x^3}{b^3}$

3e reste $-\ \dfrac{a\,x^3}{b^3}$

4e Opération.

Dividende $-\ \dfrac{a\,x^3}{b^3}$

Diviseur $b+x$, quot. $-\dfrac{ax^3}{b^4}$, *quatr. terme de la suite.*

Produit $-\ \dfrac{abx^3 - ax^4}{b^4} = -\ \dfrac{a\,x^3}{b^3} - \dfrac{a\,x^4}{b^4}$

4e. reste $+\ \dfrac{a\,x^4}{b^4}$

5e. Opération.

Dividende $+\ \dfrac{a\,x^4}{b^4}$

Diviseur $b+x$, quot. $+\dfrac{ax^4}{b^5}$, *cinq. terme de la suite.*

Il ne faut, M., qu'une teinture bien légère du calcul pour s'appercevoir que les deux *suites* dont nous venons de parler, ont été trouvées par la même méthode, c'est-à-dire, par les régles de la division ordinaire. Il en est de même de la *suite* $\frac{aa}{x} - \frac{aab}{xx} + \frac{aabb}{x^3}$, &c. que donne la fraction $\frac{aa}{x+b}$. En voici les opérations, & par là même la démonstration.

1ere. *Opération.*

Dividende $a\,a$

Diviseur $x + b$, quot. $\frac{a\,a}{x}$, *premier terme de la suite.*

Produit $\frac{a\,a\,x + a\,a\,b}{x} = a\,a + \frac{a\,a\,b}{x}$

1er. reste $- \frac{a\,a\,b}{x}$

2e. *Opération.*

Dividende $- \frac{a\,a\,b}{x}$

Diviseur $x + b$, quot. $- \frac{aab}{x\,x}$, *sec. terme de la suite.*

Produit $- \frac{aabx - aabb}{x\,x} = - \frac{a\,a\,b}{x} - \frac{aabb}{x\,x}$

2^d. reste $+ \frac{a\,a\,b\,b}{x\,x}$

3e. *Opération.*

Dividende $+ \frac{a\,a\,b\,b}{x\,x}$

Diviseur $x + b$, quot. $+ \frac{aabb}{x^3}$, *troif. terme de la suite.*

Produit $+ \frac{aabbx + aab^3}{x^3} = + \frac{a\,a\,b\,b}{x\,x} + \frac{a\,a\,b^3}{x^3}$

3e. reste $- \frac{a\,a\,b^3}{x^3}$

Il n'eſt pas néceſſaire de vous faire remarquer, M., que quoique dans la première *ſuite* le diviſeur ſoit $1 + xx$; dans la ſeconde, $b + x$; & dans la troiſième, $x + b$, on ne doit cependant diviſer dans la première *ſuite*, que par 1; dans la ſeconde, que par b; & dans la troiſième, que par x; on n'en agit pas autrement dans la diviſion ordinaire, lorſque le diviſeur eſt compoſé de pluſieurs chiffres. Je dois cependant vous avertir, en finiſſant cette lettre, que c'eſt en ſuivant les régles de l'extraction de la racine quarrée, & non celles de la diviſion, que M. l'Abbé de la Caille a réduit en *ſuite* infinie le radical $\sqrt{aa - xx}$. Eſſayez ſi vous pourrez venir à bout de trouver la *ſuite* que donne ce radical ; en tout cas vous me trouverez toujours prêt à vous donner des marques de l'attachement ſincére avec lequel, &c.

LETTRE ONZIEME.

Difficultés qui ſe trouvent à réduire en ſuite infinie le radical $\sqrt{aa - xx}$.

L'Article 371 contient, M., trois radicaux qu'il faut réduire en *ſuite* infinie par les régles de l'extraction de la racine quarrée; ce ſont les radicaux $\sqrt{aa - xx}$, $\sqrt{aa + xx}$ & $\sqrt{aa + bx - xx}$. Je ne vous dirai pas le tems que j'ai perdu en tentant de réſoudre le premier de ces trois problémes; je craindrois que vous ne me regardaſſiez comme un homme inepte à l'étude des Mathématiques. J'ai donc encore recours à vous. Je vous prie de réduire en *ſuite* le ſeul radical $\sqrt{aa - xx}$. J'eſpère que votre tableau d'opérations me facilitera la réduction des deux autres radicaux. J'ai l'honneur d'être, &c.

RÉPONSE.

Détail des opérations nécessaires pour réduire en suite infinie le radical $\sqrt{aa-xx}$.

OUi, M., les régles ordinaires de l'extraction de la racine quarrée servent à réduire en *suite* infinie le radical $\sqrt{aa-xx}$; & pour en venir à bout, M. l'Abbé de la Caille opéra sur le quarré imparfait $aa-xx$, comme il avoit opéré (*page* 55) sur le quarré parfait $aa+2ax+xx$. Il prit d'abord le quarré aa, dont il tira la racine quarrée a. Il quarra cette racine ; il fit la souftraction à l'ordinaire, & il eut pour refte $2ax+xx$. Pour procéder à fa seconde opération, il doubla fa racine a ; il divifa $2ax+xx$ par cette racine doublée, c'eft-à-dire, par $2a$; & il eut x pour fecond terme de la racine du quarré $aa+2ax+xx$. Pour trouver fi $a+x$ étoit la racine compléte de ce quarré, il multiplia le fecond terme x par le double du premier, c'eft-à-dire, par $2a$; & il eut $2ax$. Il prit le quarré de x qu'il ajouta au produit $2ax$. Il ôta cette fomme de ce qui lui étoit refté après la première opération ; & comme le fecond refte fut o, il conclut que $a+x$ étoit la racine compléte de $aa+2ax+xx$. S'il avoit eu un fecond refte, il l'auroit divifé par $2a+2x$, & il auroit fait dans la troifième opération tout ce qu'il a fait dans la feconde. C'eft ainfi qu'il en a agi, lorfqu'il a voulu tirer la racine quarrée de $aa-xx$.

1. Il a tiré la racine quarrée de aa, & cette racine a eft devenue le premier terme de la *suite* qu'il a prétendu former.

2. Il a divifé le premier refte $-xx$ par $2a$, & le quotient $-\dfrac{xx}{2a}$ a été le fecond terme de fa *suite*.

3. Prenant pour guide le binome $2ax+xx$, il a multiplié par $2a$ la feconde racine $-\dfrac{xx}{2a}$, & il a eu pour pro-

E iij

duit $-\dfrac{2axx}{2a} = -xx$. Il a pris ensuite le quarré de $-\dfrac{xx}{2a}$,
& il a eu $+\dfrac{x^4}{4aa}$. Il a enfin souſtrait la ſomme $-xx+\dfrac{x^4}{4aa}$
du premier reſte $-xx$, & il a eu pour ſecond reſte $-\dfrac{x^4}{4aa}$.

4. Pour avoir le troiſième terme de ſa *ſuite*, il a pris
pour dividende le ſecond reſte $-\dfrac{x^4}{4aa}$, & pour diviſeur
le double des deux premiers termes de la *ſuite* en queſtion, c'eſt-à-dire, $2a-\dfrac{xx}{a}$; ſon quotient, & par conſéquent ſon 3e. terme a donc été $-\dfrac{x^4}{8a^3}$,

5. Pour avoir le troiſième reſte, il a opéré ſur $-\dfrac{x^4}{8a^3}$,
comme il a fait (*num.* 3) ſur $-\dfrac{xx}{2a}$. Il a donc multiplié
le troiſième terme $-\dfrac{x^4}{8a^3}$ par le double des deux termes
précédens, c'eſt-à-dire, par $2a-\dfrac{xx}{a}$, & il a eu pour
produit $-\dfrac{2ax^4}{8a^3}+\dfrac{x^6}{8a^4} = -\dfrac{x^4}{4aa}+\dfrac{x^6}{8a^4}$. A ce produit il
a ajouté $+\dfrac{x^8}{64a^6}$, *quarré de* $-\dfrac{x^4}{8a^3}$. Il a enfin ſouſtrait la
ſomme totale $-\dfrac{x^4}{4aa}+\dfrac{x^6}{8a^4}+\dfrac{x^8}{64a^6}$ du ſecond reſte $-\dfrac{x^4}{4aa}$,
& il a eu pour 3e. reſte $-\dfrac{x^6}{8a^4}-\dfrac{x^8}{64a^6}$. Le tableau ſuivant vous mettra ſous les yeux toutes les opérations qu'il
a fallu faire pour trouver $\sqrt{aa-xx} = a-\dfrac{xx}{2a}-\dfrac{x^4}{8a^3}-$
$\dfrac{x^6}{16a^5}-\dfrac{5x^8}{128a^7}-\dfrac{7x^{10}}{256a^9}-\dfrac{21x^{12}}{1024a^{11}}$ &c.

Quarré imparfait $aa-xx$

Première Opération.

1er. quarré $\qquad\qquad aa$

1er. reſte $\qquad\qquad \overline{-xx}$ $\qquad\qquad\qquad$ { 1ere. racine a

Seconde Opération.

Dividende $\qquad -xx$

Diviseur $\qquad 2a \qquad\qquad \left\{ \text{2}^{\text{e}}. \text{racine} - \dfrac{xx}{2a} \right.$

Opérations indiquées

par $2ax + xx$

$$-\frac{2axx}{2a} + \frac{x^4}{4aa} = -xx + \frac{x^4}{4aa}.$$

2^{d} reste $\qquad\qquad -\dfrac{x^4}{4aa}$

Troisième Opération.

Dividende $\qquad -\dfrac{x^4}{4aa}$

Diviseur $\qquad 2a - \dfrac{xx}{a} \qquad \left\{ \text{3}^{\text{e}}. \text{racine} - \dfrac{x^4}{8a^3} \right.$

Opérations indiquées

par $2ax + xx$

$$-\frac{2ax^4}{8a^3} + \frac{x^6}{8a^4} + \frac{x^8}{64a^6} =$$
$$-\frac{x^4}{4aa} + \frac{x^6}{8a^4} + \frac{x^8}{64a^6}.$$

3e. Reste $\qquad\qquad -\dfrac{x^6}{8a^4} \quad \dfrac{x^8}{64a^6}.$

Quatrième Opération.

Dividende $\qquad -\dfrac{x^6}{8a^4} - \dfrac{x^8}{64a^6}$

Diviseur $\qquad 2a - \dfrac{xx}{a} - \dfrac{x^4}{4a^3} \left\{ \text{4}^{\text{e}}.\text{racine} - \dfrac{x^6}{16a^5} \right.$

Opérations indiquées

par $2ax + xx$

$$-\frac{2ax^6}{16a^5} + \frac{x^8}{16a^6} + \frac{x^{10}}{64a^8} + \frac{x^{12}}{256a^{10}} =$$
$$-\frac{x^6}{8a^4} + \frac{x^8}{16a^6} + \frac{x^{10}}{64a^8} + \frac{x^{12}}{256a^{10}}.$$

4e. reste

$$-\frac{x^8}{64a^6} \quad \frac{x^8}{16a^6} \quad \frac{x^{10}}{64a^8} \quad \frac{x^{12}}{256a^{10}} =$$
$$-\frac{5x^8}{64a^6} \quad \frac{x^{10}}{64a^8} \quad \frac{x^{12}}{256a^{10}}$$

Cinquiéme Opération.

Dividende $\qquad -\dfrac{5\,x^{8}}{64a^{6}}-\dfrac{x^{10}}{64a^{8}}-\dfrac{x^{12}}{256a^{10}}.$

Diviseur $\qquad 2a-\dfrac{xx}{a}-\dfrac{x^{4}}{4a^{3}}-\dfrac{x^{6}}{8a^{5}}\Big\{\;5^{e}.\text{ racine }-\dfrac{5x^{8}}{128a^{7}}$

Opérations indiquées

par $2ax+xx\qquad -\dfrac{10ax^{8}}{128a^{7}}+\dfrac{5\,x^{10}}{128\,a^{8}}+\dfrac{5\,x^{12}}{512a^{10}}+\dfrac{5\,x^{14}}{1024a^{12}}+$

$$\dfrac{25\,x^{16}}{16384a^{14}}=-\dfrac{5\,x^{8}}{64a^{6}}+\dfrac{5\,x^{10}}{128a^{8}}+$$

$$\dfrac{5\,x^{12}}{512\,a^{10}}+\dfrac{5\,x^{14}}{1024\,a^{12}}+\dfrac{25\,x^{16}}{16384\,a^{14}}.$$

$5^{e}.$ reste $\qquad -\dfrac{x^{10}}{64a^{8}}-\dfrac{5\,x^{10}}{128\,a^{8}}-\dfrac{x^{12}}{256a^{10}}-\dfrac{5\,x^{12}}{512a^{10}}$

$$-\dfrac{5\,x^{14}}{1024\,a^{12}}-\dfrac{25\,x^{16}}{16384a^{14}}=-\dfrac{7\,x^{10}}{128\,a^{8}}$$

$$-\dfrac{7\,x^{12}}{512\,a^{10}}-\dfrac{5\,x^{14}}{1024\,a^{12}}-\dfrac{25\,x^{16}}{16384\,a^{14}}.$$

Sixiéme Opération.

Dividende $\qquad -\dfrac{7\,x^{10}}{128\,a^{8}}-\dfrac{7\,x^{12}}{512\,a^{10}}-\dfrac{5\,x^{14}}{1024\,a^{12}}-\dfrac{25\,x^{16}}{16384\,a^{14}}$

Diviseur $\qquad 2a-\dfrac{xx}{a}-\dfrac{x^{4}}{4a^{3}}-\dfrac{x^{6}}{8a^{5}}-\dfrac{5x^{8}}{64a^{7}}\Big\{\;6^{e}\text{rac.}-\dfrac{7\,x^{10}}{256a^{9}}$

Opérations indiquées

par $2ax+xx\qquad -\dfrac{14\,ax^{10}}{256a^{9}}+\dfrac{7\,x^{12}}{256a^{10}}+\dfrac{7\,x^{14}}{1024a^{12}}+$

$$\dfrac{7\,x^{16}}{2048\,a^{14}}+\dfrac{35\,x^{18}}{16384a^{16}}+\dfrac{40\,x^{20}}{66536a^{18}}=$$

$$-\dfrac{7\,x^{10}}{128\,a^{8}}+\dfrac{7\,x^{12}}{256a^{10}}+\dfrac{7\,x^{14}}{1024a^{12}}+$$

$$\dfrac{7\,x^{16}}{2048\,a^{14}}+\dfrac{35\,x^{18}}{16384\,a^{16}}+\dfrac{49\,x^{20}}{66536\,a^{18}}.$$

$6^{e}.$ reste $\qquad -\dfrac{7\,x^{12}}{512\,a^{10}}-\dfrac{7\,x^{12}}{256a^{10}}=$ les autres restes ne

$$-\dfrac{7\,x^{12}}{512a^{10}}-\dfrac{14\,x^{12}}{512a^{10}}=-\dfrac{21\,x^{12}}{512a^{10}}.$$

font pas nécessaires pour trouver la $7^{e}.$ racine de la suite en question.

Septième Opération.

Dividende $\quad - \dfrac{21\,x^{12}}{512\,a^{10}}.$

Diviseur $\quad \cdot 2a$ les autres termes de la $\Big\{$ 7e. racine $\longrightarrow$
suite ne sont pas néces- $\quad \dfrac{21\,x^{12}}{1024\,a^{11}}.$
saires pour la division.

Voilà, M., toutes les opérations que faisoit dans sa classe l'Abbé de la Caille, pour réduire en *suite* infinie le radical $\sqrt{aa - xx}$. Examinez-les, l'une après l'autre, à tête reposée ; vous conviendrez avec moi qu'un pareil calcul est plus effrayant à la vûe, qu'il n'est difficile dans la réalité. Je ne vois que trois choses capables de vous embarrasser. Vous pourriez me demander d'abord pourquoi dans la *quatrième opération* j'ai fait $- \dfrac{x^8}{64a^6} - \dfrac{x^8}{16a^6} = - \dfrac{5x^8}{64a^6}$. Vous pourriez ensuite ajouter qu'on ne voit pas pourquoi dans la *cinquième opération* l'on suppose $- \dfrac{x^{10}}{64a^8} - \dfrac{5\,x^{10}}{128\,a^8} = - \dfrac{7\,x^{10}}{128\,a^8}$. Vous pourriez enfin être surpris de ce que l'on a fait dans la *sixième opération* $- \dfrac{7\,x^{12}}{512\,a^{10}} - \dfrac{7\,x^{12}}{256\,a^{10}} = - \dfrac{7\,x^{12}}{512\,a^{10}} - \dfrac{14\,x^{12}}{512\,a^{10}}$. Il est juste de répondre à ces trois questions.

1°. Puisque $\frac{1}{16} = \frac{4}{64}$, il s'ensuit que $- \dfrac{x^8}{16a^6} = - \dfrac{4\,x^8}{64\,a^6}$; donc $- \dfrac{x^8}{64a^6} - \dfrac{x^8}{16a^6} = - \dfrac{x^8}{64a^6} - \dfrac{4\,x^8}{64\,a^6} = - \dfrac{5\,x^8}{64\,a^6}.$

2°. $\frac{1}{64} = \frac{2}{128}$; l'on aura donc $- \dfrac{x^{10}}{64a^8} - \dfrac{5x^{10}}{128\,a^8} = - \dfrac{2\,x^{10}}{128\,a^8} - \dfrac{5\,x^{10}}{128\,a^8} = - \dfrac{7\,x^{10}}{128\,a^8}.$

3°. $\frac{1}{256} = \frac{2}{512}$; donc $- \dfrac{7x^{12}}{256\,a^{10}} = - \dfrac{14\,x^{12}}{512\,a^{10}}$; donc

$$- \frac{7x^{12}}{512a^{10}} - \frac{7x^{12}}{256a^{10}} = - \frac{7x^{12}}{512a^{10}} - \frac{14x^{12}}{512a^{10}} = - \frac{21x^{12}}{512a^{10}.}$$

J'espère qu'avec ces éclaircissemens, M. , vous comprendrez , non-seulement de quelle manière a été réduit en *suite* infinie le radical $\sqrt{aa - xx}$, mais que vous réduirez encore vous même en pareille *suite* les radicaux $\sqrt{aa + xx}$ & $\sqrt{aa + bx - xx}$. J'ai l'honneur d'être, &c.

LETTRE DOUZIEME.

Opérations nécessaires pour réduire en suite les radicaux $\sqrt{aa + xx}$ & $\sqrt{aa + bx - xx}$. *Difficultés que présente l'article 377.*

JE n'ai pas été trompé dans mes espérances, M. ; la lecture réfléchie que j'ai faite de votre dernière lettre m'a mis en état de réduire en *suite* infinie les deux radicaux $\sqrt{aa + xx}$ & $\sqrt{aa + bx - xx}$. Je n'ai garde de vous envoyer les opérations que j'ai faites sur le premier de ces deux radicaux ; elles sont les mêmes, aux signes près , que celles qui se font sur le radical $\sqrt{aa - xx}$. Voici comment j'ai opéré pour trouver $\sqrt{aa + bx - xx} = a + \frac{bx}{2a} - \frac{xx}{2a} - \frac{bbxx}{8a^3} - \frac{x^4}{8a^3}$, &c.

Quarré imparfait $\quad aa + bx - xx$

Première Opération.

1er. quarré $\quad aa \qquad\qquad\qquad \left\{ 1^{ere}. \text{racine } a \right.$

1er. reste $\qquad\quad + bx - xx$

Seconde Opération.

Dividende $\quad bx - xx$

Diviseur $\qquad 2a \qquad\qquad\qquad \left\{ 2^{e}. \text{racine } + \frac{bx}{2a} - \frac{xx}{2a} \right.$

Opérations Indiquées

par $2ax + xx$
$$\frac{2abx}{2a} - \frac{2axx}{2a} + \frac{bbxx}{4aa} + \frac{x^4}{4aa} =$$
$$bx - xx + \frac{bbxx}{4aa} + \frac{x^4}{4aa}.$$

$2^{\mathrm{d}}.$ reste
$$- \frac{bbxx}{4aa} - \frac{x^4}{4aa}$$

Troisième Opération.

Dividende
$$- \frac{bbxx}{4aa} - \frac{x^4}{4aa}$$

Diviseur
$$2a + \frac{bx}{a} - \frac{xx}{a} \left\{ 3^{\mathrm{e}} \text{ racine} - \frac{bbxx}{8a^3} - \frac{x^4}{8a^3} \right.$$

Après avoir fait ces opérations, j'en suis venu, M., à la sommation des *suites*. Comme je me rappelle assez bien ce qu'a écrit l'Abbé de la Caille sur les proportions & progressions, peu de choses m'ont arrêté dans ce chapitre. Le seul article 377 m'a présenté deux difficultés. Je ne vois pas comment la somme de $\frac{d}{bq^3}$ &c. $= \frac{d}{bq^3 - bq^2}$.

Je ne vois pas aussi comment $\frac{dq}{bq^2 - 2bq + b} + \frac{aq}{bq - b} = \frac{aqq - aq + dq}{bq^2 - 2bq + b}$. J'ai l'honneur d'être &c.

RÉPONSE.

Eclaircissement des points indiqués dans la dernière lettre. Remarque sur l'article 384. du chapitre suivant.

PUisque vous vous rappellez, M., ce qu'a écrit l'Abbé de la Caille sur les progressions géométriques, vous n'aurez point de peine à compléter la *suite* $\frac{d}{bq^3}$ &c, c'est-à-dire, vous n'aurez point de peine à trouver une suite de termes qui forment une progression géométrique dont

$\frac{d}{bq^3}$ foit le premier antécédent. Ce fera $\frac{d}{bq^3}$, $\frac{d}{bq^4}$, $\frac{d}{bq^5}$, ... $\frac{d}{bq\infty}$. La fomme de cette *fuite* eft évidemment

$$\frac{\frac{dq}{bq^3} - \frac{d}{bq\infty}}{q - 1} = \frac{\frac{dq}{bq^3}}{q - 1} \, ,$$

parce que $\frac{d}{bq\infty}$ eft une quantité infiniment petite, vis-à-vis $\frac{dq}{bq^3}$. Mais $\frac{dq}{bq^3}$ divifé par

$$q - 1 = \frac{dq}{bq^4 - bq^3} = \frac{d}{bq^3 - bq^2} \, ;$$

donc la fomme de la fuite $\frac{d}{bq^3}$ &c. eft $\frac{d}{bq^3 - bq^2}$.

Pour vous démontrer maintenant que $\frac{dq}{bq^2 - 2bq + b}$ $+ \frac{aq}{bq - b} = \frac{aqq - aq + dq}{bq^2 - 2bq + b}$, je n'ai qu'à réduire les deux premieres de ces trois fractions à une même dénomination, & qu'à divifer par $bq - b$ leur numérateur & leur dénominateur; le quotient fera $\frac{aqq - aq + dq}{bq^2 - 2bq + b}$. En voici les opérations.

$$\frac{dq \times (bq - b) + aq \times (bq^2 - 2bq + b)}{(bq - b) \times (bq^2 - 2bq + b)} = \frac{dq}{bq^2 - 2bq + b}$$

$+ \frac{aq}{bq - b}$; & voilà d'abord les deux fractions en queftion réduites à une même dénomination & additionnées.

Divifons enfuite par $bq - b$ le numérateur $dq \times (bq - b)$ $+ aq \times (bq^2 - 2bq + b)$: l'on aura pour quotient $dq + aq \times (q - 1) = dq + aqq - aq$.

Divifons enfin par $bq - b$ le dénominateur $(bq - b)$ $\times (bq^2 - 2bq + b)$; le quotient fera $bq^2 - 2bq$ $+ b$; donc la fomme des deux fractions $\frac{dq}{bq^2 - 2bq + b}$ $+ \frac{aq}{bq - b}$ eft $\frac{dq + aqq - aq}{bq^2 - 2bq + b}$.

Pour mettre fin au Traité d'algébre de M. l'Abbé de la Caille, vous avez encore à examiner, M., ce que dit cet Auteur fur les rapports finis qu'ont entre elles les fommes infinies des fuites infinies. Je ne vois qu'une chofe capable de vous embarrasser dans ce Chapitre ; c'est l'article 384 où l'on avance que 1 divisé par $\frac{3}{2}$, donne pour quotient $\frac{2}{3}$. La chose, quelque surprenante qu'elle paroisse d'abord n'en est pas moins sûre. La division est une opération dans laquelle le diviseur est au dividende, comme l'unité est au quotient. Or $\frac{3}{2} : 1 :: 1 : \frac{2}{3}$; donc 1 divisé par $\frac{3}{2}$, donne pour quotient $\frac{2}{3}$. Dès que vous aurez étudié ce que contient ce dernier Chapitre, je vous conseille d'en venir au plutôt à la Géométrie. Ce n'est qu'après l'avoir apprise, que vous pourrez commencer à vous regarder comme Mathématicien. Si dans cette nouvelle carrière quelque difficulté vient à vous arrêter, vous me trouverez toujours disposé à vous donner des preuves de l'attachement sincére avec lequel j'ai l'honneur d'être, &c.

P. S. En relisant ce qui a été imprimé jusqu'à présent du Commentaire des élémens des Mathématiques de M. l'Abbé de la Caille, je me suis apperçu qu'il étoit difficile qu'un commençant trouvât comment l'équation $2s = a + \omega + \dfrac{\omega\omega - aa}{d}$ donne les deux formules $a = \frac{1}{2}d + \sqrt{\frac{1}{4}dd + \omega d + \omega\omega - 2ds}$, & $\omega = -\frac{1}{2}d + \sqrt{\frac{1}{4}dd + 2ds + aa - ad}$. (pag. 41. de ce Commentaire). En voici le calcul dans toutes les formes.

$$a s = a + \omega + \frac{\omega\omega}{d} - \frac{aa}{d}$$

$$2s + \frac{aa}{d} - a = \omega + \frac{\omega\omega}{d}$$

$$\frac{aa}{d} - a = \omega + \frac{\omega\omega}{d} - 2s$$

$$aa - ad = \omega d + \frac{\omega\omega d}{d} - 2ds$$

$$aa - ad = \omega d + \omega\omega - 2ds$$

$$aa - ad + \frac{1}{4}dd = \frac{1}{4}dd + \omega d + \omega\omega - 2ds$$

$$a - \frac{1}{2}d = \sqrt{\frac{1}{4}dd + \omega d + \omega\omega - 2ds}$$

$$a = \frac{1}{2}d + \sqrt{\frac{1}{4}dd + \omega d + \omega\omega - 2ds}$$

Ce calcul ne demande aucune explication. Tout homme au fait de la manière dont se manie une équation du second degré, doit le comprendre à la première lecture. Il en est de même du calcul suivant.

$$2s = a + \omega + \frac{\omega\omega}{d} - \frac{aa}{d}$$

$$\frac{\omega\omega}{d} + \omega = 2s - a + \frac{aa}{d}$$

$$\omega\omega + \omega d = 2ds - ad + \frac{aad}{d}$$

$$\omega\omega + \omega d = 2ds - ad + aa$$

$$\omega\omega + \omega d + \tfrac{1}{4}dd = \tfrac{1}{4}dd + 2ds - ad + aa$$

$$\omega + \tfrac{1}{2}d = \sqrt{\tfrac{1}{4}dd + 2ds - ad + aa}$$

$$\omega = -\tfrac{1}{2}d + \sqrt{\tfrac{1}{4}dd + 2ds - ad + aa}$$

LE GUIDE

DES JEUNES

MATHÉMATICIENS

*Dans l'étude des Elémens des Mathématiques
de M. l'Abbé* DE LA CAILLE.

LIVRE SECOND

*Contenant les éclaircissemens des endroits les plus difficiles
des Élémens de Géométrie.*

INTRODUCTION.

DANS les Elémens d'Arithmétique & d'Algébre auxquels nous venons de donner une espéce de supplément, M. l'Abbé de la Caille n'a fait dans le fond que serrer les matières. Tout le service qu'il a rendu au public, ça été de renfermer dans 133 pages beaucoup plus de choses que n'en contiennent les ouvrages volumineux des Mathématiciens qui l'ont précédé. Il n'en est pas ainsi de ses Elémens de Géométrie ;

ils ne reſſemblent à ancun de ceux qui ont paru juſqu'à
nos jours. L'Auteur y préſente d'une. maniere tout-à-ſait
neuve ce qui s'eſt dit juſqu'à préſent de plus intéreſſant
ſur les lignes, les ſurfaces & les ſolides ; & ce qu'il y a
de particulier, j'ai preſque dit de ſurprenant, c'eſt que
cette ſeconde partie de ſes Elémens eſt tellement à la portée de tout le monde, qu'elle pourroit abſolument ſe paſſer de toute eſpèce de Commentaire. M. l'Abbé de la
Caille n'y parle pas cependant d'une maniere moins laconique qu'auparavant. C'eſt dans moins de 100 pages qu'il
a donné, avec ce qu'il y a de plus eſſentiel dans les Elémens d'Euclide, les plus belles propoſitions de la Longi-
métrie, de la Planimétrie & de la Stéréométrie. Eclair-
ciſſons-en trois à quatre points que je ſçais avoir arrêté la
plûpart des Commençans.

LETTRE

LETTRE PREMIERE.

Idée générale de la première Section des Elémens de Géométrie. Difficultés qui se rencontrent dans les articles 473 & 501. Remarque sur le probléme de la trisection de l'angle.

LE diriez-vous, M. , la lecture des Elémens de Mathématique de M. l'Abbé de la Caille n'est presque plus à présent une étude pour moi. Je trouve cet Auteur tout différent de lui-même dans cette seconde partie de son ouvrage. Ce qu'il a mis ici en petit caractère me paroit beaucoup plus facile à saisir, que la plûpart des choses qu'il a données en gros caractère dans ses Elémens d'Arithmétique & d'Algébre. Je n'ose pas vous dire en combien peu de jours j'ai lu sa première Section sur les lignes.

Les deux seuls articles 473 & 501 m'ont arrêté quelque tems. Dans le premier il s'agit de démontrer que si quatre cordes forment un quadrilatère inscrit dans un cercle, le produit des deux diagonales de ce quadrilatère est égal à la somme des deux produits de chaque côté par le côté opposé. On assure dans le second que tout triangle est circonscriptible au cercle. Mais j'ai repris ces deux propositions, après avoir lu les articles 556 & 507 qui en sont comme la clef, & j'en ai compris sans peine la démonstration. Il y a cependant dans cette première partie des Elémens de Géométrie une omission que je ne pardonne pas à M. l'Abbé de la Caille. Dans l'article 476 il nous parle du fameux probléme de la trisection de l'angle, tant cherché par les Anciens ; & la raison qu'il apporte pour ne pas en donner la solution, c'est que c'est un probléme du troisième degré. Cette raison, M. , ne me paroit pas concluante ; M. l'Abbé de la Caille a assez parlé du troisième degré dans ses Elémens d'Algébre, pour faire entrer dans sa Géométrie la solution d'un probléme aussi intéressant. J'espère que vous m'apprendrez dans la première lettre que

F

vous me ferez l'honneur de m'écrire, à diviser un angle en trois parties égales. Je suis, &c.

R E P O N S E.

Résolution du problème de la trisection de l'angle.

PUisque vous me l'ordonnez, M., je vous envoye la solution du fameux problème de la trisection de l'angle. Vous conviendrez sans peine, lorsque vous l'aurez lue, que l'Abbé de la Caille a eu raison de ne pas en parler dans sa Géométrie; ce n'est pas là une question que l'on doive faire entrer dans un ouvrage élémentaire. Au reste, quelque idée que je me forme de votre capacité, vous me permettrez bien de vous avertir qu'il est impossible que vous me suiviez dans ma marche, si vous ne faites pas une attention particulière aux remarques suivantes; elles sont de la dernière conséquence.

1°. Pour être en état de résoudre le problème de la trisection de l'angle, il faut avoir présent à l'esprit ce qu'il y a de plus essentiel dans la première section des Elémens de Géométrie de M. l'Abbé de la Caille, je veux dire, les articles 433, 466, 467, 488, 491, 499, 504, 508, 556, 558, 562 & 571. Ces articles présentent les vérités que je vais vous mettre sous les yeux.

Une ligne quelconque qui coupe deux parallèles, fait avec elles des angles alternes internes égaux, des angles alternes externes égaux, deux angles internes, supplémens l'un de l'autre, & deux angles externes, aussi supplémens l'un de l'autre. Réciproquement, toutes les fois que deux droites tombant sur une droite, font des angles alternes internes égaux, ou des angles alternes externes égaux, ou deux angles internes, supplémens l'un de l'autre, ou deux angles externes, aussi supplémens l'un de l'autre, toutes les fois ces lignes sont parallèles.

L'angle formé à la circonférence d'un cercle est mefuré par la moitié de l'arc intercepté par fes côtés ; tandis que l'angle formé au centre d'un cercle eft mefuré par tout l'arc fur lequel il s'appuye.

L'angle au centre d'un cercle eft double de l'angle placé à la circonférence & appuyé fur le même arc.

La fomme des trois angles d'un triangle rectiligne quelconque eft de 180 degrés, ou équivaut à deux angles droits ; & par conféquent fi on connoit deux angles d'un triangle rectiligne quelconque, on en peut conclure la valeur du troifième. De même fi deux triangles rectilignes ont deux angles égaux, ils font néceffairement équiangles.

Dans un triangle ifofcéle les angles oppofés aux côtés égaux font égaux: & réciproquement, fi deux angles d'un triangle font égaux, le triangle eft ifofcéle.

On appelle triangles femblables ceux dont tous les angles feulement font égaux, chacun à chacun.

Deux triangles font égaux, quand ayant chacun deux côtés homologues égaux, l'angle compris par ces côtés eft égal dans chacun.

Les triangles femblables ont tous leurs côtés homologues proportionnels entre eux.

Deux triangles qui ont les trois côtés homologues proportionnels, font équiangles ou femblables.

La fomme des quarrés des deux côtés d'un triangle rectangle eft égale au quarré de l'hypothénufe.

Ajoutez à ces théorèmes le problême qui apprend à trouver une moyenne proportionnelle à deux lignes données, & vous aurez les propofitions de la Géométrie fimple qu'il faut être prêt à démontrer, fi vous voulez vous tirer de ce qu'on appelle la *préparation du problême de la trifection de l'angle.*

2°. Comme c'eft à Defcartes (1) que nous devons la fçavante méthode de divifer géométriquement un angle en 3 parties égales, il faut encore vous former une idée de la

(1) Géométrie de Defcartes partie 3ᵉ.

manière dont ce Génie créateur a opéré dans la multiplication des lignes. Pour trouver le produit de la ligne
BD par la ligne BC (*fig.* 1) il leur a fait former un angle quelconque DBC. Du point C, extrémité du multiplicateur BC, il a tiré sur le multiplicande BD la ligne CA,
obliquement, ou perpendiculairement, à sa fantaisie. Du
point D, extrémité du multiplicande BD, il a tiré sur
le multiplicateur BC, prolongé à volonté, une parallèle
DE à la ligne CA ; il a pris la ligne BA pour l'unité ; &
il a assuré que la ligne BE étoit le produit de la ligne
BC multipliant la ligne BD. En effet à cause de l'angle
commun B, & des parallèles CA, DE, les deux triangles ABC & DBE sont semblables ; donc ils ont leurs côtés homologues proportionnels ; donc l'on peut dire, l'u-
nité BA : au multiplicateur BC : : le multiplicande BD :
au produit BE. Mais la véritable multiplication est une
opération dans laquelle l'unité : au multiplicateur : : le
multiplicande : au produit ; donc la ligne BE est réellement le produit de la ligne BC multipliant la ligne BD.

3°. C'est par l'intersection de la parabole & du cercle
que Descartes a résolu le problême de la trisection de l'angle. Comme vous n'avez pas encore vû, M., le Traité des
Sections coniques, il est nécessaire de vous former une
idée de la courbe parabolique, & de l'équation à cette
courbe. Voulez-vous décrire facilement une parabole par
le moyen de la ligne donnée AP (*fig.* 2) ? Voici comment vous vous y prendrez. Par le point A tirez la ligne
indéterminée AX qui forme avec la ligne AP l'angle droit
PAX. Tirez à la ligne AP la parallèle BC*b*, de telle
sorte qu'elle soit coupée en deux parties égales au point
C par la ligne AX, & que chacune de ses moitiés BC,
*b*C soit moyenne proportionnelle entre AC & AP. Tirez
encore à AP les parallèles DE*d*, NO*n*, GH*g* &c, de telle sorte que chacune de leurs moitiés DE, NO, GH soit
moyenne proportionnelle entre AE & AP, AO & AP,
AH & AP. Par le point A, & par les extrêmités des
parallèles B*b*, D*d*, N*n*, G*g* &c, faites passer une ligne

courbe ; vous aurez une parabole qui aura pour fommet le point A ; pour grand axe AX ; pour paramètre du grand axe, AP ; pour ordonnées au grand axe, les lignes BC, *b*C, DE, *d*E NO, *n*O, GH, *g*H &c ; pour abfciffes correfpondantes, AC, AE, AO, AH &c ; pour foyer, le point F, pourvu que AF foit le quart de AP.

Si je nomme maintenant p le paramètre AP ; y, une ordonnée quelconque BC, DE &c ; x, une abfciffe quel-conque correfpondante AC, AE ; il eft évident que *par construction* je pourrai faire la proportion fuivante, $x : y :: y : p$, donc $px = yy$, c'eft-à-dire, dans toute para-bole le quarré d'une ordonnée quelconque eft égal au rectangle fait fous le paramètre & l'abfciffe correfpondan-te ; c'eft-là l'équation à la parabole. Avec ces connoif-fances, M., vous pouvez réfoudre le problême de la tri-fection de l'angle.

Exposition & Préparation du Problême de la Trifection de l'angle.

L'on me donne l'angle NOP (*fig. 3*) qu'on me charge de divifer en 3 parties égales. Pour en venir à bout, du point O, comme centre, avec le rayon ON, je décris le cercle OVNP. Je tire la corde NP, dont je connois la valeur, parce qu'elle eft corde d'un arc qui méfure l'an-gle donné NOP. Je tire les rayons OQ, OT que je fup-pofe divifer l'angle NOP, & par conféquent l'arc NQTP en trois parties égales aux points Q & T. Je tire les cor-des NQ, QT, TP, que je fuppofe égales. Je tire enfin la ligne QS parallèle au rayon OT. Cela fait, je cherche quelle longueur doit avoir la ligne NQ, pour être corde du tiers de l'arc donné NQTP.

1°. Les triangles NOQ, QOT, TOP font égaux en-tre eux, puifque, l'angle NOP étant fuppofé divifé en 3 parties égales, ils ont deux côtés homologues égaux, & l'angle compris par ces côtés égal dans chacun. Ces trois mêmes triangles font encore ifofcéles, puifque chacun d'eux a pour côtés deux rayons du même cercle.

2° Les triangles NOQ & NQR font femblables, puifqu’ils ont, outre l’angle Q commun, l’angle NOQ égal à l’angle QNR. En effet l’angle NOQ au centre eft mefuré par tout l’arc NQ, & l’angle QNR à la circonférence eft mefuré par la moitié de l’arc QTP. Mais tout l’arc NQ eft égal à la moitié de l’arc QTP, puifque l’arc NQTP eft fuppofé divifé en trois parties égales; donc l’angle NOQ eft égal à l’angle QNR.

3°. Le triangle NOQ étant ifofcéle, le triangle NQR qui lui eft femblable, l’eft auffi; donc NQ = NR.

4°. Les triangles POT & MPT ont femblables. La démonftration eft la même que celle des deux triangles NOQ & NQR. Mais le triangle POT eft ifofcéle, donc le triangle MPT l’eft auffi: donc PM = PT.

5°. Les Triangles NQR & MPT font égaux, puifqu’ils font femblables aux deux triangles égaux NOQ & POT.

6°. L’angle NRQ eft égal à l’angle OQT. En effet l’angle NRQ eft égal à l’angle NQR, pnifque ce font deux angles fur la bafe d’un triangle ifofcéle. Mais l’angle NQR ou NQO eft égal à l’angle OQT, à caufe de l’égalité des deux triangles NOQ, QOT; donc l’angle NRQ eft égal à l’angle OQT; mais ces deux angles font alternes, donc la ligne QR coupant les deux lignes QT & NP forme deux angles alternes internes égaux, donc les deux lignes QT & NP font parallèles.

7°. Les deux angles QSR & TMP font égaux, à caufe des parallèles QS & TO. Mais l’angle TMP eft égal à l’angle QRS, à caufe de l’égalité des deux triangles NQR & MPT; donc l’angle QSR eft égal à l’angle QRS; donc le triangle SQR eft ifofcéle, donc QS = QR.

8°. L’angle QSR eft égal à l’angle QRS ou QRN; mais l’angle QRN eft égal à l’angle RQN, parce que le triangle NQR eft ifofcèle; donc l’angle QSR eft égal à l’angle RQN, donc les deux triangles NQR & SQR font femblables; mais le triangle NQR a déjà été démontré femblable au triangle NOQ; donc les trois triangles NOQ, NQR & SQR font femblables.

9°. Avant que de tirer de ces trois triangles femblables les analogies qui doivent nous fervir à trouver l'expref-fion de la ligne RS, prenons pour l'unité le rayon ON, & faifons-le $= 1$. Nommons q la connue NP, & nommons x l'inconnue NQ, dont il faut chercher la valeur.

10. Les trois triangles NOQ, NQR & SQR font fem-blables, donc ils ont leurs côtés homologues proportion-nels, donc ON, $1 :$ NQ, $x :: $ NQ, $x :$ QR, $\frac{xx}{1} = xx$.

De plus NQ, $x :$ QR, $xx :: $ QR, $xx :$ RS, $\frac{x^x}{x} = x^3$; donc dans le cas préfent x^3 eft la valeur naturelle de la ligne RS.

11. NQ $=$ NR, & PT $=$ PM, parce que les trian-gles NQR & MPT ont été démontrés ifofcèles. De même QT $=$ MR $+$ RS, puifque le parallélogramme QT MS a fes côtés oppofés égaux; donc NP $+$ RS $=$ NQ $+$ QT $+$ TP, donc $q + x^3 = 3x$; donc $x^3 = 3x — q$.

12. C'eft en conftruifant géométriquement l'équation du troifième degré $x^3 = 3x — q$ que Defcartes a réfolu le problême de la trifection de l'angle. Continuons à le fuivre dans fa marche; c'eft maintenant qu'il va travail-ler à la réfolution même du problême; ce qu'il a fait juf-qu'à préfent n'en eft que la préparation.

Réfolution du Problême de la trifection de l'angle.

Réfoudre le problême de la trifection de l'angle, c'eft conftruire géométriquement l'équation du troifième degré $x^3 = 3x — q$, dont la feule quantité q eft connue.

Pour en venir à bout, je décris la parabole FAG (fig. 4) avec le paramètre ON que je fais $= 1$. Sur l'axe indéfini AL je prends AC égal à la moitié de ON, & par conféquent je fais AC $= \frac{1}{2}$. Je prends CD triple de AC, c'eft-à-dire je fais CD $= \frac{3}{2}$ Au point D j'élève la perpendiculaire DE que je fais $= \frac{PN}{2} = \frac{1}{2} q$. Du point E, comme cen-

F iv

tre, à l'intervalle EA , c'est-à-dire, du point E , comme centre, à l'intervalle du sommet de la parabole FAG, je décris le cercle E qui, outre le point d'intersection au point A , coupera la parabole en F, G, g. Je tire les ordonnées FL , GH , gK ; les rayons EA , Eg ; la ligne EM $=$ KD , & la ligne KM $=$ ED. Enfin je nomme x , l'ordonnée Kg ; je dis qu'au point g de l'intersection du cercle E & de la parabole FAG j'aurai l'équation $x^3 =$ $3x - q$, & que par conséquent l'ordonnée Kg est égale à la corde du tiers de l'arc NQTP , lequel arc est la mesure de l'angle NOP qu'il faut diviser en trois parties égales.

Démonstration. 1°. AD $=$ AC $+$ CD $= \frac{1}{2} + \frac{3}{2} =$ 2. ED $= \frac{1}{2}q$.

2°. Le triangle EDA est rectangle en D ; donc le quarré fait sur l'hypothénuse EA est égal aux deux quarrés faits sur les deux côtés AD & ED ; donc $\overline{EA}^2 = \overline{AD}^2 + \overline{ED}^2$; donc $\overline{EA}^2 = 4 + \frac{1}{4}qq$.

3°. Dans toute parabole le quarré d'une ordonnée quelconque est égal au rectangle fait sous le paramètre & l'abscisse correspondante, donc $\overline{Kg}^2 =$ ON $\times$ AK ; donc $xx =$ AK $\times$ 1 ; donc AK $= \dfrac{xx}{1} = xx$.

4°. KD $=$ AD $-$ AK $=$ 2 $- xx$; donc EM $=$ 2 $- xx$.

5°. gM $= g$K $+$ KM $= g$K $+$ ED $= x + \frac{1}{2}q$.

6°. Le triangle EMg est rectangle en M ; donc le quarré fait sur la base Eg est égal aux deux quarrés faits sur les deux côtés EM & gM ; donc $\overline{Eg}^2 = \overline{EM}^2 + \overline{gM}^2$; donc $\overline{Eg}^2 = 4 - 4xx + x^4 + xx + qx + \frac{1}{4}qq$.

7°. $\overline{EA}^2 = 4 + \frac{1}{4}qq$, & $\overline{Eg}^2 = 4 - 4xx + x^4 + xx + qx + \frac{1}{4}qq$. Mais $\overline{EA}^2 = \overline{Eg}^2$, puisque EA $=$ Eg, donc $4 + \frac{1}{4}qq = 4 - 4xx + x^4 + xx + qx + \frac{1}{4}qq$

8°. Otons de part & d'autre dans cette dernière équation $4 + \frac{1}{4}qq$, l'on aura $x^4 + xx - 4xx + qx =$ 0.

9°. Otons les quantités qui se détruisent, l'on aura $x^4 - 3xx + qx =$ 0.

10. Divisons tout par x, l'on aura $x^3 - 3x + q = 0$; donc $x^3 = 3x - q$; donc l'on a au point g l'équation $x^3 = 3x - q$: donc l'ordonnée gK est égale à la corde du tiers de l'arc NQTP ; donc l'intersection du cercle & de la parabole donne la méthode de diviser un angle en 3 parties égales.

11. S'il s'étoit agi de diviser le grand arc NVP (*fig.* 3), en 3 parties égales, l'ordonnée HG, (*fig.* 4.) vous auroit donné le tiers de cet arc, parce que vous avez au point G, de même qu'au point g, l'équation $x^3 = 3x - q$.

12. Pour l'ordonnée FL, c'est-là ce qu'on appelle une racine fausse ; aussi Descartes n'en parle-t-il pas dans la solution de ce problême.

Voilà, M., le problême de la trisection de l'angle résolu géométriquement. Cette solution suppose dans Descartes beaucoup de génie & beaucoup de sçavoir. Elle me donne elle seule plus d'idée de ce philosophe que tous ses ouvrages de physique & de métaphysique. Je vous avouerai cependant que cette belle découverte ne sert pas de grand chose dans la pratique ; il faudroit avoir beaucoup de tems à perdre, pour employer le cercle & la parabole lorsqu'on a un angle à diviser en 3 parties égales. On fait cette opération à l'instant par le moyen du *rapporteur*. On en prend un exact. On en met le centre au sommet de l'angle donné. On examine combien de degrés du rapporteur sont renfermés entre les côtés de l'angle ; & si l'on en trouve 15, 30 ou 60, on divise l'arc de 5, de 10 ou de 20 en 20 degrés, & par-là l'angle se trouve divisé en trois parties égales. Il est cependant bon d'avoir lu une fois en sa vie ce point de la géométrie de Descartes ; il n'est pas même permis à un Mathématicien d'ignorer la méthode que je viens de vous exposer. Ce qu'il vous est encore moins permis d'ignorer, c'est la disposition où je suis de vous donner toute ma vie des marques de l'attachement sincère, avec lequel &c.

LETTRE SECONDE.

Difficultés qui se rencontrent dans les articles 598 & 603.
Additions à la démonstration de l'article 605.

LA seconde section des Eléments de Géométrie de M. l'Abbé de la Caille, est sur les surfaces. Elle contient, M. les propositions les plus essentielles de la Planimétrie. Je n'en ai trouvé difficile que la lecture des articles 598 & 603. Vous me feriez plaisir, si vous vouliez m'en envoyer le commentaire, la première fois que vous me ferez l'honneur de m'écrire. Je vous avouerai encore que l'article 605 m'a arrêté pendant quelques heures. M. l'Abbé de la Caille veut y démontrer qu'un poligone quelconque se peut réduire en un triangle d'une même surface. La fin de la démonstration de cette espèce de probléme n'y est qu'indiquée. Je me suis avisé d'y faire des additions qui me paroissent la rendre compléte. Ayez la bonté de les examiner, & de me dire ensuite si je puis me flatter d'être entré dans la pensée de l'Auteur. Les voici en peu de mots.

En examinant la figure qui sert à démontrer la proposition de l'article 605, je me suis apperçu qu'on pouvoit appliquer aux deux parallèles EF, & DG ce qui a été dit des parallèles DB & CF. En effet les deux triangles EDF, EGF sont sur la même base EF, & entre les mêmes parallèles EF, DG ; donc ils ont leurs surfaces égales. De ces deux triangles égaux otez la partie commune EHF, il vous restera le triangle EHD égal en surface au triangle FHG. Du poligone FDEA otez le triangle EHD & ajoutez-lui son égal FHG, vous aurez un nouveau poligone égal à l'ancien FDEA. Mais ce nouveau poligone c'est le triangle AEG ; donc la surface du triangle AEG est égale à la surface du poligone FDEA. Mais le poligone FDEA a déjà été démontré égal au poligone ABCDE, donc le poligone ABCDE, & en général tout poligone quelconque se peut réduire en un triangle d'une même surface. Voilà. M. comment j'ai complété la démonstration de l'article 605. J'attens avec impatience votre réponse pour sçavoir si elle est dans les régles. J'ai l'honneur d'être &c.

RÉPONSE.

Explication des articles 598 & 603.

JE suis très content, M. des additions que vous avez faites à la démonstration de l'article 605. Je suis persuadé que M. l'Abbé de la Caille n'y ajoutoit pas autre chose dans sa classe, lorsqu'il vouloit prouver que le poligone ABCDE est égal en surface au triangle AEG. Ce qui me surprend , & ce qui surprendra tous ceux qui vous connoissent, c'est qu'avec les avances que vous avez en Mathématique , vous n'ayez pas pu vous tirer de la démonstration de l'article 598 , où il s'agit de prouver que les surfaces de deux triangles semblables sont entr'elles en raison doublée, ou comme les quarrés de leurs dimensions homologues prises dans chacun. Oui , M. dans les deux triangles semblables ABC & DBE, (fig. 1), la surface du triangle ABC : à la surface du triangle DBE : : $\overline{AB}^2 : \overline{DB}^2$, ou : : $\overline{AC}^2 : \overline{DE}^2$, ou enfin : : $\overline{CB}^2 : \overline{EB}^2$. Reprenons les vérités indiquées dans l'article 598 , & vous conviendrez avec moi qu'il n'est rien de plus évident que cette proposition.

1°. Toute proportion contient 4 termes, & ces 4 termes forment deux raisons égales. Il n'y a proportion entre 2, 4, 6 & 12, que parce que la raison de 2 à 4 est la même que celle de 6 à 12.

2°. Si dans cette proportion, ou dans toute autre semblable l'on multiplie les deux antécédens d'un côté, &

les deux conféquens de l'autre, on réduira ces quatre termes à deux, c'eft-à-dire, dans le cas préfent à 12 & à 48, & l'on dira que 12 eft à 48 en raifon compofée de 2 multipliant 6 & de 4 multipliant 12. L'on ajoutera que 12 eft à 48 en raifon compofée doublée, parce que c'eft ici une raifon compofée de deux raifons égales.

3°. Une raifon doublée eft égale à celle des quarrés des termes d'une des deux raifons quelconques qui en font les racines. La raifon de 12 à 48 eft une veritable raifon doublée & je viens de vous faire remarquer que ce qui a compofé cette raifon ce font les quatre termes qui forment les deux raifons égales de 2 à 4 & de 6 à 12. Cela fuppofé, voici comment je raifonne.

12 : 48 :: 4 : 16. Mais 4 & 16 font les quarrés de 2 & de 4 ; & ces deux termes forment la première des deux raifons qui font les racines de la raifon doublée de 12 à 48 ; donc une raifon doublée eft égale à celle des quarrés des termes d'une des deux raifons quelconques qui en font les racines.

Au lieu de prendre le quarré de 2 & le quarré de 4, j'aurois pu prendre les quarrés des deux termes qui forment la feconde raifon, c'eft-à-dire, le quarré de 6 & le quarré de 12. Car 12 : 48 :: 36 : 144.

4°. Les deux triangles ABC & DBE (fig. 1), font femblables *par fuppofition* ; donc ils ont leurs côtés homologues proportionels ; donc AB : BD :: AC : DE ; donc il y a raifon doublée entre AB × AC & BD × DE. Mais une raifon doublée eft égale à celle des quarrés des termes d'une des deux raifons quelconques qui en font les racines, donc AB × AC : BD × DE :: $\overline{AB}^2$: $\overline{BD}^2$. Mais M. l'Abbé de la Caille vous a appris (*num.* 594) que la furface du triangle ABC : à la furface du triangle DBE :: AB × AC : BD × DE ; donc la furface du triangle ABC : à la furface du triangle DBE :: $\overline{AB}^2$: $\overline{BD}^2$; donc les furfaces de deux triangles femblables font entre elles comme les quarrés de leurs dimenfions homologues. Voilà , M. la démonſtration de l'article 598 miſe, à ce qu'il me paroit, dans un plus grand jour. J'en viens à celle de l'article 603 dont vous m'avez encore demandé le commentaire.

M. l'Abbé de la Caille avance dans cet article que la ſurface d'un cercle eſt égale à celle d'un quarré dont le côté feroit moyen proportionnel géométrique entre le rayon de ce cercle & une ligne de même longueur que la demi-circonférence. Pour être faiſi de l'évidence de cette propoſition, vous n'avez qu'à faire une progreſſion géométrique dont les trois termes ſoient le rayon du cercle A, le côté du quarré B, & la ligne C que l'on ſuppoſe égale à la demi-circonférence du cercle A. Vous aurés par hipothéſe ; le rayon du cercle A : au côté du quarré B : : le côté du quarré B : ; à la ligne C ; donc le rayon du cercle A × la ligne C ═ au côté du quarré B ſe multipliant lui même. Mais le côté du quarré B ſe multipliant lui même, donne la ſurface du quarré B & le rayon du cercle A multipliant la ligne C donne la ſurface du cercle A, puiſque M. l'Abbé de la Caille vous a démontré dans les articles 601 & 602 que la ſurface d'un cercle eſt égale au produit de ſon rayon par ſa demi-circonférence ; donc en général la ſurface d'un cercle eſt égale à celle d'un quarré dont le côté feroit moyen proportionnel géométrique entre le rayon de ce cercle & une ligno de même longueur que la demi-circonférence. J'ai l'honneur d'être &c.

LETTRE TROISIEME.

Réflexions fur les articles 671 & 672. Néceſſité d'un com-
mentaire pour les articles 690, 694 & 704.

LA troiſième ſection de la Géométrie de M. l'Abbé de la Caille eſt ſans contredit la plus difficile de toutes. J'y ai appris, M. avec l'origine & les propriétés des principaux ſolides, la manière de meſurer leurs ſur-faces & leurs ſolidités. On ne ſçauroit trop conſeiller à ceux qui étudient ces éléments de ſteréométrie, d'avoir en main, en les liſant, toute ſorte de polyédres faits de carton, ou autrement ; les ſolides ſont bien différens dans la réalité de ce qu'ils paroiſſent ſur les planches gravées avec le plus d'exactitude & le plus de dextérité. Pour comprendre, par-exemple, que de tous les angles plans qui forment un angle ſolide, le plus grand doit être moindre que la ſomme de tous les autres, j'ai pris deux angles plans de 45 degrés chacun, & un troiſiéme angle plan de 90 degrés ; & je me ſuis convaincu par moi-même que les deux petits angles ne pouvoient atteindre aux extrêmités du grand, ſans être couchés exactement ſur lui. Ces trois angles étoient donc alors dans un mê-me plan. Ils ne formoient pas donc alors un angle ſolide, & cela préciſément parce que le plus grand des trois angles étoit égal à la ſomme des deux autres ; donc de tous les angles plans qui forment un angle ſolide ; le plus grand doit être moindre que la ſomme de tous les autres.

De même pour me convaincre que la ſomme de tous les angles plans qui compoſent un angle ſolide, eſt tou-jours moindre que de 360 degrés, j'ai pris 4 angles plans de 90 degrés chacun ; & j'ai éprouvé qu'ils ne formoient un angle ſolide, que lorſque je rendois l'un deux ren-trant. Je n'en ſuis pas étonné ; ſi un angle ſolide qui n'eſt compoſé d'aucun angle rentrant , valoit 360 degrés , dès-lors les angles plans qui le forment, s'appuyeroient ſur la circonférence entiere d'un grand cercle de la ſphére , c'eſt-à-dire , d'un cercle qui auroit pour centre le centre même de la ſphére ; puiſqu'on ne connoît la valeur d'un angle ſolide , qu'en concevant que ſon ſommet ſe trouve au centre de la ſphére qui lui ſert de meſure. Il n'eſt aucun grand cercle qui ne ſoit dans le plan du centre de la ſphére ; donc le ſommet de l'angle ſolide dont il s'agit , ſeroit dans le plan de la circonférence qui le meſure. Mais cela eſt impoſſible ; donc il eſt impoſſible que la ſomme de tous les angles plans qui compoſent un angle ſolide ne ſoit pas moindre que de 360 degrés , à moins que cet angle ſolide ne ſoit compoſé d'angles ſaillants & d'angles creux ou rentrants. C'eſt-là. M , la penſée que l'Abbé de la Caille a exprimée aſſez obſcurément dans l'article 672. Il me paroit que les articles 690, 694 & 704 auroient beſoin de commentaire. Si vous croyez devoir leur en donner un , je vous prie de me le communiquer. Vous obligerez celui qui ſera toute ſuivie avec autant de reſpect , que de reconnoiſſance &c.

R E' P O N S E.

Commentaire des articles 690, 694 & 704.

VOus avez raiſon , M. ; les articles 690 , 694 & 704 ne peuvent guères ſe paſſer de commentaire. Le premier eſt le corollaire d'un théoréme démontré aſſez obſcurément. Le ſecond eſt préſenté d'une manière aſſez embrouillée. Le troiſiéme demande une démonſtration plus rapprochée de ſes principes. Entrons dans quelque détail.

La ſurface d'un cilindre droit eſt égale au produit de ſon axe par le contour d'une de ſes baſes. En voici la raison physique. La surface d'un cilindre droit n'est qu'un assemblage de circonférences de cercle, égales entr'elles, & mises les unes sur les autres; donc l'on aura cette surface, si l'on multiplie la circonférence du cercle qui sert de base à ce cilindre par la hauteur de ce même cilindre. Mais l'axe de tout cilindre droit marque sa hauteur, & la circonférence du premier cercle est le contour d'une de ses bases; donc la surface d'un cilindre droit est égale au produit de son axe par le contour d'une de ses bases. Cette démonstration s'applique sans peine à toute espèce de prisme droit, puisque le cilindre n'est qu'un prisme à base circulaire. Voyez-en l'origine à l'article 649. Relisez maintenant l'article 689, & vous conviendrez que la surface d'un prisme quelconque est égale au produit d'un de ses côtés quelconque multiplié par le contour du prisme mesuré dans un plan perpendiculaire à ce côté. S'exprimer de la sorte, c'est dire un peu moins clairement que la surface d'un prisme est égale au produit de sa hauteur par le contour d'une de ses bases; ce qui est évident.

Pour sentir M. toute la beauté de la démonstration de l'article 694, où l'Abbé de la Caille apprend à mesurer la surface d'une pyramide quelconque tronquée parallélement à sa base, il faut vous rappeller d'abord que la surface d'une pyramide droite, dont la base est un poligone régulier, est égale au produit de la moitié du contour de sa base multipliée par *l'Apothéme* ou la hauteur perpendiculaire de la pyramide, ou bien au produit du contour de sa base par la moitié de *l'Apothéme*. La démonstration en est à l'article 691. Il faut ensuite relire avec l'attention la plus réfléchie la partie de l'article 592 rélative à la figure 34 de la planche troisiéme. Il faut enfin revenir à l'article 280, & vous mettre bien dans l'esprit que la somme de tous les termes d'une progression Arithmétique est égale à la moitié du produit de la somme des extrêmes multipliée par le nombre de tous les termes, *ou*, au produit entier de la somme des

extrêmes

extrêmes par la moitié du nombre des termes, *ou*, au produit de la moitié de la somme des extrêmes par le nombre de tous les termes, *ou*, au produit du terme moyen (si le nombre des termes est impair) par le nombre de tous les termes. Dans la progression arithmétique, 0, 2, 4, 6, 8, 10, 12, la somme des termes $42 = \frac{12 \times 7}{2}$. Cette même somme $42 = 12 \times \frac{7}{2}$ Cette même somme $42 = \frac{12}{2} \times 7$. Cette même somme $42 = 6 \times 7$. Or dans cette progression arithmétique 12 est la somme des extrêmes ; 7 marque le nombre des termes, & 6 est le terme moyen ; donc la somme des termes d'une progression arithmétique est égale &c. Si vous retranchez les deux premiers termes 0 & 2 de la progression précédente, vous aurez encore la somme des termes $40 = \frac{16 \times 5}{2}$. Cette même somme $40 = 16 \times \frac{5}{2}$. Cette même somme $40 = \frac{16}{2} \times 5$. Cette même somme $40 = 8 \times 5$. Or dans cette nouvelle progression arithmétique 16 est la somme des extrêmes ; 5 marque le nombre des termes, & 8 est le terme moyen ; donc la somme des termes d'une progression arithmétique est égale &c. Il ne faut, M. , qu'approfondir ces connoissances, pour sentir la beauté de la démonstration de l'article 694.

Enfin pour vous convaincre, que les surfaces de deux solides semblables quelconques, par-exemple, les surfaces de deux pyramides triangulaires, sont entre elles comme les quarrés de leurs dimensions homologues, ayez présents à l'esprit les articles 686, 652 & 598. Le premier vous apprendra que la propriété générale des solides semblables est d'avoir toutes leurs dimensions homologues proportionnelles. Le second vous fera ressouvenir que les deux pyramides en question sont composées de triangles semblables. Vous conviendrez, après avoir lu le troisiéme, que les surfaces des triangles semblables sont entre-elles comme les quarrés d'une de leurs dimensions homologues. Voilà, M., les principes qu'il faut rapprocher,

G

pour être forcé d'avouer que l'article 704 préfente un
théoréme très-évident. Puifqu'il n'eft plus rien qui vous
arrête dans la lecture des élémens de Géométrie de M.,
l'Abbé de la Caille, vous ferez bien d'en venir à fes élémens de Trigonométrie. Ce font là de ces Traités ufuels
qu'on ne fçauroit trop approfondir. Si vous croyez que je
puiffe encore vous être de quelque utilité, vous me trouverez toujours difpofé à vous donner des marques de l'attachement fincére avec lequel &c.

LE GUIDE

DES JEUNES

MATHÉMATICIENS

Dans l'étude des Elémens des Mathématiques de M. l'Abbé DE LA CAILLE.

LIVRE TROISIEME

Contenant les éclaircissemens des endroits les plus difficiles de la Trigonométrie.

INTRODUCTION.

LA Trigonométrie rectiligne dont M. l'Abbé de la Caille a placé les Elémens immédiatement après ceux de Géométrie, est une science qui apprend à arriver par la connoissance de trois parties d'un triangle rectiligne à la connoissance des trois autres parties de ce même triangle. Les trois parties qu'on suppose connues sont deux côtés & un angle, deux angles & un côté, ou enfin trois côtés. Cette science se divise en spéculative

& pratique. La Trigonométrie spéculative suppose une connoissance parfaite de la Géométrie, & la Trigonométrie pratique demande un grand usage de l'Arithmétique & des tables des logarithmes. Ces connoissances préliminaires sont exposées assez au long dans les deux premieres parties de l'ouvrage que nous avons entrepris de commenter. Il n'en est pas ainsi des connoissances purement trigonométriques ; M. l'Abbé de la Caille les a données dans six chapitres qui tous ensemble ne contiennent que 11 pages en gros caractére. L'on trouve dans le chapitre premier des notions très exactes sur les *sinus*, *cosinus*, *tangentes*, *cotangentes*, *sécantes*, *cosécantes* &c. Le second présente les Principes nécessaires pour la construction des tables des *sinus* & *tangentes*. Le troisiéme contient les principes pour la théorie du calcul trigonométrique. Le quatriéme enseigne les usages que l'on peut faire de la théorie précédente. Le cinquiéme offre la table du calcul des triangles rectangles. Le sixiéme donne le calcul des triangles obliquangles, c'est-à-dire, des triangles qui ont trois angles aigus, ou un angle obtus & deux angles aigus. Un homme au fait de la Trigonométrie lit ce Traité avec un plaisir infini ; mais un commençant n'y comprend presque rien. Aussi y aura-t-'il très peu d'articles dont nous ne donnions un ample commentaire. L'expérience nous en a démontré l'absolue nécessité.

LETTRE PREMIERE.

Idée générale du chapitre premier de la Trigonométrie de M. l'Abbé de la Caille. Remarques sur les articles 723, 725 & 731. Obscurité des formules tirées de l'article. 733.

SI les autres chapitres de la Trigonométrie de l'Abbé de la Caille sont semblables au premier, je vous déclare, M., qu'on a eu grand tort de faire regarder cette partie de ses Elémens comme plus difficile que les autres. Les notions qu'il y donne des *sinus, cosinus, tangentes, cotangentes, sécantes, cosécantes* &c. me paroissent présentées de la manière du monde la plus claire. Une chose cependant m'a arrêté en lisant les articles 723 & 725. J'avois toujours entendu dire que le complément d'un arc de cercle est ce qui lui manque pour valoir 90 degrés. L'Abbé de la Caille m'a confirmé dans mon idée, en m'avertissant que l'arc HB de la figure indiquée dans ces deux articles, est le complément de l'arc AB; pourquoi donc ajoute-t-'il tout de suite que ce même arc HB est le complément de l'angle BC*a* ou de l'arc *a*B? N'y auroit-il pas là quelque erreur? L'article 731 paroit trop concis à quelques-uns; c'est à ceux sans doute qui ne se rappellent pas que les trois angles d'un triangle rectiligne ne valent que 180 degrés; que tout triangle qui a deux angles égaux est isoscéle; & que tout triangle isoscéle à les deux côtés sur la base égaux. Le seul endroit qui me paroisse avoir besoin d'éclaircissement dans le chapitre dont je viens de vous rendre compte, c'est celui qui contient les formules tirées de l'article 733. Vous me ferés le plaisir de me parler de ces formules, la premiere fois que vous prendrez la peine de m'écrire. J'ai l'honneur d'être &c.

G iij

R É P O N S E.

Remarque sur l'arc complément. Explication des formules tirées de l'article 733.

JE ne puis pas en disconvenir, M. ; ce que vous avez relevé dans l'Abbé de la Caille est une erreur ; mais c'est une erreur, dans l'expression, & non pas dans la chose même. Ce que cet Auteur a voulu dire à cette occasion, & ce qui est très vrai, c'est-que le sinus BI de la figure indiquée dans les articles 723 & 725, est aussi évidemment le sinus complément de l'angle BC*a*, que de l'angle BCA, parce que ces deux angles ont le même sinus droit B D.

Pour ce qui regarde les formules tirées de l'article 733, je n'aurai pas grand peine a vous en donner la démonstration dans toutes les formes. Je vous prie seulement de vous rappeller que l'Abbé de la Caille prenant le rayon du cercle pour l'unité, lui fait jouer dans le calcul le rolle de la quantité 1. Cette manière de calculer ne doit pas vous être nouvelle ; Descartes s'en est servi dans le probléme de la trisection de l'angle. Venons à vos formules.

La premiere apprend que le *sinus* est égal au produit du *cosinus* par la *tangente*, c'est-à-dire, *sin.* $=$ *cos.* $\times$ *tang.* La premiere proportion de l'article 733 vous donne cette formule. En effet si R : *cos.* :: *tang.* : *sin.* ; donc R $\times$ *sin.* $=$ *cos.* $\times$ *tang.* donc 1 $\times$ *sin.* $=$ *cos.* $\times$ *tang.* ; donc *sin.* $= \dfrac{cos. \times tang.}{1}$; donc *sin.* $=$ *cos.* $\times$ *tang.*

La seconde formule dit que le *sinus* est égal au *cosinus* divisé par la *cotangente*, ou, *sin.* $= \dfrac{cos.}{cot.}$ Elle est fondée sur la seconde proportion de l'article 733 par laquelle on a, R : *sin.* :: *cot.* : *cos.* ; donc *sin.* $\times$ *cot.* $=$ R $\times$ *cos.* donc *sin.* $\times$ *cot.* $=$ 1 $\times$ *cos.* donc *sin.* $\times$ *cot.* $=$ *cos.* donc *sin.* $= \dfrac{cos.}{cot.}$

Par la troisiéme formule le *cosinus* est égal au pro-
duit du *sinus* par la *cotangente*, ou, *cos.* $=$ *sin.* $\times$ *cot.*
Cette formule est tirée de la seconde. En effet si *sin.* $=$
$\frac{cos.}{cot.}$, donc *sin.* $\times$ *cot.* $=$ *cos.*

De la quatriéme formule on conclut que le *cosinus*
est égal au *sinus* divisé par la *tangente*, ou, *cos.* $=$ $\frac{sin.}{tang.}$
Cette formule est tirée de la premiere qui dit que *sin.*
$=$ *cos.* $\times$ *tang.* ; donc *cos.* $=$ $\frac{sin.}{tang.}$.

La *tangente* est égale au *sinus* divisé par le *cosinus*,
ou, *tang.* $=$ $\frac{sin.}{cos.}$; C'est-là la cinquiéme formule. En
effet *sin.* $=$ *cos.* $\times$ *tang.* (par la premiere formule); donc
tang. $=$ $\frac{sin.}{cos.}$

La sixiéme apprend que les *tangentes* sont en raison
inverse des *cotangentes*, ou, *tang.* $=$ $\frac{1}{cotang.}$. Cette formule est fondée sur la troisiéme proportion de l'article 733
qui dit, *tang.* : R :: R : *cotang.*, donc *tang.* $\times$ *cotang.*
$=$ R², donc *tang.* $\times$ *cotang.* $=$ 1, donc *tang.* $=$ $\frac{1}{cotang.}$,
donc *cotang.* $=$ $\frac{1}{tang.}$ · C'est-à-dire, donc les *cotangentes*
sont en raison inverse des *tangentes* ; & c'est-là la huitiéme formule que donne M. l'Abbé de la Caille.

Dans la septiéme formule on assure que la *cotangente*
est égale au *cosinus* divisé par le *sinus*, ou, *cotang.* $=$
$\frac{cos.}{sin.}$. En voici la preuve. *Sin.* $\times$ *cot.* $=$ *cos.* (par la troisiéme formule), donc *cot.* $=$ $\frac{cos.}{sin.}$

Pour les équations de l'article 738, elles sont tirées de
la troisiéme proportion de l'article 733 qui dit que la
tangente : au *rayon* :: le *rayon* : à la *cotangente*. Je crois,
M., que ce commentaire est plus que suffisant pour vous
faire adopter les formules de l'Abbé de la Caille. Je ne

sçaurois trop vous exhorter à les graver profondément dans votre esprit ; elles vous seront dans la suite d'un usage infini, j'ai l'honneur d'être &c.

LETTRE SECONDE

Idée générale du chapitre 2 de la trigonométrie. Réflexions sur les articles 742 & 743. Nécessité d'un commentaire pourl'article 741.

LE chapitre second de la Trigonométrie de l'Abbé de la Caille qui contient les principes pour la construction des tables des sinus, est beaucoup plus difficile que le premier, M ; & si les difficultés vont en augmentant, j'avouerai sans peine que ce Traité est au dessus de la portée des commençans ordinaires. Les articles 740 , 744 & 745 sont les seuls que j'aie compris à la premiere lecture. Ce n'a été qu'après la troisiéme lecture que les articles 742 & 743 ont été bien nets dans ma tête. Voici comment je m'y suis pris pour en avoir une idée claire. Je commence par le premier.

Comme l'article 742 correspond aux figures 61 & 62, dont l'une présente la somme, & l'autre la différence des sinus de deux arcs donnés, je l'ai, pour ainsi dire, partagé en deux, c'est-à-dire, je n'ai examiné la figure 62, qu'après avoir bien compris la figure 61. Les connues de cette derniere figure sont l'arc AB & son sinus BD, l'arc KB & son sinus KL, le cosinus CD de l'arc AB & le cosinus CL de l'arc KB, *par l'article 740*, les rayons AC, BC, KC dont chacun est supposé $= 1$. C'est par le moyen de ces connues qu'il faut trouver la valeur de KM, sinus de la somme des deux arcs donnés AB & KB. Pour en venir à bout, je me suis d'abord servi des deux triangles rectangles CBD & CPL que j'ai vus au premier coup d'œil être semblables, & j'ai dit, CB : CL :: BD : LP $=$ OM. Mais les trois premieres quantités de cette proportion font connues ; donc la quatriéme LP = OM l'eſt auſſi.

Je me ſuis enſuite bien convaincu que le triangle rectangle KOL eſt ſemblable au triangle rectangle CBD. En effet le triangle rectangle KOL eſt ſemblable au triangle rectangle LOQ , puiſque chacun de ces deux triangles eſt ſemblable au triangle rectangle KLQ , comme M. de la Caille l'a démontré dans ſes Elémens de Géométrie , *num. 561.* Mais le triangle rectangle LOQ eſt ſemblable au triangle rectangle QMC ; & celui-ci eſt ſemblable au triangle rectangle CBD ; donc le triangle rectangle KOL eſt ſemblable au triangle rectangle CBD ; donc CB : CD : : KL : KO. Mais les trois premiers termes de cette proportion ſont connus ; donc le quatriéme KO l'eſt auſſi.

KO & OM ne peuvent pas être deux quantités connues , ſans que KM le ſoit , puiſque KM = KO + OM ; donc étant donnés les deux ſinus droits BD , KL de deux arcs AB , KB , il eſt facile de trouver le ſinus KM de leur ſomme AB + KB.

Après avoir ainſi médité ſur la figure 61 , j'ai pris la figure 62 , dans laquelle on connoit l'arc AB & ſon ſinus BD , l'arc BK & ſon ſinus KL , la ligne CD coſinus de l'arc AB , la ligne CL coſinus de l'arc BK , les rayons BC , AC , KC que l'on fait chacun = 1. C'eſt par le moyen de ces connues que je ſuis parvenu à trouver la valeur de KM , ſinus droit de l'arc AK , différence entre les arcs donnés BA & BK. Voici la marche que j'ai tenue.

A cauſe des parallèles PL & DB , les deux triangles rectangles CPL & CDB ſont ſemblables , donc CB : CL : : DB : PL = OM. Mais les trois premiers termes de cette proportion ſont ſuppoſés connus , donc le quatriéme PL = OM l'eſt auſſi.

A cauſe des parallèles LO & QM le triangle rectangle KOL eſt ſemblable au triangle rectangle KMQ.

A cauſe des angles oppoſés au ſommet Q , le triangle rectangle KMQ eſt ſemblable au triangle rectangle CLQ. Mais à cauſe de l'angle commun C le triangle rectangle

CLQ eſt ſemblable au triangle reĉtangle CPL ; & celui-ci a déja été démontré ſemblable au triangle reĉtangle CDB ; donc le triangle reĉtangle KOL eſt ſemblable au triangle reĉtangle CDB ; donc CB : CD :: KL : KO ; mais les trois premiers termes de cette proportion ſont connus , donc le quatriéme KO l'eſt auſſi.

KM = KO — OM ; mais KO & OM ſont deux quantités connues , donc KM l'eſt auſſi ; donc étant donnés les deux ſinus droits BD, KL de deux arcs AB , KB , il eſt facile de trouver le ſinus KM de leur différence KA.

L'article 743 n'eſt pas à beaucoup près auſſi compliqué que le précédent. Il ne paroitra pas même difficile à ceux qui ſe rappelleront que l'angle SQG de la figure indiquée dans cet article, n'eſt égal à l'angle de 30 degrés BCA, que parce que chacun d'eux eſt égal à l'angle OQC. En effet l'angle SQG eſt égal à l'angle OQC, parce qu'il lui eſt oppoſé au ſommet Q ; mais l'angle OQC eſt égal à ſon alterne BCA ; donc l'angle SQG eſt égal à l'angle BCA, parce que chacun d'eux eſt égal à l'angle OQC ; donc l'angle JFS ou KFG qui eſt égal à l'angle SQG à cauſe des triangles reĉtangles ſemblables FJS & SGQ, l'eſt auſſi à l'angle de 30 degrés BCA ; donc le côté GK eſt égal à JK , moitié de l'hypothénuſe FK du triangle reĉtangle FGK , comme l'Abbé de la Caille l'a démontré à l'article 729.

Mais il eſt un article , M. , qu'il eſt difficile qu'un commençant ſaiſiſſe ſans le ſecours d'un bon commentaire, c'eſt l'article 741 , où l'Auteur aſſure que les calculs faits pour un arc ſervent à trouver ce qu'il faut pour ſa moitié, ou pour ſon double. Je vous prie de me mettre cette vérité dans le plus grand jour la première fois que vous voudrez bien prendre la peine de m'écrire. En attendant cette grace , j'ai l'honneur d'être avec autant de reſpeĉt, que de reconnoiſſance &c.

RÉPONSE.

Commentaire de l'article 741.

JE m'attendois, M., à la demande que vous m'avez faite dans la derniere lettre que vous avez pris la peine de m'écrire. L'article 741 ne sçauroit en effet se passer de commentaire; & c'est pour exprimer mes pensées le plus clairement qu'il me sera possible, que je formerai comme deux propositions de la matière que contient ce théoréme fondamental.

Première proposition. Les calculs faits pour un arc servent à trouver ce qu'il faut pour sa moitié.

Explication. L'on me donne l'arc AEB de la figure indiquée par l'article 741, sa corde AB, son sinus droit BD, son centre C, ses rayons CA, CB &c; je dis que ces connues me conduiront à trouver facilement la valeur du sinus de la moitié de l'arc AEB. Pour le démontrer, je tire du point C le rayon perpendiculaire CE, qui divisera la corde AB au point F, & l'arc AEB au point E en 2 parties égales (*num.* 448.). Je cherche (*num.* 740) la valeur de DA sinus verse, & celle de CD cosinus de l'arc AEB, dont je connois le sinus droit BD.

Dem. Dans le triangle rectangle BDA, le quarré de BA (*num.* 562) est égal au quarré de BD $+$ au quarré de DA, ou, $BA^2 = BD^2 + DA^2$; donc $BA = \sqrt{BD^2 + DA^2}$; donc

$$\frac{BA}{2} = \sqrt{\frac{BD^2 + DA^2}{2}}.$$

Mais $\frac{BA}{2} = FA$ (*num.* 448); & la ligne FA est évidemment le sinus droit de l'arc AE, moitié de l'arc donné AEB; donc le sinus droit de la moitié de l'arc donné AEB, ou, $sin. \frac{1}{2} = \sqrt{\frac{BD^2 + DA^2}{2}}$;

donc les calculs faits pour un arc servent à trouver ce qu'il faut pour sa moitié.

Proposition seconde. Les calculs faits pour un arc servent à trouver ce qu'il faut pour son double.

Explication. Dans cette feconde partie de l'article 741 les quantités connues font l'arc AE & fon finus droit FA, l'arc AEB double -de l'arc AE & fa corde AB dont la valeur eft double de celle du finus droit FA, les rayons AC, EC & BC, enfin le cofinus CF de l'arc AE, par l'article 740. Il s'agit de trouver par le moyen de ces connues la valeur de BD, finus droit de l'arc AEB, double de l'arc donné AE.

Dem Les deux triangles rectangles CFA & BDA qui ont l'angle aigu A commun, font évidemment équiangles, donc ils donnent la proportion fuivante ; CA : CF : : BA : BD. Mais les trois premiers termes de cette proportion font connus, donc le quatriéme l'eft auffi ; donc les calculs faits pour un arc, fervent à trouver ce qu'il faut pour fon double. J'ai l'honneur d'être &c.

LETTRE TROISIEME.

Idée générale du chapitre 3 de la Trigonométrie. Remarques fur les articles 746, 747, 748 & 750. Néceffité d'un commentaire pour les articles 751 & 752.

JE comprens, M., qu'il eft difficile qu'un commençant livré à lui-même, apprenne la Trigonométrie dans les élémens de l'Abbé de la Caille. Malgré les petites avances que je puis avoir dans les Mathématiques, il ne m'a jamais été poffible de me tirer des articles 751 & 752 ; faites-moi l'amitié de m'en envoyer au plutôt le commentaire ; je l'attens avec la dernière impatience. Pour les articles 746, 747 & 748 par où commence le troifième chapitre de la Trigonométrie, je les ai compris affez facilement, mais ce n'a été qu'après avoir tracé le plus exactement que j'ai pu, les figures que l'Abbé de la Caille avoit dans fa tête. Pour comprendre, *par-exemple*, l'article 746, j'ai infcrit dans le cercle O le triangle ABC (*fig. 5*). Du point O, comme centre, j'ai abaiffé fur les côtés AB , AC , BC les rayons perpendiculaires OF, OJ, OE qui ont divisé en deux parties égales les trois côtés du triangle , & les arcs dont ces côtés sont les cordes. J'ai compris alors sans peine que AD , moitié du côté AB , étoit le sinus droit de l'arc AF, ou de l'angle C mesuré par cet arc ; que AL , moitié du côté AC , étoit le sinus droit de l'arc AJ , mesure de l'angle B : qu'enfin l'arc BE , mesure de l'angle A , avoit pour sinus droit BG , moitié du côté BC ; donc en tout triangle la moitié de chaque côté est le sinus droit de l'angle opposé. Mais les moitiés sont comme les tous ; donc en tout triangle les sinus droits des angles sont comme les côtés opposés.

L'article 747 avoit encore plus besoin de figure, que le précédent. Pour démontrer donc que dans un triangle rectangle le rayon est à l'hypothénuse, comme le sinus d'un des angles aigus est au côté opposé à cet angle, j'ai pris le triangle BAC, rectangle en A (*fig. 6*), Du point B comme centre , avec le rayon BC, j'ai décrit le cercle CDF. Du point C comme centre, avec le même rayon BC, j'ai encore décrit le cercle BEH ; j'ai prolongé le côté CA jusqu'en E, & le côté BA jusqu'en D. Cela fait, j'ai vu qu'il étoit impossible de révoquer en doute que CB fut en même tems rayon & hypothénuse ; que CA fut en même tems côté opposé à l'angle B , & sinus droit de l'angle B mesuré par CD ; donc CB considéré comme rayon : CB considéré comme hypothénuse : : CA considéré comme sinus droit de l'angle aigu B : CA considéré comme côté opposé à ce même angle ; De même CB considéré comme rayon ; CB considéré comme hypothénuse : : BA considéré comme sinus droit de l'angle aigu C : BA considéré comme côté opposé à ce même angle ; donc en général dans un triangle rectangle le rayon est à l'hypothénuse, comme le sinus d'un des angles aigus est au côté opposé à cet angle.

Puisque dans tout triangle rectangle un des angles aigus est toujours complément de l'autre, il s'ensuit que le sinus d'un des angles aigus est toujours cosinus de l'autre;

donc le côté CA, *(fig. 6.)* eſt en même tems ſinus de l'angle B & coſinus de l'angle C, & le côté BA eſt ſinus de l'angle C & coſinus de l'angle B; donc dans le triangle rectangle BAC : l'on dira CA conſidéré comme ſinus de l'angle B : BA conſidéré comme coſinus de l'angle B :: CA conſidéré comme côté du triangle BAC, oppoſé à l'angle B : BA conſidéré comme côté de ce même triangle; donc en général dans un triangle rectangle le ſinus d'un des angles aigus eſt à ſon coſinus, comme le côté oppoſé à cet angle eſt à l'autre côté. Mais le ſinus eſt au coſinus, comme la tangente eſt au rayon, par la première proportion de l'article 733; donc dans un triangle rectangle la tangente d'un des angles aigus eſt au rayon, comme le côté oppoſé à cet angle eſt à l'autre côté. C'eſt-là le commentaire de l'article 748.

L'article 749 ſe comprend à la première lecture, & l'article 750 n'a rien de difficile pour quiconque ſe rappelle que ſi deux lignes partant d'un même point hors du cercle, vont ſe terminer à ſa circonférence concave, leurs parties extérieures ſont réciproquement proportionnelles à ces lignes entières. C'eſt-là l'article 567 des élémens de géométrie, & non pas l'article 564 cité par l'Auteur. Cela ſuppoſé, il eſt évident que dans la figure indiquée dans l'article 750, l'on aura AC : AG :: AP : AD; donc dans un triangle quelconque le plus grand côté eſt à la ſomme des deux autres, comme leur différence eſt à la différence des ſegmens du plus grand côté, formés par la rencontre d'une perpendiculaire menée du plus grand angle ſur le plus grand côté.

Pour les articles 751 & 752, je vous le répéte, M., il m'eſt impoſſible de m'en tirer ſans votre ſecours. Auſſi ſouhaité-je plus que jamais de recevoir de vos nouvelles. En attendant j'ai l'honneur d'être &c.

R E P O N S E.

Commentaire des articles 751 & 752.

L'Article 751 contient, M., la propofition fuivante : *En tout triangle rectiligne fcaléne la fomme de deux côtés quelconques eft à leur différence, comme la tangente de la demi-fomme des deux angles oppofés à ces côtés eft à la tangente de la demi-différence de ces deux angles.* C'eft-là fans contredit la propofition la plus difficile de la Trigonométrie. Pour vous la préfenter d'une manière un peu plus claire que n'a fait M. l'Abbé de la Caille, permettez-moi de vous rappeller une foule de propofitions que j'ai droit de regarder comme autant d'axiomes inconteftables; vous en avez déja vu la démonftration dans les Elémens d'Algébre & de Géométrie que vous venez d'étudier.

1°. Lorfqu'une fomme quelconque eft divifée en deux parties inégales, la plus grande eft égale à la moitié de la fomme, *plus* la moitié de la différence; & la plus petite eft égale à la moitié de la fomme, *moins* la moitié de la différence. Partagez, *par exemple*, la fomme 20 en 2 parties inégales dont l'une foit 14, l'autre 6, & la différence 8; vous aurez la plus grande partie 14, en ajoutant la moitié de la fomme 20 à la moitié de la différence 8; & vous aurez la plus petite 6, en ôtant la moitié de la différence 8 de la moitié de la fomme 20. Vous avez vu la démonftration de cette propofition dans les Elémens d'Algébre, à l'article 232.

2°. Dans la figure 7ᵉ de ce Commentaire, l'angle extérieur BAF eft égal aux deux angles intérieurs B & C du triangle fcaléne BAC (*num.* 492 des Elémens de Géométrie); donc l'angle BAF repréfente la fomme des deux angles oppofés aux deux côtés connus AC & AB du triangle BAC.

3°. Quoiqu'aucun des angles B & C ne soit connu en particulier, leur somme n'est pas cependant inconnue; puisque c'est ce qui manque à l'angle donné A , pour valoir 180 degrés (*num.* 488 des élémens de géométrie).

4°. L'angle BEF à la circonférence est la moitié de l'angle BAF au centre (*num.* 467 des élémens de géométrie); donc l'angle BEF ou BEA représente la moitié de la somme des angles B & C du triangle BAC.

5°. Dans le triangle isoscéle BAE , l'angle BEA est égal à l'angle ABE (*num.* 499 des élémens de géométrie); donc l'angle ABE représente la moitié de la somme des angles B & C du triangle BAC.

6°. Les deux lignes parallèles BE , GC sont coupées par la ligne FC, donc l'angle BEF ou BEA est égal à l'angle FCG (*num.* 429 & suivans des élémens de géométrie). Mais l'angle BEA représente la moitié de la somme des angles B & C du triangle BAC (*num.* 4 de cette réponse); donc l'angle FCG la représente aussi.

7°. La ligne BC coupe obliquement les deux parallèles BE & GC, donc l'angle EBC est égal à son alterne BCG (*num.* 433 des élémens de géométrie).

8°. La ligne FG coupe les deux parallèles BE, GC, donc l'angle FBE est égal à l'angle FGC (*num.* 429 & suivans des élémens de géométrie); mais l'angle à la circonférence FBE qui insiste sur le demi-cercle , est droit (*num.* 468 des élémens de géométrie), donc l'angle FGC l'est aussi.

9°. L'angle BCG représente la moitié de la différence des angles B & C du triangle BAC. En effet l'angle ABE représente la moitié de la somme des angles B & C (*num.* 5 de cette réponse). Il eu est de même de l'angle FCG (*num.* 6 de cette réponse). Ajoutez maintenant à l'angle ABE le petit angle EBC, ou son alterne BCG, vous aurez le plus grand des deux angles B & C, c'est à-dire, l'angle B. Otez de l'angle FCG l'angle BCG, vous aurez le plus petit des deux angles B & C, c'est-à-dire, l'angle C ; donc (*num.* 1 de cette réponse) l'angle BCG est la

moitié

moitié de la différence des deux angles B & C du triangle BAC.

10. Ce qui prouve que l'angle B est plus grand que
l'angle C , c'est que le côté AC est plus grand que le côté AB. (*num.* 495 des élémens de géométrie).

11. L'inspection seule de la figure 8ᵉ de ce Commentaire
nous apprend que si dans un triangle quelconque ABC ,
rectangle en B , on prend un des côtés AB pour rayon du
cercle , ou pour sinus total , l'autre côté BC deviendra la
tangente de l'angle opposé A.

12. La ligne FC (*fig. 7. de ce Commentaire*) représente
la somme des deux côtés AC & AB ; le segment EC donne
leur différence ; l'angle FCG marque la moitié de la somme des angles B & C du triangle BAC (*num. 6. de cette*
réponse); l'angle BCG est la moitié de la différence de
ces deux angles (*num.* 9 de cette réponse) ; en prenant
CG pour sinus total , le côté FG sera la tangente de l'angle FCG , ou de la moitié de la somme des angles B & C
du triangle BAC , & le côté BG sera la tangente de l'angle BCG , ou de la moitié de leur différence (*num.* 11
de cette réponse), puisque les deux triangles FGC & BGC
sont rectangles en G (*num.* 8 de cette réponse). Il s'agit
donc de démontrer que dans un triangle quelconque sca-
léne BAC, l'on a la proportion suivante. FC *somme des deux*
côtés AC , AB : EC , *différence de ces deux côtés* : : FG ,
tangente de l'angle FCG , *moitié de la somme des deux an-*
gles B & C *opposés aux deux côtés donnés* : BG , *tangente*
de l'angle BCG , *moitié de la différence de ces deux angles.*

Dem. A cause des parallèles BE , GC , l'on pourra dire
(*num.* 555 des élémens de géométrie), FE : EC : : FB :
BG ; donc *componendo* FE + EC = FC : EC : : FB +
BG = FG : BG.

Voilà, M. , une démonstration beaucoup plus claire
que celle de l'Abbé de la Caille. Si cependant vous reli-
siez cet Auteur , après vous être rappellé tous les articles
qu'il cite à cette occasion , je suis persuadé que vous ne
seriez pas mécontent de la manière dont il démontre la pro-

H

poſition en queſtion. Souvenez-vous que la première progreſſion de l’article 751 doit être ainſi exprimée ; AB : BC :: ſin. C : ſin. A :: ſin. P + Q : ſin. P — Q.

L’article 752 contient une Scholie que vous comprendrez facilement, ſi vous voulez faire les réflexions ſuivantes, en ayant ſous les yeux la figure indiquée dans cet article.

A cauſe de la perpendiculaire KP ſur la ligne BM, les triangles BPK, KPT, KPM ſont rectangles en P ; & à cauſe des perpendiculaires TK, MN ſur la ligne BN le triangle BKT eſt rectangle en K, & le triangle BNM eſt rectangle en N.

A cauſe de l’angle B de 45 degrés, commun aux triangles rectangles BKP, BKT & BNM, ces trois triangles ſont ſemblables.

Le triangle rectangle BPK eſt iſoſcéle, puiſque ſes deux angles ſur la baſe BK ſont de 45 degrés chacun (num. 488 des élémens de géométrie), donc BP = KP, (num. 499 des mêmes élémens).

Par la même raiſon le triangle rectangle BKT qui a ſes angles ſur la baſe BT de 45 degrés chacun, & le triangle rectangle BNM qui a auſſi ſur la baſe BM ſes deux angles aigus de 45 degrés chacun, ſont deux triangles iſoſcéles ; donc BK = KT & BN = NM.

Enfin le triangle rectangle KPT a ſes deux angles ſur la baſe KT de 45 degrés chacun, & le triangle rectangle KPM a l’angle PKM compoſé de l’angle PKT de 45 degrés, & de l’angle TKM égal à ſon angle alterne KMN, à cauſe des parallèles TK & MN (num. 433 des élémens de géométrie).

Après avoir rappellé ces connoiſſances élémentaires, il faut revenir à l’article 748 dont votre dernière lettre contient le Commentaire ; & cet article relu avec attention vous mettra en état de comprendre à la première lecture la Scholie dont il s’agit. La légère faute d’impreſſion qui s’y eſt gliſſée, n’eſt pas capable de vous arrêter ; il eſt évident qu’il faut lire à la pénultième ligne, la tangente KMN, au lieu de la tangente KMM. J’ai l’honneur d’être, &c.

LETTRE QUATRIEME.

Nécessité d'un Commentaire qui serve de clef à la table du Chapitre 5 de la Trigonométrie.

JE n'ai aucun éclaircissement à vous demander, M., sur le Chapitre quatrième de la Trigonométrie. Les lettres 7e & 8e du livre premier de ce Commentaire contiennent tous les doutes qui se sont présentés à mon esprit sur les logarithmes ; & ces doutes ont été parfaitement dissipés par la lecture des réponses que vous avez eu la bonté d'y faire. Il n'en est pas ainsi du Chapitre cinquième ; je ne comprens presque rien à l'espèce de table qu'il renferme. Je vous prie de m'en donner la clef, & d'être persuadé qu'on ne peut être plus parfaitement que je le suis, &c.

REPONSE.

Calcul des formules de la Table du Chapitre cinquième de la Trigonométrie.

LA table pour le calcul des triangles rectangles que contient le Chapitre cinquième de la Trigonométrie, est un chef d'œuvre, M. Lorsque vous en aurez saisi le méchanisme, vous conviendrez avec moi que l'on ne peut pas présenter d'une manière plus claire & plus précise la solution des 21 problémes que l'on a coutume de proposer sur cette espèce de triangles. L'énumération où je vais entrer, sera en même tems & la preuve de ce que j'avance, & le Commentaire de cette table. Ce que je vous prie seulement de bien remarquer, c'est que depuis le probléme 10 jusqu'au probléme 21, l'Abbé de la Caille auroit pu annoncer qu'il connoissoit tous les angles de son triangle rectangle, puisqu'il est supposé connoître l'un des deux angles aigus.

Probléme 1. Etant donnés les côtés AB, AC & l'angle droit A du triangle rectangle BAC, (*fig. 6 de ce Commentaire*); trouver l'hypothénuse BC.

Résolution. Le quarré de BC est égal à la somme des quarrés de AC & de AB (*num.* 562 des élémens de géométrie); donc $BC^2 = AC^2 + AB^2$; donc $BC = \sqrt{AC^2 + AB^2}$. Mais comme le calcul des quarrés & des racines quarrées est très-long & très-incommode, l'Abbé de la Caille conseille de connoitre l'angle B par l'analogie suivante; le côté AB : au côté AC : : le rayon : à la tangente de l'angle B. Cette analogie est fondée sur l'article 748. L'angle B une fois connu, l'on dira; le sinus de l'angle B : au sinus de l'angle droit A, ou au rayon : : le côté AC : au côté BC. (*num.* 746 des élémens de Trigonométrie).

Probléme 2. Etant donnés les côtés AB, AC, & l'angle droit A du triangle rectangle BAC (*fig. 6*) trouver l'aigle aigu B.

Résolution. Le côté AB : au côté AC : : le rayon : à la tangente de l'angle B. La bonté de cette analogie a déja été démontrée à l'article 748 de la Trigonométrie.

Probléme 3. Etant donnés les côtés AB, AC, & l'angle droit A du triangle rectangle BAC (*fig. 6*) trouver l'angle aigu C.

Résolution. Le côté AC : au côté AB : : le rayon : à la tangente de l'angle C. C'est encore de l'article 748 que cette analogie est tirée.

Probléme 4. Etant donnés le côté AB, l'hypothénuse BC, & l'angle droit A du triangle rectangle BAC (*fig.6*), trouver le côté AC.

Résolution. Le quarré de AC est égal au quarré de BC — le quarré de AB (*num.* 563 des élémens de géométrie); donc $AC^2 = BC^2 - AB^2$; donc $AC = \sqrt{BC^2 - AB^2}$. Mais comme ce calcul est très long dans la pratique, M. l'Abbé de la Caille y a substitué l'équation suivante; $log.\ AC = \tfrac{1}{2} log.\ (BC + AB) + \tfrac{1}{2} log.\ (BC - AB)$, c'est-à-dire, le logarithme du côté AC est égal à la moitié de la fomme des logarithmes de BC & de AB + à la moitié de la différence qui fe trouve entre le logarithme de BC & celui de AB. En voici la démonftration : $AC = \sqrt{BC^2 - AB^2}$; donc $AC^2 = BC^2 - AB^2$; donc $AC^2 = (BC + AB) \times (BC - AB)$; donc le logarithme de AC^2 eft égal (*num.* 340 des élémens de géométrie) au logarithme de (BC + AB) + (BC - AB) ; donc la moitié du logarithme de AC^2 eft égal à la moitié du logarithme de (BC+AB) + à la moitié du logarithme de (BC - AB). Mais la moitié du logarithme de AC^2 eft précifément le logarithme de AC (*num.* 7 de la réponfe à la lettre feptième du livre 1 de ce Commentaire) ; donc le logarithme de AC eft égal à la moitié du logarithme de (BC + AB) + à la moitié du logarithme de BC - AB ; donc *log.* AC = ½ *log.* (BC + AB) + ½ *log.* (BC - AB).

Problême 5. Etant donnés le côté AB, l'hypothénufe BC & l'angle droit A du triangle rectangle BAC , (*fig.* 6.) trouver l'angle aigu B.

Refolution. Puifque (*num.* 748. de ces élémens de Trigonométrie) le côté AB eft cofinus de l'angle B ; il eft évident que BC eft en même tems hypothénufe & rayon , & que AB eft en même tems côté du triangle BAC & cofinus de l'angle B. L'on peut donc dire ; BC pris pour hypothénufe : AB pris pour côté : : BC pris pour rayon : AB pris pour cofinus de l'angle B. Connoiffant le cofinus de l'angle B , l'on trouvera facilement fon finus dans les Tables.

Problême 6. Etant donnés le côté AB , l'hypothénufe BC & l'angle droit A du triangle rectangle BAC (*fig.* 6.) trouver l'angle aigu C.

Refolution. L'hypothénufe BC : au côté AB : : le rayon : au finus de l'angle C. Cette analogie n'eft que l'application de l'article 747 de ces élémens de Trigonométrie.

Problême 7. Etant donnés le côté AC , l'hypothénufe BC & l'angle droit A du triangle BAC , (*fig.* 6.) trouver le côté AB.

Refolution. Ce problême fe réfout comme le quatrième.

Problême. 8. Etant donnés le côté AC, l'hypothénuse BC & l'angle droit A du triangle BAC, (*fig.* 6.) tiouver l'angle B.

Résolution. l'hypothénuse BC : au côté AC :: le rayon : au sinus de l'angle B, *par l'article* 747 *de ces élémens de Trigonométrie.*

Problème 9. Etant donnés le côté AC, l'hipothénuse BC, & l'angle droit A du triangle rectangle BAC, (*fig.* 6.) trouver l'angle C.

Résolution. Ce problême se résout comme le cinquième.

Probléme 10. Etant donnés le côté AB, & tous les angles du triangle rectangle BAC, (*fig.* 6.) trouver le côté AC.

Résolution. Le rayon : à la tangente de l'angle B :: le côté AB : au côté AC. Cette analogie est donnée par l'article 748 de la trigonométrie. L'article 746 donne aussi l'analogie suivante ; le sinus de l'angle C : au côté AB :: le sinus de l'angle B : au côté AC.

Problême 11. Etant donnés le côté AB, & tous les angles du triangle rectangle BAC, (*fig.* 6.) trouver l'hypothénuse BC.

Résolution. Vous direz ; le cosinus de l'angle B : au sinus de l'angle droit A, c'est-à-dire, au rayon :: le côté AB : à l'hypothénuse BC. En effet puisque AB est le cosinus de l'angle B & BC le rayon, ou le sinus de l'angle droit A, comme nous l'avons déjà remarqué plusieurs fois, rien n'est plus naturel que de dire, AB pris pour cosinus de l'angle B : BC pris pour rayon :: AB pris pour côté du triangle BAC : BC pris pour hypothénuse du même triangle. Il seroit aussi naturel de se servir de l'article 746 de la trigonométrie en disant, le sinus de l'angle C : au côté AB :: le rayon : à l'hypothénuse BC.

Problême 12. Etant donnés le côté AB & tous les angles du triangle rectangle BAC, (*fig.* 6.) trouver le côté AC.

Résolution. Le rayon : à la cotangente de l'angle C :: le côté AB : au côté AC. C'est la même analogie que celle du problême 10e., parce que la cotangente de l'angle C n'est pas distinguée de la tangente de l'angle B. En effet l'angle B est complément de l'angle C ; donc la tangente de l'angle B est la cotangente de l'angle C (*num.* 724 de la trigonométrie). Il me paroit qu'il auroit été plus simple de se servir de l'article 746, & de dire : le sinus de l'angle C : au côté AB :: le sinus de l'angle B : au côté AC.

Problême 13. Etant donnés le côté AB & tous les angles du triangle rectangle BAC, (*fig.* 6.) trouver l'hypothénuse BC.

Résolution. Le sinus de l'angle C : au sinus de l'angle droit A, c'est-à-dire, au rayon :: le côté AB opposé à l'angle C : à l'hypothénuse BC opposée à l'angle A (*num.* 746 de la trigonométrie.)

Problême 14. Etant donnés le côté AC & tous les angles du triangle rectangle BAC, (*fig.* 6.) trouver le côté AB.

Résolution. Le rayon : à la cotangente de l'angle B :: le côté AC : au côté AB. C'est une analogie semblable à celle du problême 12. L'on peut encore dire, le sinus de l'angle B : au côté AC :: le sinus de l'angle C : au côté AB. (*num.* 746 de la Trigonométrie).

Problême 15. Etant donnés le côté AC & tous les angles du triangle rectangle BAC, (*fig.* 6.) trouver l'hypothénuse BC.

Résolution. Le sinus de l'angle B : au côté AC qui lui est opposé :: le sinus de l'angle droit A, ou le rayon : à l'hypothénuse BC qui lui est opposée. (*num.* 746 de la trigonométrie).

Problême 16. C'est le même que le 14e., parce qu'il est impossible que dans un triangle rectangle on connoisse un des angles aigus, sans connoître l'autre (*num.* 490 des élémens de geométrie). Si M. l'Abbé de la Caille eut fait cette réfléxion, il auroit raccourci la table du calcul des triangles rectangles.

Problême 17. C'est le même que le 15e, par la raison que nous venons d'indiquer.

H iv

Probléme 18. Etant donnés l'hypothénuse B C & tous les angles du triangle rectangle BAC (*fig.* 6) trouver le côté AB.

Résolution. Le rayon : au cosinus de l'angle B :: l'hypothénuse BC : au côté AB. Ce qui prouve que cette analogie est bonne, c'est que B C pour être considéré comme hypothénuse & comme rayon, & AB comme côté du triangle BAC & comme cosinus de l'angle B. C'est une remarque que nous avons eu souvent occasion de faire. L'on auroit encore pû dire, le sinus de l'angle droit A, ou le rayon : à l'hypothénuse BC opposée à cet angle :: le sinus de l'angle C : au côté AB qui lui est opposée. (*num.* 746 de la trigonométrie).

Probléme 19. Etant donnés l'hypothénuse BC & tous les angles du triangle rectangle BAC (*fig.* 6.) trouver le côté AC.

Résolution. Le rayon : au sinus de l'angle B :: l'hypothénuse BC : au côté AC. C'est la conséquence directe de l'article 746 de la Trigonométrie.

Problémes 20 & 21. Ils se résolvent comme les 2 précédens, par la remarque que j'ai faite au probléme 16.

Voilà, M., sur quels principes l'Abbé de la Caille a fait la table du calcul des triangles rectangles. Le chapitre suivant est destiné au calcul des triangles obliquangles. Je ne crois pas qu'il vous paroisse obscur. En tout cas vous me trouverez toujours disposé à vous prouver qu'il n'est personne qui soit plus sincérement que moi, &c.

LETTRE CINQUIEME.

Idée générale du dernier Chapitre de la Trigonométrie. Question proposée à l'occasion de l'article 759.

VOus avez raison, M. ; rien n'est plus clair que le dernier Chapitre de la Trigonométrie de l'Abbé de la Caille. Il ne faut pour le comprendre à la première lecture, que se rappeller les articles 746, 750 & 751 : aussi ne me paroit-il avoir besoin d'aucune espèce de commentaire. L'article 759 est l'unique qui soit susceptible de quelque remarque. Le Problême qu'il contient, est énoncé en ces termes (Etant donnés deux côtés & un angle opposé à l'un des deux, trouver l'angle opposé à l'autre *pourvu qu'on sçache auparavant s'il est aigu ou obtus*). Cette condition marquée à dessein en lettres italiques, est donc absolument nécessaire pour la résolution du problême. Je n'en apperçois la raison que confusément. c'est pour avoir occasion de recevoir une de vos lettres, que je ne veux pas me donner la peine de l'approfondir. En attendant J'ai l'honneur d'être &c.

RÉPONSE.

Réflexions sur l'article 759. Nécessité de mettre en pratique les régles de la Trigonométrie.

LA question que vous m'avez proposée dans votre derniere lettre, M., ne demande pas une bien longue réponse. Pour comprendre la nécessité de l'avertissement que donne en lettres italiques l'Abbé de la Caille à l'article 759, il suffira de vous rappeller qu'un angle aigu d'un triangle quelconque a le même sinus droit que l'angle obtus qui lui sert de supplément (*num.* 725 de la Trigonométrie); donc il est nécessaire de sçavoir si l'angle qu'on cherche, est obtus ou aigu ; sans cette précaution on s'exposeroit à prendre l'un pour l'autre, & à tomber par conséquent dans une erreur très considérable. L'exemple suivant vous fera toucher la chose au doigt. L'on me donne l'angle C de 30 degrés, le côté AB de 25 pieds, le côté BC de 40, & l'on me demande la valeur de l'angle A du triangle BAC (*fig.* 7 de ce commentaire). Pour résoudre ce problême je me servirai de l'article 746, & je dirai: le logarithme du côté AB est au logarithme du finus de l'angle C, comme le logarithme du côté BC eſt au logarithme de l'angle A, c'eſt-à-dire, 1,3979400. 9,6989700 : 1,6020600 . 9,9030900. Ce dernier logarith. répond dans les tables à un angle de 53 degrés 8 minutes, & à un angle de 126 degrés 52 minutes. Si dans les données de ce probléme, l'on m'a averti qu'on cherchoit un angle aigu; j'aſſure que l'angle A eſt de 53 degrés 8 minutes. Je dis au contraire qu'il vaut 126 degrés 52 minutes, ſi l'on m'a averti que l'on cherchoit un angle obtus. Voilà pourquoi M. l'Abbé de la Caille a exigé que pour réſoudre le probléme de l'article 759, on ſçut auparavant ſi l'angle dont on demandoit la valeur étoit obtus ou aigu. Ce que j'exige maintenant à mon tour, c'eſt que vous ne paſſiez à l'étude des Sections coniques, que lorſque vous aurez réſolu par les principes que nous venons de poſer, un très grand nombre de triangles rectilignes rectangles & obliquangles. Il en eſt de la Trigonométrie comme de l'Arithmétique. L'une & l'autre de ces ſciences demandent pour le moins autant de pratique que de théorie. Je vous prie de regarder cet avis comme une nouvelle marque de l'attachement ſincere avec lequel je ſerai toute ma vie, &c.

LE GUIDE

DES JEUNES

MATHÉMATICIENS

Dans l'étude des Elémens des Mathématiques
de M. l'Abbé DE LA CAILLE.

LIVRE QUATRIEME

Contenant les éclaircissemens des endroits les plus difficiles
du Traité analytique des sections coniques.

INTRODUCTION.

OUT Traité analytique des sections coniques
tient beaucoup plus à la géométrie sublime,
qu'à la géométrie élémentaire ; aussi regarde-
t-on un jeune homme qui a eu assez d'esprit
pour en saisir tous les rapports, comme capable de faire
dans la science des Mathématiques les progrés les plus rapides & les plus surprenants. De tous les Traités qui composent le volume que nous avons entrepris de commen-

ter , je n'en connois aucun que l'on puiſſe raiſonnablement
mettre en parallèle avec celui-ci. Ce n'eſt, je l'avoue ,
qu'à la troiſième ou quatrième lecture qu'on en comprend
toute la beauté ; mais le plaiſir délicat qu'occaſionne la découverte des vérités qu'il contient, dédommage bien abon-
damment le lecteur de la peine qu'il a eue à trouver les opérations dont M. l'Abbé de la Caille n'a donné pour l'ordinaire que le réſultat. C'eſt-là le rude & pénible travail
auquel doivent courageuſement ſe condamner tous ceux
qui veulent étudier plus que ſuperficiellement le Traité
que nous allons éclaircir dans la quatrième partie de ce
Commentaire. Ils doivent, à notre exemple , ſuivre M.
l'Abbé de la Caille pas-à-pas , d'abord dans l'énumération
qu'il a faite des propriétés des ſections coniques conſidérées
par rapport à leurs axes & par rapport à leurs diamètres ;
enſuite dans les théorêmes qu'il propoſe ſur l'hyperbole
rapportée à ſes aſymptôtes ; enfin dans les différens problémes qu'il réſout, dans ceux ſurtout qui regardent le
rayon de courbure & la quadrature des ſections coniques.
Ils auront plus que d'une fois beſoin de s'animer eux-mêmes par ces paroles du Poëte, *labor improbus omnia vincit.*

LETTRE PREMIERE.

Commentaire de l'article 769 du Chapitre premier du Traité des sections coniques. Énumération des remarques neces-saires pour comprendre le Chapitre second du même Traité.

C'Est maintenant, M., que j'aurai plus besoin de vous que jamais. J'ai entrepris l'étude du Traité des sections coniques de l'Abbé de la Caille. Je ne sçais si c'est ma faute, mais je scais bien que je me trouve arrêté presqu'à chaque pas. Je n'ai encore saisi bien clairement que les notions préliminaires qu'il a données sur les courbes considérées en général. Dans ce premier chapitre même, tout facile qu'il est, l'article 769 m'a donné bien de l'embarras. L'Auteur y avance que si, dans la figure indiquée par par cet article, l'on suppose le diamètre Ss ou $a = 10$, & que l'on fasse les abscisses ou les x successivement $= 0$, $1, 2, 3, 4, 5, 6, 7, 8, 9, 10$, l'on aura les ordonnées correspondantes ou les y successivement $= 0, 3$, $4, \sqrt{21}, \sqrt{24}, 5, \sqrt{24}, \sqrt{21}, 4, 3, 0$. J'en ai fait le calcul dans toutes les formes; permettez moi de vous le communiquer.

1. Lorsque $x = 0$, je dis que $y = 0$. En effet $yy = ax - xx$ (*num.* 768). Mais $x = 0$, donc $ax - xx = 0$, donc $yy = 0$, donc $y = 0$; donc au point du cercle où il n'y a pas lieu à une abscisse, il n'y a pas aussi lieu à une ordonnée. Mais au point S il n'y a pas lieu à une abscisse, donc au point S il n'y a pas lieu à une ordonnée.

2. Lorsque $x = 1$, alors $y = 3$. En effet $yy = ax - xx$, donc $yy = 10 - 1$, donc $yy = 9$, donc $y = 3$.

3. Lorsque $x = 2$, alors $y = 4$. En voici la preuve. $yy = ax - xx$, donc $yy = 20 - 4$, donc $yy = 16$, donc $y = 4$.

4. Lorſque $x = 3$, alors $y = \sqrt{21}$; pourquoi? parce que $yy = ax - xx$; donc $yy = 30 - 9$, donc $yy = 21$, donc $y = \sqrt{21}$.

5. Lorſque $x = 4$, alors $y = \sqrt{24}$. Je le démontre. $yy = ax - xx$, donc $yy = 40 - 16$, donc $yy = 24$, donc $y = \sqrt{24}$.

6. Lorſque $x = 5$, alors $y = 5$. En effet $yy = ax - xx$, donc $yy = 50 - 25$, donc $yy = 25$, donc $y = 5$. Ce qui prouve que l'abſciſſe ne peut pas être rayon du cercle, ſans que ſon ordonnée correſpondante le ſoit auſſi.

7. Lorſque $x = 6$, alors $y = \sqrt{24}$. En voici la démonſtration. $yy = ax - xx$, donc $yy = 60 - 36$, donc $yy = 24$, donc $y = \sqrt{24}$. Ce qui prouve que deux ordonnées ſont égales, lorſqu'elles ſont à égale diſtance du centre. La ſuite du calcul confirmera cette importante vérité.

8. Lorſque $x = 7$, alors $y = \sqrt{21}$. En effet $yy = ax - xx$, donc $yy = 70 - 49$, donc $yy = 21$, donc $y = \sqrt{21}$.

9. Lorſque $x = 8$, alors $y = 4$. Je le démontre. $yy = ax - xx$, donc $yy = 80 - 64$, donc $yy = 16$, donc $y = 4$.

10. Lorſque $x = 9$, alors $y = 3$. En effet $yy = ax - xx$; donc $yy = 90 - 81$, donc $yy = 9$, donc $y = 3$.

11. Lorſque $x = 10$, alors $y = 0$. Pourquoi? parce que $yy = ax - xx$, donc $yy = 100 - 100$, donc $yy = 0$, donc $y = 0$, donc au point s il ne peut y avoir aucune ordonnée, & par conſéquent le cercle eſt auſſi bien fermé en s qu'en S.

Ce calcul une fois fait, le premier chapitre du Traité des ſections coniques m'a paru très facile. Il n'en a pas été ainſi du ſecond. Je n'y comprens preſque rien. J'en reprendrai la lecture, lorſque vous m'aurez envoyé vos remarques ſur les articles 786, 787, 788, 807, 810, 814, 817, 818, 819, 821, 822, 825, 828, 830, 832, 833, 834, 835, 837. Arrêtez-vous, je vous en prie, à l'article 840. Il sera avec les dix suivans la matière d'une lettre particuliére. J'ai l'honneur d'être &c.

RÉPONSE.

Contenant le Commentaire des articles 786, 787, 788, 807, 810, 814, 817, 818, 819, 821, 822, 825, 828, 830, 832, 833, 834, 835, 837 du Traité des sections coniques de M. l'Abbé de la Caille.

POur vous faciliter l'intelligence du Traité des sections coniques de l'Abbé de la Caille, je reprens, M., tous les articles que vous m'avez marqués dans votre dernière lettre; c'est là l'unique moyen de présenter d'une maniere claire le commentaire que vous me demandez. Et d'abord vous souhaitez que mes remarques roulent sur les articles 786, 787 & 788, où il s'agit de démontrer que l'éllipse est une courbe rentrante, & que l'hiperbole & la parabole sont des courbes dont les branches s'écartent à l'infini de part & d'autre de l'axe. La démonstration de l'Abbé de la Caille me paroît plus que suffisante pour établir cette vérité d'une maniere incontestable. S'il vous reste cependant là-dessus quelque nuage, je suis assuré que le commentaire que je dois vous donner des articles 821 & 840 sera plus que suffisant pour le dissiper entiérement. J'en viens à l'article 807 où l'on assure que l'angle $b\,M\,f$ des figures indiquées par cet article, est égal à l'angle FMT. En voici la démonstration.

L'angle KMm est égal à l'angle bMf qui lui est opposé au sommet. Mais l'angle KMm est égal à l'angle FMK, ou FMT, puisque (*num.* 805 du traité des sections coniques) l'angle FMm est divisé en deux parties égales par la tangente TM; donc l'angle FMK ou FMT est égal à l'angle bMF.

L'article 810 a besoin de plusieurs éclaircissemens. Il faut d'abord faire voir que puisque $yy = 4cx =$

$\dfrac{2cxx - 2ccx}{a} + \dfrac{ccxx}{aa}$ & puifque $cc = 2ac - bb$, l'on aura

en réduifant $yy = \dfrac{2bbx}{a} - \dfrac{bbxx}{aa}$. En voici le calcul.

$$yy = 4cx - \dfrac{2cxx}{a} - \dfrac{4acx}{a} + \dfrac{2bbx}{a} + \dfrac{2acxx}{aa} - \dfrac{bbxx}{aa}$$

Mais $- \dfrac{4acx}{a} + \dfrac{2acxx}{aa} = - 4cx + \dfrac{2cxx}{a}$, donc $yy =$

$4cx - \dfrac{2cxx}{a} - 4cx + \dfrac{2bbx}{a} + \dfrac{2cxx}{a} - \dfrac{bbxx}{aa}$, donc,

en otant les quantités qui fe détruifent, $yy = \dfrac{2bbx}{a}$

$- \dfrac{bbxx}{aa}$. C'eft-là l'équation qui renferme le rapport entre les fonctions des ordonnées & celles de leurs abfciffes, en comptant les coupées depuis un fommet.

Vous trouverez très facilement que l'équation aux axes de l'hiperbole eft $yy = \dfrac{2bbx}{a} + \dfrac{bbxx}{aa}$, pourvû que vous foyez auparavant bien convaincu que la ligne $f\phi$ de la figure indiquée par l'article 810, eft $= 2a + 2x$, & que $FM = c + x + \dfrac{cx}{a}$. Je dis d'abord que $f\phi = 2a + 2x$. En effet $Ff = 2a + 2c$. $FP = \phi P = x - c$. $F\phi = 2FP = 2x - 2c$. Donc $f\phi = \phi F + Ff = 2x - 2c + 2a + 2c$, donc en otant les quantités qui fe détruifent, l'on aura $f\phi = 2a + 2x$.

Je dis enfuite que $FM = c + x + \dfrac{cx}{a}$. Je le démontre. $FM + fM = 2a + 2c + 2x + \dfrac{2cx}{a}$. Donc (*num* 232 des élémens d'algébre) le plus petit côté FM eft égal à la moitié de la fomme $FM + fM$ — la moitié de la différence $fM - FM$, donc $FM = a + c + x + \dfrac{cx}{a} - a$, donc $FM = c + x + \dfrac{cx}{a}$. Cela fuppofé, vous trouverez fans peine pour équation aux axes de l'hiperbole $yy = \dfrac{2bbx}{a} + \dfrac{bbxx}{aa}$.

Dans

Dans le triangle rectangle F P M, l'on a $PM^2 = FM^2 - PF^2$. Mais $PM = y$, $FM = c + x + \frac{cx}{a}$, $PF = x -$

c; donc $yy = cc + 2cx + xx + \frac{2ccx}{a} + \frac{2cxx}{a} + \frac{ccxx}{aa}$

$- cc + 2cx - xx = 4cx + \frac{2ccx}{a} + \frac{2cxx}{a} + \frac{ccxx}{aa}$.

Mais $cc = bb - 2ac$, donc $yy = 4cx + \frac{2bbx}{a} - \frac{4acx}{a}$

$+ \frac{2cxx}{a} + \frac{bbxx}{aa} - \frac{2acxx}{aa} = 4cx + \frac{2bbx}{a} - 4cx +$

$\frac{2cxx}{a} + \frac{bbxx}{aa} - \frac{2cxx}{a}$, donc; en ôtant les quantités qui se

détruisent, l'on aura $\frac{2bbx}{a} + \frac{bbxx}{aa}$; donc les calculs de

l'éllipse & de l'hyperbole se font tous de même, & leurs résultats ne différent ordinairement que dans les signes.

L'article 814 n'a besoin, pour être entendu, que de cette réflexion. Jusqu'à présent dans une section conique l'on a appellé c la distance du sommet au foyer; donc lorsque l'abscisse x devient $= c$, l'ordonnée y qui lui répond, doit nécessairement passer par le foyer. Mais alors $y = 2c \mp \frac{cc}{a}$, donc l'ordonnée qui passe par le foyer d'une section conique $= 2c \mp \frac{cc}{a}$. Mais le double de cette ordonnée est la valeur du paramétre p, donc la valeur du paramétre d'une ellipse & d'une hyperbole est $4c \mp \frac{2cc}{a}$. La valeur du paramètre d'une parabole $= 4c$, parce que la formule gépérale du paramètre devient, lorsqu'il s'agit de la parabole, $p = 4c \mp \frac{2cc}{\infty}$, donc $p = 4c$ (num. 354 des élémens d'algébre).

Il s'agit de prouver dans l'article 817 que dans l'ellipse & dans l'hyperbole le paramètre $p = \frac{4bb}{2a}$. Je commence par calculer celui de l'ellipse $p = 4c - \frac{2cc}{a}$. Mais $cc =$

$2ac - bb$ (*num.* 810), donc $p = 4c - \dfrac{4ac}{a} + \dfrac{2bb}{a} =$

$4c - 4c + \dfrac{2bb}{a} = \dfrac{2bb}{a} = \dfrac{4bb}{2a}$. Le paramètre de l'hyperbole

$= 4c + \dfrac{2cc}{a}$. Mais $cc = bb - 2ac$ (*num.* 810), donc

$p = 4c + \dfrac{2bb}{a} - \dfrac{4ac}{a} = 4c + \dfrac{2bb}{a} - 4c = \dfrac{2bb}{a} = \dfrac{4bb}{2a}$.

Voici les calculs des articles 818 & 819. $yy = \dfrac{2bbx}{a}$

$\mp \dfrac{bbxx}{aa}$. Mais $bb = \tfrac{1}{2} a p = \dfrac{ap}{2}$, donc $yy = \dfrac{2apx}{2a} \mp$

$\dfrac{apxx}{2aa} = px \mp \dfrac{pxx}{2a}$. Mais dans la parabole $a = \infty$, donc

dans la parabole $yy = px \mp \dfrac{pxx}{2\infty} = px$ (*num.* 354 des

élémens d'algébre).

L'on assure dans l'article 821 que dans la parabole les quarrés des ordonnées sont entre eux comme les abscisses correspondantes. Pour le démontrer, je nomme une ordonnée y & son abscisse x. Je nomme encore une seconde ordonnée Y & son abscisse X. Je nomme enfin p le paramètre de la parabole. $yy = px$ & $YY = pX$ (*num.* 819); donc $yy : YY :: px : pX$. Mais p est une quantité constante, donc $yy : YY :: x : X$; donc dans la parabole les quarrés des ordonnées sont entre eux comme les abscisses correspondantes.

Puisque $yy = px$, il s'ensuit que x croissant, y doit croître, ou p doit diminuer ; mais p qui est une grandeur constante, ne peut pas diminuer ; donc x croissant, y doit croître. Mais dans la parabole l'abscisse peut croître à l'infini, puisque l'axe $= \infty$; donc les ordonnées peuvent croître à l'infini ; donc la parabole ira toujours en augmentant & ne se fermera jamais.

Le calcul de l'article 822 n'est qu'indiqué ; le voici dans toutes les formes. Les triangles fMN, $f m$ F des figures indiquées par cet article, sont semblables ; donc $f m : f$ F $:: $ M m ou FM $:$ FN $:$ donc, en parlant d'abord de l'ellipse, l'on dira, $2a : 2a - 2c :: x + c -$

$$\frac{cx}{a} : \text{FN} ; \text{ donc } \text{FN} = \frac{(2a - 2c) \times (x + c - \frac{cx}{a})}{2a}$$

$$= \frac{2ax + 2ac - 2cc - 4cx}{2a} + \frac{2ccx}{2aa} = x + c - \frac{cc}{a} - \frac{2cx}{a}$$

$+ \frac{ccx}{aa}$. Mais $\text{PN} = \text{FN} - \text{FP}$, & $\text{FP} = x - c$, donc

$$\text{PN} = x + c - \frac{cc}{a} - \frac{2cx}{a} + \frac{ccx}{aa} - x + c = 2c -$$

$\frac{cc}{a} - \frac{2cx}{a} + \frac{ccx}{aa}$. Mais $cc = 2ac - \frac{ap}{2}$ (*num.* 817 & 818)

$$\text{donc } \text{PN} = 2c - \frac{2ac}{a} + \frac{ap}{2a} - \frac{2cx}{a} + \frac{2acx}{aa} - \frac{apx}{2aa} = 2c$$

$$- 2c + \tfrac{1}{2}p - \frac{2cx}{a} + \frac{2cx}{a} - \frac{px}{2a} = \tfrac{1}{2}p - \frac{px}{2a}. \text{ Mais}$$

$$(\textit{num. } 817) \; p = \frac{2bb}{a}, \text{ donc } \text{PN} = \frac{2bb}{2a} - \frac{2bbx}{2aa} = \frac{bb}{a}$$

$- \frac{bbx}{aa}$.

La souperpendiculaire ou la sounormale PN de l'hyperbole se calcule comme celle de l'ellipse, pourvû que
l'on change quelques — en +, & quelques + en — ;
comme il est marqué dans l'article qui vient d'être commenté.

Le calcul de l'article 825 n'est encore qu'indiqué. Il
s'agit de démontrer que $px - \frac{pxx}{2a}$ divisé par $\tfrac{1}{2}p - \frac{px}{2a}$

$= \frac{2ax - xx}{a - x}$. La chose n'est pas facile à un commençant,
Voici comment il faut s'y prendre pour y réussir.

$$px - \frac{pxx}{2a} = \frac{2apx - pxx}{2a}.$$

$$\tfrac{1}{2}p - \frac{px}{2a} = \frac{2ap - 2px}{4a}.$$

$$\frac{2apx - pxx}{2a} \text{ divisé par } \frac{2ap - 2px}{4a} = \frac{8aapx - 4apxx}{4aap - 4apx} =$$

$\frac{8apx - 4pxx}{4ap - 4px}$.

Divisons par $4p$ le numérateur & le dénominateur de

cette dernière fraction, l'on aura $\frac{2ax - xx}{a - x}$; donc dans l'ellipse la foutangente $PT = \frac{2ax - xx}{a - x}$.

Un calcul femblable vous donnera pour l'hyperbole la foutangente $PT = \frac{2ax + xx}{a + x}$. L'équation commune à l'ellipse & à l'hyperbole eft donc $PT = \frac{2ax \mp xx}{a \mp x}$. Cette équation eft maniée dans l'article 827 de la maniere la plus claire. Lifez à la fin de cet article, $2a + x$, au lieu de $2x + x$.

L'article 828 n'a pas befoin d'un grand commentaire. Il s'agit de trouver pour l'ellipse & pour l'hyperbole $ST = \frac{ax}{a \mp x}$. Rien de plus aifé que ce calcul. Dans l'ellipse $ST = PT - PS$; donc $ST = \frac{2ax - xx}{a - x} - x = \frac{2ax - xx - ax + xx}{a - x}$; donc, en ôtant les quantités qui fe détruifent, l'on aura $ST = \frac{ax}{a - x}$. Voilà pour l'ellipse. S'il s'agit de l'hyperbole, l'on dira $ST = PT - PS$; donc $ST = \frac{2ax + xx}{a + x} - x$; donc $ST = \frac{2ax + xx - ax - xx}{a + x} = \frac{ax}{a + x}$.

Par l'article 830 l'on a pour l'ellipse & pour l'hyperbole $CT = \frac{aa}{a \mp x}$. En effet dans l'ellipse l'on a $CT = CP + PT$, donc $CT = a - x + \frac{2ax - xx}{a - x} = \frac{aa - 2ax + xx + 2ax - xx}{a - x}$; donc, en ôtant les quantités qui fe détruifent, l'on aura $CT = \frac{aa}{a - x}$. Dans l'hyperbole au contraire l'on a $CT = CP - PT$, donc $CT = a + x - \frac{2ax - xx}{a + x} = \frac{aa + 2ax + xx - 2ax - xx}{a + x} = \frac{aa}{a + x}$.

Les articles 832 & 833 ne vous couteront rien à comprendre, ſi vous liſez auparavant ce qu'a dit M. l'Abbé de la Caille dans ſes élémens d'Algébre ſur les propriétés de la grandeur conſidérée dans l'infini, *pag. 120 & ſuivantes.*

L'article 834 demande un calcul aſſez long ; faiſons-le d'abord pour l'ellipſe. $NM^2 = PM^2 + PN^2$. Mais $PM^2 = \frac{2bbx}{a} - \frac{bbxx}{aa}$ (*num.* 818) $= \frac{2aabbx - abbxx}{a^3} = \frac{2a^3bbx - aabbxx}{a^4}$. De plus $PN^2 = \frac{aab^4 - 2ab^4x + b^4x^2}{a^4}$, parce que $PN = \frac{bb}{a} - \frac{bbx}{aa}$. (*num.* 822) $= \frac{abb - bbx}{aa}$. Donc $NM^2 = \frac{2a^3bbx - aabbxx + aab^4 - 2ab^4x + b^4x^2}{a^4}$.

Mais $bb = \frac{1}{2} ap = \frac{ap}{2}$ (*num.* 818) ; donc $NM^2 = \frac{2a^4px - a^3pxx}{2a^4} + \frac{a^4pp - 2a^3ppx + aappxx}{4a^4} = \frac{4a^4px - 2a^3pxx + a^4pp - 2a^3ppx + aappxx}{4a^4}$. Diviſons par aa le numérateur & le dénominateur de cette derniere fraction, l'on aura $NM^2 = \frac{4a^2px - 2apxx + a^2p^2 - 2appx + ppxx}{4aa}$.

Le calcul pour l'hyperbole ſe fera de la même manière. On n'a qu'à ſe rappeller que dans cette eſpèce de courbe $PM^2 = \frac{2bbx}{a} + \frac{bbxx}{aa}$ (*num.* 818), & $PN = \frac{bb}{a} + \frac{bbx}{aa}$ (*num.* 822). Auſſi dans l'hyperbole trouvera-t'on $NM^2 = PM^2 + PN^2$. Donc $NM^2 = \frac{2a^3bbx + aabbxx + aab^4 + 2ab^4x + b^4x^2}{a^4}$. Mais dans l'hyperbole $bb = \frac{1}{2} ap = \frac{ap}{2}$ (*num.* 818), donc $NM^2 = \frac{4aapx + 2apxx + aapp + 2appx + ppxx}{4aa}$.

Le réſultat de l'article 835 eſt que dans la parabole $NM^2 = px + \frac{1}{4} pp$. En voici le calcul. $NM^2 = PM^2 + PN^2$. Mais $PM^2 = yy$, & $PN^2 = \frac{1}{4} pp$ (*num.* 823), donc $NM^2 = yy + \frac{1}{4}pp$. Mais dans la parabole $yy = px$ (*num.* 819), donc $NM^2 = px + \frac{1}{4}pp$.

On assure dans l'article 837 que $SN = \dfrac{abb \mp bbx + aax}{aa}$

$= \dfrac{ap \mp px + 2ax}{2a}$. L'on a raison ; en effet $SN = PN +$

$PS = \dfrac{bb}{a} \mp \dfrac{bbx}{aa} + x = \dfrac{abb}{aa} \mp \dfrac{bbx}{aa} + \dfrac{aax}{aa} =$

$\dfrac{abb \mp bbx + aax}{aa}$. Mais $bb = \dfrac{ap}{2}$ (*num.* 818), donc

$\dfrac{abb \mp bbx + aax}{aa} = \dfrac{aap}{2aa} \mp \dfrac{apx}{2aa} + \dfrac{aax}{aa}$ Mais $\dfrac{aax}{aa} = \dfrac{2aax}{2aa}$

donc $\dfrac{abb \mp bbx + aax}{aa} = \dfrac{aap \mp apx + 2aax}{2aa} = \dfrac{ap \mp px + 2ax}{2a}$.

Cette équation convient à l'ellipse & à l'hyperbole. Pour la parabole l'on a $SN = PS + PN$. Mais $PS = x$, & $PN = \frac{1}{2}p$ (*num.* 823), donc dans la parabole $SN = x + \frac{1}{2}p$.

Voilà, M., le commentaire de tous les articles que vous m'avez designés dans votre derniere lettre. Je souhaite qu'il vous rende intelligible un Traité que vous regarderez dans la suite comme un chef d'œuvre. J'ai l'honneur d'être &c.

LETTRE SECONDE.

Commentaire de l'article 840. Difficultés qui se rencontrent dans le calcul de l'article 846 du Traité des sections coniques.

CE qui m'a engagé, M., à garder les 11 derniers articles du chapitre second du Traité des sections coniques pour la matière d'une lettre particulière, c'est que M. l'Abbé de la Caille qui jusqu'à présent avoit compté les abscisses depuis le sommet de l'ellipse & de l'hyperbole, commence à l'article 840 à les compter depuis le centre, c'est-à-dire, que dans les deux figures indiquées par cet article il fait $CP = x$. Ce changement est cause que dans l'ellipse, l'on aura $SP = CS — CP =$

$a - x$, & $s\,\mathrm{P} = \mathrm{C}s + \mathrm{C}\mathrm{P} = a + x$, & que par conséquent le produit des abscisses $\mathrm{SP} \times s\,\mathrm{P}$ sera $aa - xx$. Mais (*num.* 820) dans l'ellipse le quarré de l'ordonnée à l'axe principal : au produit des abscisses correspondantes : : le quarré du second demi axe : au quarré du demi axe principal ; donc $yy : aa - xx :: bb : aa$; donc $aayy = aabb - bbxx$; donc $yy = \dfrac{aabb - bbxx}{aa} = bb - \dfrac{bbxx}{aa}$; & c'est-là l'équation aux axes de l'ellipse, en comptant les coupées depuis le centre. Mais $bb = \dfrac{ap}{2}$ (*num.* 818), donc $bb - \dfrac{bbxx}{aa} = \dfrac{ap}{2} - \dfrac{apxx}{2aa} = \tfrac{1}{2}\,ap - \dfrac{pxx}{2a}$; donc $yy = \tfrac{1}{2}ap - \dfrac{pxx}{2a}$; & c'est-là l'équation au paramètre de l'ellipse, en comptant les coupées depuis le centre.

Dans l'hyperbole l'on aura $\mathrm{S\,P} = \mathrm{C\,P} - \mathrm{C\,S} = x - a$, & $s\,\mathrm{P} = s\,\mathrm{C} + \mathrm{C\,P} = a + x$, donc $\mathrm{SP} \times s\,\mathrm{P} = xx - aa$. Mais (*num.* 820) dans cette courbe le quarré de l'ordonnée : au produit des abscisses correspondantes : : le quarré du second demi axe : au quarré du demi axe principal ; donc $yy : xx - aa :: bb : aa$; donc $aayy = bbxx - aabb$; donc $yy = \dfrac{bbxx - aabb}{aa}$; donc $yy = \dfrac{bbxx}{aa} - bb$; & c'est-là l'équation aux axes de l'hyperbole, en comptant les coupées depuis le centre. Mais $bb = \dfrac{ap}{2}$ (*num.* 818), donc $\dfrac{bbxx}{aa} - bb = \dfrac{apxx}{2aa} - \tfrac{1}{2}\,ap = \dfrac{pxx}{2a} - \tfrac{1}{2}\,ap$; & c'est-là l'équation au paramètre de l'hyperbole, en comptant les coupées depuis le centre. Vous voyez, M., que je suis parfaitement au fait de l'article 840. Je n'ai pas oublié que vous m'avez promis dans votre derniere lettre de me démontrer par les équations de cet article que l'ellipse est une courbe rentrante, & que l'hyperbole est une courbe dont les branches s'écartent à l'infini de part & d'autre de l'axe. j'attends avec impatience cette démonstration. Ajoutez-y, je vous en prie,

I v

.le commentaire de l'article 846. J'ai compris les autres à la première lecture. J'ai l'honneur d'être &c.

RÉPONSE.

Conséquence tirée de l'équation aux axes de l'ellipse & de l'hyperbole, en comptant les abscisses depuis le centre. Calcul de l'article 846.

OUi, M., l'on peut démontrer par l'article 840 que l'ellipse est une courbe rentrante, & que l'hyperbole est une courbe dont les branches s'écartent à l'infini de part & d'autre de l'axe. Commençons par l'ellipse dont l'équation est $aayy = aabb - bbxx$; ou $\frac{aayy}{bb} = aa - xx$. Cela supposé, voici comment je raisonne.

Dans l'ellipse x augmentant, le second membre de l'équation $\frac{aayy}{bb} = aa - xx$ doit diminuer. Ce second membre ne peut pas diminuer, sans que le premier membre $\frac{aayy}{bb}$ ne diminue. Mais dans ce premier membre il n'y a que y qui puisse diminuer, parce que le grand axe $2a$ & le petit axe $2b$ sont des quantités constantes. Donc dans l'ellipse l'abscisse x augmentant, l'ordonnée y doit diminuer. Mais l'abscisse x augmente depuis le centre de l'ellipse où elle a pris son origine, jusques au sommet de l'axe; donc au centre de l'ellipse sont les plus grandes ordonnées au grand axe; donc plus on approche du sommet de l'axe, plus les ordonnées diminuent : donc l'ellipse va toujours en se rétrécissant; donc l'ellipse est une courbe rentrante.

L'hyperbole au contraire va toujours en s'élargissant, & elle ne doit jamais se fermer. La démonstration en est tirée de l'équation $\frac{aayy}{bb} = xx - aa$. En effet dans cette équation x augmentant, le second membre $xx - aa$ doit augmenter. Ce second membre augmentant, le premier membre $\frac{aayy}{bb}$ augmentera nécessairement. Mais dans le premier membre les grandeurs représentées par a & par b sont constantes, donc dans l'hyperbole l'abscisse x augmentant, l'ordonnée y augmentera aussi. Mais x peut augmenter à l'infini, parce que la prolongation du grand axe de l'hyperbole n'a point de terme; donc les ordonnées à l'hyperbole représentées par y vont toujours en augmentant, à mesure qu'elles s'éloignent du sommet de l'axe; donc l'hyperbole va toujours en s'élargissant; donc elle ne doit jamais se fermer. J'espére, M., que vous ne serez pas mécontent de ces deux démonstrations. J'en viens à l'article 846 qui demande un calcul immense. Pour le faire avec facilité, il faut d'abord relire l'article 810, & vous rappeller que depuis que dans l'ellipse indiquée par cet article, l'on a fait $CP = x$, l'on a nécessairement $SP = SC - CP = a - x$, & $sP = sC + CP = a + x$, l'on a encore $FP = SC - CP - SF = a - x - c$, & $fP = sC + CP - sf = a + x - c$. Les autres lignes gardent les mêmes dénominations que dans l'article 810. Il s'agit maintenant de démontrer que depuis qu'on a compté les abscisses depuis le centre, la souperpendiculaire PN qui à l'article 822 avoit été trouvée $\frac{bb}{a} - \frac{bbx}{aa} = \frac{1}{2}p - \frac{px}{2a}$ devient $\frac{bbx}{aa} - \frac{px}{2a}$. Reprenons les équations des articles 810 & 822.

1°. $fM + MF : Ff :: fP - PF : fM - MF$, donc $2a : 2a - 2c :: 2x : 2x - \frac{2cx}{a}$; donc la différence entre fM & $MF = 2x - \frac{2cx}{a}$; donc la moitié de cette différence $= x - \frac{cx}{a}$; donc le plus petit côté $MF = a - x + \frac{cx}{a}$. (num. 232 des élémens d'algébre).

2°. $fm : fF :: FM : FN$; donc $2a : 2a - 2c :: a -

$$x + \frac{cx}{a} : a - x - c + \frac{2cx}{a} - \frac{ccx}{aa} ; \text{ donc } FN = a - x$$
$$- c + \frac{2cx}{a} - \frac{ccx}{aa}.$$

3°. $PN = FN - FP$, donc $PN = a - x - c + \dfrac{2cx}{a}$
$- \dfrac{ccx}{aa} - a + x + c = \dfrac{2cx}{a} - \dfrac{ccx}{aa}$. Mais $cc = 2ac -$
$\frac{1}{2} ap$ ($num.$ 817 & 818); donc $PN = \dfrac{2cx}{a} - \dfrac{2acx}{aa} +$
$\dfrac{apx}{2aa} = \dfrac{2cx}{a} - \dfrac{2cx}{a} + \dfrac{px}{2a}$; donc $PN = \dfrac{px}{2a}$.

4°. $p = \dfrac{2bb}{a}$, ($num.$ 818) donc $\dfrac{px}{2a} = \dfrac{2bbx}{2aa} = \dfrac{bbx}{aa} = PN$.

5°. Dans l'hyperbole la fouperpendiculaire PN a la même valeur que dans l'ellipfe. Pour en faire le calcul, rappellons-nous que, puifque l'on a fait $CP = x$, l'on aura $SP = CP - CS = x - a$; $sP = sC + CP$ $= a + x$; $FP = CP - CS - SF = x - a - c$; $F\phi$ $= 2 FP = 2x - 2a - 2c$; $fP = CP + Cs + sf$ $= x + a + c$; $f\phi = fs + sS + SF + F\phi = c$ $+ 2a + c + 2x - 2a - 2c = 2a + 2c + 2x -$ $2a - 2c = 2x$; donc $f\phi = 2x$. Rappellons-nous maintenant les équations des articles 810 & 822.

$fM - FM : f\phi :: fP - \phi P$, ou $fP - FP :$ $FM + fM$; donc $2a : 2x :: 2a + 2c : 2x + \dfrac{2cx}{a}$;
donc $FM = x + \dfrac{cx}{a} - a$ ($num.$ 232 des élémens d'algébre).

$fm : fF :: FM : FN$, donc $2a : 2a + 2c :: x -$ $a + \dfrac{cx}{a} : x - a - c + \dfrac{2cx}{a} + \dfrac{ccx}{aa}$; donc $FN = x - a$ $- c + \dfrac{2cx}{a} + \dfrac{ccx}{aa}$. Mais $PN = FN - FP$, donc PN $x - a - c + \dfrac{2cx}{a} + \dfrac{ccx}{aa} - x + a + c = \dfrac{2cx}{a} + \dfrac{ccx}{aa}$.

Mais dans l'hyperbole $cc = bb - 2ac$ ($num.$ 810); donc
$PN = \dfrac{2cx}{a} + \dfrac{bbx}{aa} - \dfrac{2acx}{aa} = \dfrac{bbx}{aa}$.

Mais $bb = \frac{ap}{2}$ (*num.* 818) ; donc $\frac{bbx}{aa} = \frac{apx}{2aa} = \frac{px}{2a}$.

6°. En comptant les abfciffes depuis le centre, l'on aura dans l'ellipfe la foutangente $PT = \frac{aa - xx}{x}$. Reprenons l'équation de l'article 825. $PT = \frac{PM^2}{PN}$. Mais $PM^2 = \frac{aabb - bbxx}{aa}$ (*num.* 840) & PN vient d'être démontré $= \frac{bbx}{aa}$; donc $PT = \frac{aabb - bbxx}{aa}$ divifé par $\frac{bbx}{aa}$; donc $PT = \frac{a^4 bb - aabbxx}{aabbx}$; donc en divifant par $aabb$ le numérateur & le dénominateur de cette derniere fraction, l'on aura $\frac{aa - xx}{x}$

7°. Dans l'hyperbole $PT = \frac{xx - aa}{x}$. En effet $PT = \frac{PM^2}{PN}$. Mais $PM^2 = \frac{bbxx - aabb}{aa}$ (840), & PN vient d'être démontré $= \frac{bbx}{aa}$; donc $PT = \frac{bbxx - aabb}{aa}$ divifé par $\frac{bbx}{aa}$; donc $PT = \frac{aabbxx - a^4 bb}{aabbx}$; donc en divifant tout par $aabb$, l'on aura $PT = \frac{xx - aa}{x}$.

8°. En comptant les abfciffes depuis le centre, l'on aura dans l'ellipfe $CT = \frac{aa}{x}$. En effet $CT = PT + CP = \frac{aa - xx}{x} + x = \frac{aa - xx + xx}{x} = \frac{aa}{x}$.

9°. Dans l'hyperbole CT eft encore $= \frac{aa}{x}$. En voici la preuve. $CT = CP - PT = x - \frac{xx + aa}{x} = \frac{xx - xx + aa}{x} = \frac{aa}{x}$.

10. En comptant les abfciffes depuis le centre, l'on aura dans l'ellipfe $ST = \frac{aa - ax}{x}$. En voici le calcul. $ST = PT - PS = \frac{aa - xx}{x} - a + x = \frac{aa - xx - ax + xx}{x} = \frac{aa - ax}{x}$.

11. Dans l'hyperbole l'on trouve $ST = ax - aa$. Le

calcul en eſt facile. $ST = PT - SP = \dfrac{xx - aa}{x} - x +$

$a = \dfrac{xx - aa - xx + ax}{x} = \dfrac{ax - aa}{x}$.

12. En comptant les abſciſſes depuis le centre, l'on aura dans l'ellipſe $SB^2 = \dfrac{a^4bb - 2a^3bbx + 2abbx^3 - bbx^4}{a^4 - 2aaxx + x^4}$.

L'on aura encore $SB^2 = \dfrac{a^5p - 2a^4px + 2aapx^3 - apx^4}{2a^4 - 4aaxx + 2x^4}$. Le calcul en eſt un peu long, mais il n'eſt pas difficile. N'omettons aucune des opérations,

$PT : ST :: PM : SB$ (*num.* 831); donc $\dfrac{aa - xx}{x} : \dfrac{aa - ax}{x}$ $:: PM : SB$; donc, à cauſe du même dénominateur x, $aa - xx : aa - ax :: PM : SB$.

Quatre racines en proportion ont leurs quatre quarrés en proportion, donc $a^4 - 2aaxx + x^4 : a^4 - 2a^3x + a^2x^2 :: PM^2 : SB^2$.

$PM^2 = \dfrac{aabb - bbxx}{aa}$ (*num.* 840); donc $a^4 - 2aaxx + x^4 :$

$a^4 - 2a^3x + a^2x^2 :: \dfrac{aabb - bbxx}{aa} : SB^2$; donc $SB^2 =$

$$\dfrac{\left(a^4 - 2a^3x + a^2x^2 \right) \times \left(\dfrac{aabb - bbxx}{aa} \right)}{a^4 - 2aaxx + x^4} ; \text{ donc } SB^2 =$$

$$\dfrac{\dfrac{a^5bb - 2a^5bbx + a^4bbxx - a^4\,bbxx + 2a^3bbx^3 - a^2b^2x^4}{aa}}{a^4 - 2aaxx + x^4} ; \text{ donc}$$

$SB^2 = \dfrac{a^4bb - 2a^3bbx + 2abbx^3 - bbx^4}{a^4 - 2aaxx + x^4}$. Mais $bb = \dfrac{ap}{2}$ (*num.*

818) donc $SB^2 = \dfrac{a^5p - 2a^4px + 2aapx^3 - apx^4}{2a^4 - 4aaxx + 2x^4}$.

13. Si l'on ſe rappelle que dans l'hyperbole $PM^2 = -\dfrac{aabb + bbxx}{aa}$ (*num.* 840); l'on trouvera pour l'hyperbole $SB^2 = \dfrac{-a^4bb + 2a^3bbx - 2abbx^3 + bbx^4}{a^4 - 2aaxx + x^4}$. Mais $bb = \dfrac{ap}{2}$ (*num.*

818); donc $SB^2 = \dfrac{-a^5p + 2a^4px - 2aapx^3 + apx^4}{2a^4 - 4aaxx + 2x^4}$.

14. En comptant les abſciſſes depuis le centre, l'on aura

dans l'ellipse $NM^2 = \dfrac{a^4 bb - aabbxx + b^4 xx}{a^4}$, je le démontre.

$NM^2 = PM^2 + PN^2$ (*num.* 834). Mais $PM^2 = \dfrac{aabb - bbxx}{aa}$ (*num.* 840) & $PN^2 = \dfrac{b^4 xx}{a^4}$ (*num.* 846); donc

$NM^2 = \dfrac{aabb - bbxx}{aa} + \dfrac{b^4 xx}{a^4}$; donc $NM^2 = \dfrac{a^6 bb - a^4 bbxx + a^2 b^4 xx}{a^6}$. Divisons tout par a^2, l'on aura

$NM^2 = \dfrac{a^4 bb - aabbxx + b^4 xx}{a^4}$. Mais $bb = \dfrac{ap}{2}$ (*num.* 818),

donc $NM^2 = \dfrac{a^5 p - a^3 pxx}{2a^4} + \dfrac{aappxx}{4a^4} = \dfrac{2a^5 p - 2a^3 pxx + aappxx}{4a^4}$

Divisons tout par aa, l'on aura $NM^2 = \dfrac{2a^3 p - 2apxx + ppxx}{4aa}$

15. L'on trouvera pour l'hyperbole $NM^2 = \dfrac{- a^4 bb + a^2 b^2 x^2 + b^4 xx}{a^4} = \dfrac{- 2a^3 p + 2apxx + ppxx}{4aa}$; parce

que dans l'hyperbole l'on a $PM^2 = \dfrac{- aabb + bbxx}{aa}$ (*n.* 840).

16. En comptant les abscisses depuis le centre, l'on aura dans l'ellipse $SN = \dfrac{a^3 - aax + bbx}{aa} = \dfrac{2aa - 2ax + px}{2a}$. Le calcul en est facile. $SN = SP + PN$. Mais $SP = a - x$, comme je vous l'ai fait remarquer au commencement de cette lettre ; & $PN = \dfrac{bbx}{aa}$, (*num.* 846 des sections coniques) donc $SN = a - x + \dfrac{bbx}{aa} = \dfrac{a^3 - aax + bbx}{aa}$. Mais $bb = \dfrac{ap}{2}$ (*num.* 818.), donc $SN = \dfrac{a^3 - aax}{aa} + \dfrac{apx}{2aa} = \dfrac{aa - ax}{a} + \dfrac{px}{2a} = \dfrac{2aa - 2ax + px}{2a}$.

17. Dans l'hyperbole l'on aura $SN = \dfrac{- a^3 + aax + bbx}{aa} = \dfrac{- 2aa + 2ax + px}{2a}$, parce que dans cette courbe, l'on ne peut pas compter les abscisses depuis le centre, sans faire $SP = x - a$ (*num.* 5 de cette lettre).

18. En comptant les abscisses depuis le centre, l'on aura

dans l'ellipse $TM^2 = \dfrac{a^6 - 2a^4 xx + aax^4 + aabbxx - bbx^4}{aaxx}$. L'on

aura encore $TM^2 = \dfrac{2a^5 - 4a^3 xx + 2ax^4 + aapxx - px^4}{2axx}$. Faisons-en le calcul ; il sera moins difficile que long. Commençons par celui de l'ellipse.

$TM^2 = PM^2 + PT^2$ (*num.* 839) ; mais $PM^2 = \dfrac{aabb - bbxx}{aa}$ (*num.* 840), & $PT^2 = \dfrac{a^4 - 2a^2 x^2 + x^4}{xx}$ (*num.* 846) ; donc $TM^2 = \dfrac{aabb - bbxx}{aa} + \dfrac{a^4 - 2aaxx + x^4}{xx}$.

Réduisons ces deux fractions à un même dénominateur, nous aurons $TM^2 = \dfrac{a^6 - 2a^4 xx + aax^4 + aabbxx - bbx^4}{aaxx}$.

Mais $bb = \dfrac{ap}{2}$ (*num.* 818), donc $TM^2 = \dfrac{a^6 - 2a^4 xx + aax^4}{aaxx}$

$+ \dfrac{a^3 pxx - apx^4}{2aaxx} = \dfrac{a^5 - 2a^3 xx + ax^4}{axx} + \dfrac{aapxx - px^4}{2axx}$; donc

$TM^2 = \dfrac{2a^5 - 4a^3 xx + 2ax^4 + aapxx - px^4}{2a\,xx}$.

19. Puisque dans l'hyperbole $PM^2 = \dfrac{- aabb + bbxx}{aa}$;

l'on aura dans cette courbe $TM^2 =$

$\dfrac{a^6 - 2a^4 xx + aax^4 - aabbxx + bbx^4}{aaxx}$. L'on aura encore

$TM^2 = \dfrac{2a^5 - 4a^3 xx + 2ax^4 - aapxx + px^4}{2axx}$. C'est ici, M.; la fin du commentaire de l'article 846 ; ce ne sera pas le dernier de ce Traité qui aura besoin d'une ample explication. Le chapitre suivant, quoique très-court, vous fournira peut-être la matière de plusieurs lettres. l'Auteur y développe les propriétés des sections coniques rapportées à leurs diamètres. Vous me trouverez toujours prêt à commenter les articles qui vous auront paru demander des éclaircissemens. Trop heureux de trouver l'occasion de vous donner des marques de l'attachement sincère avec lequel j'ai l'honneur d'être &c.

LETTRE TROISIEME.

Réflexions sur la démonstration de l'article 857 du Traité des sections coniques. Évidence de cette démonstration, lorsqu'on l'applique à l'ellipse. Difficultés qui se rencontrent, lorsqu'il faut l'appliquer à l'hyperbole.

POur le coup, M., je crois avoir trouvé l'Abbé de la Caille en défaut. La démonstration qu'il donne à l'article 857, me paroît aussi fausse dans l'hyperbole, qu'elle est évidente dans l'ellipse. Entrons en matière, & présentons cette démonstration avec toute l'étendue qu'elle mérite, j'en ferai d'abord l'application à l'ellipse.

Si des extrémités M, N (*fig. 75. pl.* V des élémens des Mathématiques) de deux diamètres quelconques conjugués MO, ND, on méne MP, NQ ordonnées à l'axe principal Ss, le quarré CQ^2 de la coupée comprise entre le centre C & la rencontre d'une des ordonnées, est égal au produit $sP \times SP$ des abscisses de l'autre ordonnée.

DEM. 1°. L'ordonnée PM a pour abscisses correspondantes SP, sP, & l'ordonnée NQ a pour abscisses SQ, sQ.

2°. Les quarrés des ordonnées sont entre-eux comme les produits de leurs abscisses correspondantes (*num.* 820); donc $SP \times sP : SQ \times sQ :: PM^2 : NQ^2$; donc $aa - xx : aa - uu :: PM^2 : NQ^2$.

3°. Les triangles rectangles CQN & TPM sont semblables, à cause de l'angle PTM égal à son alterne QCN (*num.* 433. des élémens de géométrie); donc (*num* 556 des mêmes élémens) l'on dira $PM : NQ :: TP : CQ$; donc $PM^2 : NQ^2 :: TP^2 : CQ^2$; donc $PM^2 : NQ^2 :: \dfrac{a^4 - 2aaxx + x^4}{xx}$

$: uu$, parceque $TP = \dfrac{aa - xx}{x}$ (*num.* 846 des sections coniques). Mais $PM^2 : NQ^2 :: aa - xx : aa - uu$ (*num.*

2 de cette lettre) ; donc $aa - xx : aa - uu : :$
$$\frac{a^4 - 2aaxx + x^4}{xx} : uu.$$

4°. de cette dernière proportion l'on tire l'équation suivante, $aauu - uuxx =$
$$\frac{a^6 - 2a^4xx + aax^4 - a^4uu + 2aauuxx - uux^4}{xx} ; \text{ donc } aauuxx$$
$- uux^4 = a^6 - 2a^4xx + aax^4 - a^4uu + 2aauuxx - uux^4$; donc, en ôtant de part & d'autre $aauuxx - uux^4$, l'on aura $a^6 - 2a^4xx + aax^4 - a^4uu + aauuxx = 0$; donc $a^6 - 2a^4xx + aax^4 = a^4uu - aauuxx$: donc, en divisant tout par aa, l'on aura $a^4 - 2aaxx + x^4 = aauu - uuxx$; donc, en divisant tout par $aa - xx$, l'on aura $\frac{a^4 - 2aaxx + x^4}{aa - xx} = uu.$

5°. $\frac{a^4 - 2aaxx + x^4}{aa - xx} = aa - xx$; donc $uu = aa - xx.$

6°. $uu = CQ^2$, & $aa - xx = SP \times sP$; donc $CQ^2 = SP \times sP$. Je vous le répéte, M., cette démonstration est évidente dans l'ellipse, mais il ne m'a jamais été possible de l'appliquer à l'hyperbole, ou plutôt, elle me paroit très-fausse, lorsqu'on veut l'appliquer à cette dernière courbe. Jettez, je vous en prie, les yeux sur la figure 74 de la planche cinquième des élémens des Mathématiques ; suivez M. l'Abbé de la Caille dans sa marche, & vous verrez s'il ne part pas d'un faux principe.

Dans l'hyperbole, *dit-il*, $sP \times PS : CS^2 + CQ^2 : : PM^2 : NQ^2$, c'est-à-dire, le produit des abscisses sP & PS qui correspondent à l'ordonnée PM : au quarré de la moitié du grand axe $Ss +$ au quarré de la coupée $CQ : :$ le quarré de l'ordonnée PM : au quarré de l'ordonnée NQ. Ce n'est pas-là la proportion qui convient à l'hyperbole. M. l'Abbé de la Caille à démontré à l'article 820, que dans cette courbe le produit des abscisses qui correspondent à l'ordonnée PM : au produit des abscisses qui correspondent à l'ordonnée $NQ : : PM^2 : NQ^2$. Pour avoir droit de faire la

proportion

proportion qui lui fert de principe, il faudroit qu'il eût démontré auparavant que $CS^2 + CQ^2$ eft égal au produit des abfciffes qui correfpondent à l'ordonnée NQ. J'en ai cherché par tout la preuve, & je ne l'ai trouvée nulle part. Si vous me la donnez j'avouerai que la démonftration de l'article 857 eft appliquable à l'hyperbole. Mais jufqu'a-lors vous me permettrez bien de la regarder comme fauffe dans cette efpèce de courbe. J'attends avec impatience votre réponfe, & je vous prie de me croire &c.

RÉPONSE.

Démonftration de l'article 857 appliquée à l'hyperbole. Réflexions fur les trois corollaires tirés de cette démonftration.

J'Avoue, M., qu'il eft difficile d'appliquer à l'hyperbole la démonftration de l'article 857 ; je vous avouerai même, fi vous voulez, que M. l'Abbé de la Caille n'eft jamais moins à la portée de fes lecteurs que dans l'article que je viens de vous citer. Mais je me garderai bien de convenir que fa démonftration foit fondée fur un faux principe. Oüi, M., il eft fur que dans l'hyperbole $PM^2 : NQ^2 :: sP \times SP : CS^2 + CQ^2$. Pour vous en convaincre, je vous prie de jetter d'abord les yeux fur la figure 77 de la planche V des éléments des Mathématiques, & de faire enfuite avec moi les réflexions fuivantes.

1°. l'équation aux axes de l'hyperbole eft (*num.* 840) $yy = -bb + \frac{bbxx}{aa}$, & cette équation (*num.* 844) fe décompofe en cette proportion $xx : yy + bb :: aa : bb$.

2°. $xx = PC^2 = HM^2$; donc xx repréfente le quarré de l'ordonnée au petit axe Ll.

3°. $yy = PM^2 = CH^2$, & $bb = CL^2$; donc $yy + bb = CH^2 + CL^2$. Mais CH^2 répréfente le quarré de l'abfciffe du petit axe Ll correfpondante à l'ordonnée HM, &

CL² eſt le quarré de la moitié de ce même petit axe, donc $yy + bb$ donne une ſomme compoſée du quarré de l'abſ-ciſſe du petit axe, & du quarré de la moitié de ce même petit axe.

4°. aa eſt le quarré de la moitié de l'axe principal Ss; donc ſi l'on peut dire dans l'hyperbole $xx : yy + bb :: aa : bb$, l'on pourra aſſurer que dans cette courbe le quarré d'une ordonnée quelconque au petit axe : au quarré de ſon abſciſſe correſpondante priſe du centre + au quarré du demi petit axe :: le quarré du demi grand axe : au quarré du demi petit axe.

5°. L'hyperbole Nln (*fig.* 74, *pl.* V des élémens des Mathématiques) eſt conjuguée à l'hyperbole MSm (*num.* 848); donc les équations qui conviennent à celle-ci conviennent à celle-là (*num.* 849).

6°. L'hyperbole Nln a pour axe principal Ll, & Ss pour petit axe, ou pour axe conjugué de Ll.

7°. QN eſt ordonnée au petit axe Ss, & QC eſt l'abſciſſe correſpondante priſe du centre; donc (*num.* 4 & 5 de cette lettre) l'on aura la proportion ſuivante, le quarré d'une ordonnée quelconque au petit axe Ss : au quarré de ſon abſciſſe correſpondante priſe du centre + au quarré du demi petit axe Ss :: le quarré du demi grand axe Ll : au quarré du demi petit axe Ss; donc $QN^2 : QC^2 + CS^2 :: CL^2 : CS^2$. Mais $CL^2 : CS^2 :: PM^2 : SP \times sP$ (*num.* 820); donc $QN^2 : QC^2 + CS^2 :: PM^2 : SP \times sP$; donc, *alternando*, $QN^2 : PM^2 :: QC^2 + CS^2 : SP \times sP$; donc, *convertendo*, $PM^2 : QN^2 :: SP \times sP : QC^2 + CS^2$; donc M. l'Abbé de la Caille n'eſt pas parti d'un faux principe, en appliquant à l'hyperbole la démonſtration de l'article 857.

8°. Dans l'hyperbole $SP \times sP = - aa + xx$, & $QC^2 + CS^2 = uu + aa$; donc $- aa + xx : uu + aa :: PM^2 : QN^2$.

9°. Les deux triangles rectangles TPM, CNQ ſont ſemblables, parce que l'angle aigu MTP eſt égal à l'angle aigu QCN. En effet l'angle MTP eſt égal à l'angle CTg qui lui est opposé au sommet. Mais l'angle CTg est égal à l'angle QCN, à cause des parallèles Mg, CN (*num.* 432 des élémens de géométrie); donc l'angle MTP est égal à l'angle QCN; donc (*num.* 556 des mêmes élémens) l'on dira PM : NQ :: TP : CQ ; donc PM^2 : NQ^2 :: TP^2 : CQ^2 ;

donc PM^2 : NQ^2 :: $\dfrac{a^4 - 2aaxx + x^4}{xx}$: uu , parce que dans

l'hyperbole TP $= \dfrac{-aa + xx}{x}$. (*num.* 846 du traité des

sections coniques).

10. PM^2 : NQ^2 :: $-aa + xx$: $uu + aa$ (*num.* 8 de cette lettre). Item PM^2 : NQ^2 :: $\dfrac{a^4 - 2aaxx + x^4}{xx}$: uu (*num.* 9 de cette lettre) ; donc $-aa + xx$: $uu + aa$ ::

$\dfrac{a^4 - 2aaxx + x^4}{xx}$: uu. Cette équation se calcule en la manière suivante.

$$-aauu + uuxx = \frac{a^6 - 2a^4xx + aax^4 + a^4uu - 2aauuxx + uux^4}{xx}$$

$$-aauuxx + uux^4 = a^6 - 2a^4xx + aax^4 + a^4uu - 2aauuxx + uux^4.$$

$$a^6 - 2a^4xx + aax^4 + a^4uu - aauuxx = 0.$$

$$a^6 - 2a^4xx + aax^4 = -a^4uu + aauuxx.$$

$$a^4 - 2aaxx + x^4 = -aauu + uuxx.$$

$$\frac{a^4 - 2aaxx + x^4}{-aa + xx} = uu.$$

$$-aa + xx = uu ; \text{ donc } SP \times sP = CQ^2.$$

Il n'est pas nécessaire , M., de vous envoyer aucune remarque sur ce calcul ; celui que vous avez fait pour l'ellipse dans la dernière lettre que vous m'avez fait l'honneur de m'écrire , ne diffère de celui-ci que dans les signes ; la marche en est exactement la même. Il est donc vrai pour l'ellipse , comme pour l'hyperbole que si des extrêmités M , N de deux diamètres conjugués , on méne MP , NQ ordonnées à l'axe principal Ss , le quarré CQ^2 de la coupée comprise entre le centre C , & la rencontre d'une des ordonnées est égal au produit $sP \times PS$ des abscisses de l'autre ordonnée. De ce théoréme M. l'Abbé de la

K ij

la Caille tire trois corollaires qui me paroiſſent avoir beſoin de quelques éclaircifſemens.

Corollaire. 1. Dans l'ellipſe on a $CP^2 = sQ \times SQ$. En
effet $uu = aa - xx$ (*num.* 5 de la lettre *3*); donc $xx =$
$aa - uu$. Mais $CP^2 = xx$, parce que $CP = x$, & $sQ \times$
$SQ = aa - uu$, parce que $CQ = u$, donc $CP^2 = sQ \times$
SQ.

Dans l'hyperbole $CP^2 = CS^2 + CQ^2$. En effet $uu =$
$- aa + xx$ (*num.* 10 de cette lettre); donc $xx = aa +$
uu. Mais $CP^2 = xx$, parce que $CP = x$, & $CS^2 + CQ^2$
$= aa + uu$, parce que $CS = a$, & $CQ = u$; donc
$CP^2 = CS^2 + CQ^2$.

Corollaire 2. L'analogie qui ſe trouve au commence-
mènt de ce corollaire, eſt fondée ſur l'article 820. En effet ſi dans l'ellipſe le quarré d'une ordonnée quelconque :
au produit de ſes abſciſſes correſpondantes : : le quarré du
demi petit axe : au quarré du demi grand axe ; donc le
quarré du demi grand axe : au quarré du demi petit axe : :
le produit des abſciſſes : au quarré de l'ordonnée correſpondante ; donc $aa : bb : : sQ \times SQ : NQ^2$.

Corollaire 3. L'analogie qui ſe trouve au commencement
de ce corollaire, eſt encore fondée ſur l'article 820. En
effet dans l'hyperbole $aa : bb : : sP \times SP : PM^2$. Mais (*num.*
857) $sP \times SP : PM^2 : : CS^2 + CQ^2 : NQ^2$, donc $aa : bb : :$
$CS^2 + CQ^2 : NQ^2$.

Je crois, M., qu'avec ces éclaircifſemens vous continue-
rez ſans peine la lecture du chapitre où l'Abbé de la Caille examine les propriétés des ſections coniques rapportées à
leurs diamètres. J'ai l'honneur d'être &c.

LETTRE QUATRIEME.

Obscurité des articles 861, 862, 863 & 864 du Traité des Sections coniques.

VOus serez aujourd'hui bien mécontent de moi, M. ; vous avez cru dans votre dernière lettre m'avoir mis en état de comprendre les articles 861 , 862, 863 & 864 du chapitre où M. l'Abbé de la Caille traite des propriétés des sections coniques rapportées à leurs diamètres ; vous vous êtes bien trompé, je n'en ai compris aucun. Faites moi donc le plaisir de m'en envoyer le commentaire le plus détaillé, & de me dire en particulier comment il faut s'y prendre pour tirer $rr = aa - xx + tt - \frac{aatt}{xx}$ de l'équation $\frac{2rtyy \pm aayy \mp rryy \mp ttyy}{\pm aa \mp xx} = \frac{rrxxyy}{(\pm aa \mp xx)^2} + \frac{2rtyy}{\pm aa \mp xx} + \frac{ttyy}{xx}$. Il me paroît que ce n'est pas-là l'ouvrage d'un commençant. J'ai l'honneur d'être &c.

RÉPONSE.

Commentaire des articles 862 & 863. Remarques sur les deux corollaires tirés de ces deux articles.

LEs articles dont vous me parlez dans votre dernière lettre, contiennent en effet bien des difficultés, M ; mais le premier est sans contredit le plus difficile de tous. Le théorême qu'il présente est conçu en ces termes.

Le quarré d'une droite IH tirée en dedans d'une section conique & ordonnée à un diamètre MO quelconque, est au produit MH × HO de ses abscisses , comme CN^2 le quarré du demi diamètre conjugué, est au quarré CM^2 du demi diamètre auquel IH est ordonnée. Ou $IH^2 : MH \times HO :: CN^2 : CM^2$. (*fig.* 75 & 74 de la *pl.* V. des élémens des Mathématiques). Pour mettre la démonstration de ce théoréme à la portée de tout le monde, je vais d'abord l'appliquer à l'ellipse.

Dem. 1°. Ayant mené IG ordonnée à l'axe Ss ou $2a$; & par H les perpendiculaires HR, HK ; faisant GK ou HR $= r$, CK $= t$, CM $= d$, on a SG $= r + a - t$, & sG $= a - r + t$. En effet SG $+ s$G $=$ Ss $= 2a$. Mais $r + a - t + a - r + t = 2a$; donc SG $= r + a - t$, & sG $= a - r + t$.

2°. Les deux triangles CPM, CHK sont semblables à cause de l'angle commun C & des parallèles KH, PM ; donc CP (x) : CM (d) :: CK (t) : CH $= \dfrac{dt}{x}$; donc

$$MH = CM - CH = d - \frac{dt}{x} ; \text{donc} OH = OC + CH$$

$$= d + \frac{dt}{x} ; \text{donc} MH \times OH = dd - \frac{ddtt}{xx}.$$ On a encore

$$CP (x) : PM (y) :: CK (t) : KH \text{ ou } RG = \frac{ty}{x}.$$

3°. Les triangles TPM, HIR sont semblables, parce que les côtés homologues de ces deux triangles étant parallèles entre eux, c'est-à-dire, parce que PT étant parallèle à RH, PM à RI, & TM à HI, il est impossible qu'ils n'aient pas leurs angles homologues égaux ; donc TP : PM :: HR : RI ; donc (*num.* 846 du Traité des sections coniques)
$$\frac{aa - xx}{x} : y :: r : RI ; \text{donc} RI = \frac{rxy}{aa - xx}.$$

4°. $IG^2 = RI^2 + GR^2 + (GR \times RI) + (RI \times GR)$; donc $$IG^2 = \frac{rrxxyy}{(aa - xx)^2} + \frac{ttyy}{xx} + \frac{2rtyy}{aa - rr}$$

Ce calcul est très-exact ; il a lieu dans l'arithmétique ordinaire. Par là même que $10 = 4 + 6$, l'on dira, le quarré de 10 est égal au quarré de 4 + au quarré de 6 + au produit de 4 par 6, + au produit de 6 par 4. En effet $100 = 16 + 36 + 24 + 24$.

5°. Les produits des abscisses sont entre-eux comme les

quarrés des ordonnées correspondantes (*num.* 820 du traité des sections coniques) ; donc $sP \times SP : sG \times SG :: PM^2 : IG^2$; donc $aa - xx : 2rt + aa - rr - tt :: yy : IG^2$; donc

$$IG^2 = \frac{2rtyy + aayy - rryy - ttyy}{aa - xx}.$$

Mais $IG^2 =$ (*num.* précédent)

$$\frac{rrxxyy}{(aa - xx)^2} + \frac{2rtyy}{aa - xx} + \frac{ttyy}{xx} ;$$

donc en comparant ces deux valeurs de IG^2, l'on formera l'équation

$$\frac{2rtyy + aayy - rryy - ttyy}{aa - xx} = \frac{rrxxyy}{(aa - xx)^2} + \frac{2rtyy}{aa - xx} + \frac{ttyy}{xx}.$$

6°. Otons de part & d'autre $\dfrac{2rtyy}{aa - xx}$, l'on aura

$$\frac{aayy - rryy - ttyy}{aa - xx} = \frac{rrxxyy}{(aa - xx)^2} + \frac{ttyy}{xx}.$$

7°. Divisons tout par yy, nous aurons

$$\frac{aa - rr - tt}{aa - xx} = \frac{rrxx}{(aa - xx)^2} + \frac{tt}{xx}.$$

8°. Multiplions par $aa - xx$ les deux membres de cette équation, le produit sera $aa - rr - tt = \dfrac{rrxx}{aa - xx} + \dfrac{aatt}{xx} - \dfrac{ttxx}{xx}$; donc $aa - rr - tt = \dfrac{rrxx}{aa - xx} + \dfrac{aatt}{xx} - tt$, parce que $- tt = - \dfrac{ttxx}{xx}$.

9°. Otons $- tt$ de part & d'autre, il nous restera $aa - rr = \dfrac{rrxx}{aa - xx} + \dfrac{aatt}{xx}$; donc $aa - \dfrac{aatt}{xx} = \dfrac{rrxx}{aa - xx} + rr$; donc $aaxx - aatt = \dfrac{rrx^4}{aa - xx} + rrxx$.

10. Multiplions par $aa - xx$ les deux membres de cette dernière équation, nous aurons pour produit $a^4 xx - a^4 tt - aax^4 + aattxx = rrx^4 + aarrxx - rrx^4$; donc $a^4 xx - a^4 tt - aax^4 + aattxx = aarrxx$; donc en divisant tout par aa, l'on aura $aaxx - aatt - x^4 + ttxx = rrxx$; donc en divisant tout par xx, l'on aura $aa - \dfrac{aatt}{xx} - xx + tt = rr$; & voilà, M., la valeur de rr que vous m'avez demandée à la fin de votre lettre. K iv

11. $dd - \frac{dd\,tt}{xx} : dd :: aa - xx + tt - \frac{aa\,tt}{xx} : aa - xx$. Pour prouver la bonté de cette proportion, je multiplie d'un côté les moyennes & de l'autre côté les extrêmes, & j'ai pour produit des moyennes $aadd - ddxx + ddtt - \frac{aaddtt}{xx}$, & pour produit des extrêmes $aadd - \frac{aaddtt}{xx} - ddxx + \frac{ddttxx}{xx}$ ou $+ ddtt$. Mais ces deux produits sont égaux, donc $dd - \frac{dd\,tt}{xx} : dd :: aa - xx + tt - \frac{aa\,tt}{xx} : aa - xx$.

12. $MH \times HO = dd - \frac{dd\,tt}{xx}$ (*num.* 2. de cette lettre). $CM^2 = dd$ (*num.* 2). $HR^2 = rr = aa - xx + tt - \frac{aa\,tt}{xx}$ (*num.* 10). $CQ^2 = aa - xx$ (*num.* 857 du Traité des sections coniques) ; donc $MH \times HO : CM^2 :: HR^2 : CQ^2$.

13°. Les triangles HIR, CNQ sont semblables, par la raison que je vous ai apportée (*num.* 3 de cette lettre); donc $IH : CN :: HR : CQ$; donc $IH^2 : CN^2 :: HR^2 : CQ^2$. Mais (*num.* précédent) $HR^2 : CQ^2 :: MH \times HO : CM^2$; donc $MH \times HO : CM^2 :: IH^2 : CN^2$; donc $MH \times HO : IH^2 :: CM^2 : CN^2$; donc $IH^2 : MH \times HO :: CN^2 : CM^2$; & voilà la démonstration de l'article 861 appliquée à l'ellipse. Pour l'appliquer à l'hyperbole jettez les yeux sur la figure 74 de la planche V des élémens des mathématiques de l'Abbé de la Caille.

14. Dans cette figure l'on fait encore GK ou $HR = r$, $CK = t$, $CM = d$; & l'on a $SG = GK + CK - CS = r + t - a$, & $sG = GK + CK + Cs = r + t + a$.

15. A cause des deux triangles semblables CPM, CKH, l'on dira $CP\ (x) : CM\ (d) :: CK\ (t) : CH = \frac{dt}{x}$, comme dans l'ellipse ; donc $MH = CH - CM = \frac{dt}{x} - d$; donc $OH = OC + CH = d + \frac{dt}{x}$; donc $MH \times OH =$

$\frac{ddtt}{xx}$ — dd. L'on a encore CP (x) : PM (y) : : CK (t) :

KH ou RG = $\frac{ty}{x}$, comme dans l'ellipse.

16. Les deux triangles TPM, HIR font femblables, à cause des raifons que j'ai apportées dans cette lettre *num.* 3 ; donc TP : PM : : HR : RI ; donc (*num.* 846 du Traité des fections coniques) $\frac{-aa+xx}{x}$: y : : r : RI ; donc RI = $\frac{rxy}{-aa+xx}$.

17. IG^2 = RI^2 + RG^2 + (RG × RI) + (RI × RG), (*num.* 4 de cette lettre) ; donc IG^2 = $\frac{rrxxyy}{(-aa+xx)^2}$ + $\frac{tt\,yy}{xx}$ + $\frac{2\,r\,tyy}{-aa+xx}$.

18. SP × sP ; SG × sG : : PM^2 : IG^2 (*num.* 820 du Traité des fections coniques). Mais SP × sP = — $aa + xx$ (*num.* 840 du même Traité) , & SG × sG = $2\,r\,t$ — aa + rr + tt (*num.* 14 de cette lettre) ; donc — $aa + xx$: $2\,rt$ — aa + rr + tt : : yy : IG^2 ; donc IG^2 = $\frac{2rtyy - aayy + rryy + ttyy}{-aa+xx}$.

19. Des deux valeurs de IG^2 que nous venons de trouver , formons une équation ; & opérons fur cette équation , comme aux *num.* 6, 7, 8, & 10 de cette lettre ; nous trouverons $rr = aa - \frac{aatt}{xx} - xx + tt$ comme dans l'ellipse.

20. $\frac{dd\,tt}{xx}$ — dd : dd : : aa — xx + tt — $\frac{aatt}{xx}$: — $aa + xx$, parce que le produit des extrêmes eft égal au produit des moyennes. Mais $\frac{ddtt}{xx}$ — dd = MH × OH (*num.* 15 de cette lettre) ; dd = CM^2 (*num.* 14) ; aa — xx + tt — $\frac{aatt}{xx}$ = rr (*num.* 19) = HR^2 (*num.* 14) ; enfin — $aa + xx$ = CQ^2 (*num.* 857 du Traité des fections coniques) ; donc MH × OH : CM^2 : : HR^2 : CQ^2.

21. Les triangles HIR, CNQ sont semblables (*num.* 3. de cette lettre); donc IH : CN :: HR : C Q ; donc IH² : CN² :: HR² : CQ². Mais (*num.* précédent) HR² : CQ² :: MH × OH : CM² ; donc MH × OH : CM² :: IH² : CN² ; donc MH × OH : IH² :: CM² : CN² ; donc IH² : MH × OH :: CN² : CM² ; donc dans l'hyperbole, comme dans l'ellipse, le quarré d'une droite IH tirée en dedans de la section conique & ordonnée à un diamètre MO quelconque, est au produit MH × OH de ses abscisses, comme CN² le quarré du demi diamètre conjugué, est au quarré CM² du demi diamètre auquel IH est ordonnée.

22 Le corollaire que M. l'Abbé de la Caille a tiré de ce théoréme, ne contient rien de difficile ; vous le comprendrez à la première lecture, M. , pourvû que vous vous rappelliez que dans la parabole indiquée par l'article 862 MF = Mm. En effet la tangente MT est perpendiculaire à mF, & elle la divise en deux parties égales au point K (*num.* 808 du Traité des sections coniques) ; donc les deux triangles mKM, MKF, ont deux côtés égaux, & l'angle compris par ces côtés égal ; donc ils sont égaux entre eux ; donc MF = Mm ; donc si le paramètre du diamètre M*f* est quadruple de M*m*, il sera aussi quadruple de MF. Mais MF représente la distance de l'origine du diamètre M*f* au foyer de la parabole ; donc dans la parabole le paramètre d'un diamètre quelconque est toujours le quadruple de la distance de l'origine de ce diamètre au foyer.

23. L'article 863 présente un théoréme qui me paroit avoir besoin de commentaire. Il est conçu en ces termes : si de l'extrêmité M d'un diamètre quelconque CM (*fig.* 79 & 80) on abaisse sur son conjugué la perpendiculaire MR, on a cette proportion MR : CL :: CS : CD. Ne démontrons d'abord cette proposition que dans l'ellipse représentée par la figure 80 de la planche V des élémens des Mathématiques.

24. *Dem.* CD² + CM² = *bb* + *aa*. En effet CM² + CN² = *bb* + *aa* (*num.* 859 du Traité des sections coniques).

Mais $CN^2 = CD^2$, donc $CD^2 + CM^2 = bb + aa$; donc $CD^2 = bb + aa - CM^2$. Mais $CM^2 = xx + bb -$

$$\frac{bbxx}{aa} = \frac{aaxx + aabb - bbxx}{aa} \ (num.\ 859)\ ;\ \text{donc}\ CD^2 = bb$$

$$+ aa - \frac{aaxx - aabb + bbxx}{aa} = \frac{aabb + a^4 - aaxx - aabb + bbxx}{aa} ;$$

donc $CD^2 = \dfrac{a^4 - aaxx + bbxx}{aa}$.

25. Du centre C ayant abbaiſſé ſur la tangente la perpendiculaire CI, & continué CL juſqu'à ſa rencontre en X, l'on trouvera que les triangles rectangles CIX, MNP ſont ſemblables, à cauſe des parallèles NM & CI, PM & CX ; donc CI ou MR : CX :: MP ou CV : NM ; donc $MR \times NM = CX \times CV$. Mais (*num.* 830 & 847 du Traité des ſections coniques) $CX \times CV = CL^2$; donc MR : C L :: C L : NM ; donc $NM^2 : CL^2 :: CL^2 :$ MR^2. Mais $NM^2 = \dfrac{a^4 bb - aabbxx + b^4 xx}{a^4}$ (*num.* 846 du Traité des ſections coniques), & $CL^2 = bb$; donc

$$\frac{a^4 bb - aabbxx + b^4 xx}{a^4} : bb :: bb : MR^2 \ ;\ \text{donc}\ MR^2 = b^4$$

diviſé par $\dfrac{a^4 bb - aabbxx + b^4 xx}{a^4}$; donc $MR^2 =$

$$\frac{a^4 b^4}{a^4 bb - aabbxx + b^4 xx} \ ;\ \text{donc en diviſant tout par}\ bb,$$

$$MR^2 = \frac{a^4 bb}{a^4 - aax\,x + bbxx}.$$

26. $CD^2 = \dfrac{a^4 - aaxx + bbxx}{aa}$ (*num.* 24 de cette lettre) ;

$$MR^2 = \frac{a^4 bb}{a^4 - aaxx + bb\,xx}\ (\ num.\ \text{précédent}\ )\ ;\ \text{donc}$$

$$MR^2 \times CD^2 = \frac{a^4 - aaxx + bbxx}{aa} \times \frac{a^4 bb}{a^4 - aaxx + bbxx} ; \text{donc}$$

$$MR^2 \times CD^2 = \frac{a^8 bb - a^6 bbxx + a^4 b^4 xx}{a^6 - a^4 xx + aabbxx} = aabb - aabb +$$

$aabb$; donc $MR^2 \times CD^2 = aabb$.

27. $CS^2 \times CL^2 = aabb$, parce que $CS = a$, & $CL = b$; donc $MR^2 \times CD^2 = CS^2 \times CL^2$; donc $MR^2 : CL^2 ::$ $CS^2 : CD^2$; donc MR : CL :: CS : CD ; donc ſi de l'ex-

trêmité M d'un diamètre quelconque CM, on abbaiſſe ſur ſon conjugué la perpendiculaire MR, l'on aura cette proportion MR : CL :: CS : CD.

28. L'on fera le même calcul pour l'hyperbole repréſentée par la figure 79 de la planche V des élémens des Mathématiques, pourvû que l'on ſe rappelle que dans cette courbe $CD^2 = \dfrac{bbxx + aaxx - a^4}{aa}$; & que $NM^2 = \dfrac{b^4 xx - a^4 bb + aabbxx}{a^4}$.

29. Le corollaire que M. l'Abbé de la Caille tire du théoréme que je viens de vous démontrer, n'a beſoin d'aucune explication. Je crois auſſi que vous ſuivrez aſſez facilement cet Auteur dans l'énumération qu'il va vous faire des propriétés de l'hyperbole rapportée à ſes aſymptotes ; il me paroit beaucoup moins ſerré que dans le chapitre que je viens de commenter. En tout cas je ſerai toujours plus enchanté de vous donner des preuves de l'attachement ſincère avec lequel j'ai l'honneur d'être &c.

LETTRE CINQUIEME.

Réflexions ſur les articles 865, 866, 867, 868, 869, 870, 873, 877, & 878 du chapitre où l'on fait l'énumération des propriétés de l'hyperbole rapportée à ſes aſymptotes.

VOus avez raiſon, M.; l'on peut après un examen réfléchi être parfaitement au fait des propriétés de l'hyperbole rapportée à ſes aſymptotes. Je ne ſçais ſi je me flatte ; mais il me paroit que j'ai ſuivi M. l'Abbé de la Caille dans l'énumération qu'il en a faite. Vous en jugerez par les remarques que je vous envoye ; elles pourront ſervir de commentaire aux 15 articles que notre Auteur a conſacrés à cette matiere. Jettez d'abord les yeux, je vous en prie, fur la figure 74 de la planche V des élémens des Mathématiques.

1°. M. l'Abbé de la Caille affure (*num.* 865) que l'angle des afymptotes β CB doit être aigu, droit ou obtus, fuivant que le premier demi-axe CS eft plus grand, égal ou plus petit que fon conjugué C*l*. En effet fi dans le triangle CSB, rectangle en S, l'on fuppofe CS plus grand que C*l*, l'on aura CS plus grand que SB : fi CS eft plus grand que SB, l'angle CBS fera plus grand que l'angle BCS; donc l'angle BCS n'aura pas 45 degrés; mais l'angle B CS eft la moitié de l'angle βCB ; donc l'angle β CB n'aura pas 90 degrés ; donc l'angle des afymptotes fera aigu, lorfque le premier demi axe CS fera plus grand que fon conjugué C*l*.

Si le premier demi axe CS eft égal à fon conjugué C*l*, l'angle des afymptotes β C B fera droit, en voici la démonftration. Si dans le triangle CSB, rectangle en S, l'on fuppofe CS $=$ C*l*, l'on aura CS $=$ SB : fi CS $=$ SB, le triangle CSB, rectangle en S, fera ifofcèle ; donc fes deux angles fur la bafe CB feront de 45 degrés chacun : fi l'angle BCS eft de 45 degrés, l'angle βCB dont il eft fousdouble, aura 90 degrés ; donc l'angle des afymptotes fera droit, lorfque le premier demi axe CS fera égal à fon conjugué C*l*.

Enfin fi le premier demi axe CS eft plus petit que fon conjugué C*l*, l'angle des afymptotes β C B fera obtus. Je le démontre. Si dans le triangle CSB, rectangle en S, l'on fuppofe CS plus petit que C*l*, l'on aura CS plus petit que SB, donc l'angle BCS fera plus grand que l'angle CBS; donc l'angle BCS vaudra plus de 45 degrés; donc l'angle βCB, double de l'angle BCS, en vaudra plus de 90 ; donc l'angle βCB fera obtus ; donc l'angle des afymptotes fera obtus, lorfque le premier demi axe CS fera plus petit que fon conjugué C*l*.

2°. M. l'Abbé de la Caille avance (*num.* 866.) que SY^2 $=$ $\frac{1}{4}$ *aa* $+$ $\frac{1}{4}$ *bb*. Cette affertion a befoin de la démonftration fuivante. Dans le triangle SCL, rectangle en

C, l'on a $SL^2 = CS^2 + CL^2$; donc $SL^2 = aa + bb$.

SY^2 n'eſt que le quart de SL^2, parce que le quarré de la moitié d'une ſomme quelconque n'eſt que le quart du quarré de toute la ſomme; le quarré de 5, par-exemple, n'eſt que le quart du quarré de 10; donc SY^2 n'eſt que le quart de SL^2; donc $SY^2 = \frac{1}{4} aa + \frac{1}{4} bb$.

3°. L'article 867 préſente trois importantes vérités. La première eſt celle-ci; *dans une hyperbole équilatére le paramétre eſt égal à chacun des axes*. En effet dans toute hyperbole le premier axe : au ſecond axe : : le ſecond axe : au paramètre; donc dans l'hyperbole équilatére le paramètre eſt égal à chacun des axes; donc on peut l'appeller indifféremment $2a$ ou $2b$.

Il eſt encore dit dans cet article qu'en comptant les coupées depuis le ſommet, *l'équation à l'axe principal d'une hyperbole équilatére eſt* $yy = 2ax + xx$, & qu'en comptant les coupées du centre, elle eſt $-aa + xx$. En effet en comptant les coupées depuis le ſommet, l'équation générale à l'hyperbole eſt $yy = px + \frac{pxx}{2a}$ (*num.* 820 du Traité des ſections coniques). Mais dans l'hyperbole équilatére le paramètre $p = 2a$, donc dans cette courbe l'équation générale ſera $yy = 2ax + \frac{2axx}{2a}$; donc elle ſera $yy = 2ax + xx$. Pour l'équation générale aux axes de l'hyperbole, en comptant les coupées depuis le centre, elle eſt (*num.* 840) $yy = -bb + \frac{bbxx}{aa}$. Mais dans l'hyperbole équilatére $bb = aa$, donc dans cette courbe l'équation générale ſera $yy = -aa + \frac{aaxx}{aa}$; donc elle ſera $-aa + xx$.

Enfin il eſt dit dans l'article 867 que les équations au cercle étant $yy = 2ax - xx$, & $yy = aa - xx$, ſelon que les coupées ſont comptées du ſommet ou du centre, *le cercle eſt à l'hyperbole équilatére, ce qu'eſt l'ellipſe à l'hyperbole ordinaire*. Pour me convaincre d'abord que l'équation au cercle, en comptant les coupées du fommet, eft $yy = 2ax - xx$, je me fuis rappellé que dans cette courbe le quarré d'une ordonnée quelconque eft égal au produit de fes deux abfciffes correfpondantes (*num.* 768); j'ai nommé le diamètre du cercle $2a$, l'ordonnée y, les deux abfciffes ont été, l'une x & l'autre $2a - x$, & j'ai eu $yy = 2ax - xx$. Je me fuis convaincu avec la même facilité que l'équation au cercle, en comptant les coupées du centre, eft $yy = aa - xx$, puifque dans cette hypothéfe, l'une des abfciffes eft $a - x$ & l'autre $a + x$. Cela fuppofé, j'ai dit : les deux équations à l'hyperbole équilatére font $yy = 2ax + xx$, & $yy = - aa + xx$; les deux équations au cercle font $yy = 2ax - xx$, & $yy = aa - xx$; donc les équations de l'hyperbole équilatére & du cercle ne diffèrent que dans les fignes. Mais telle eft la différence de l'hyperbole ordinaire & de l'ellipfe (*num.* 811) ; donc le cercle eft à l'hyperbole équilatére, ce qu'eft l'ellipfe à l'hyperbole ordinaire.

4°. L'article 868 fuppofe que les triangles CSL, CAP font femblables. En voici la démonftration. Le triangle CSL eft évidemment égal au triangle C S β ; mais le triangle CS β eft évidemment femblable au triangle CAP ; donc le triangle CAP eft évidemment femblable au triangle CSL.

5°. Le corollaire que M. l'Abbé de la Caille tire de cet article, fe préfente à tout efprit attentif. Le triangle CGV eft femblable au triangle CSL, puifqu'il eft femblable au triangle C S β.

6°. Pour comprendre l'article 870, il faut avoir compris auparavant que les triangles MAR, SβY & MaX font femblables. La chofe faute aux yeux. Les triangles MAR & S β Y font femblables à caufe des parralléles MA & Sβ, MR &SY. Pour les triangles SβY & MAX, ils le font, parce qu'ils ont leurs côtés homologues parallèles, c'eft-à-dire, parceque S β eft parallèle à Ma, MX à βY, SY à Xa.

7°. Les deux corollaires tirés de l'article 870 fe comprennent à la première lecture ; ils forment les articles 871 & 872.

8°. Pour démontrer le théoréme de l'article 873 , il faut jetter les yeux sur la figure 85 de la planche V des élémens des Mathématiques. Je ne vois rien dans cette démonstration qui soit capable d'arrêter un commençant. Les triangles GET & IEQ qui ont l'angle E commun, & les côtés TG, QI parallèles sont évidemment semblables. Il en est de même des triangles BFI & & DFG ; ils ont l'angle F commun, & les côtés BI , DG parallèles.

9°. Des 4 corollaires que M. l'Abbé de la Caille tire de l'article 873 , les trois premiers se comprennent à la premiere lecture ; le quatriéme qui se démontre par le moyen de la figure 74 de la planche V des élémens des Mathématiques, me paroit avoir besoin des éclaircissemens suivans.

Les triangles e MR , eCg sont semblables , puisqu'ils sont l'angle e commun , & les côtés RM , Cg parallèles ; donc e R : e C :: RM : Cg. Mais RM est la moitié de Cg , puisque RM est la moitié de DM , & que DM $=$ Cg ; donc e R est la moitié de eC; donc e R $=$ RC.

Les triangles eRM , DRC ont DR $=$ RM , & e R $=$ RC ; ils ont encore l'angle R compris par ces deux côtés, égal dans chacun ; donc les triangles eRM , DRC sont égaux en tout sens ; donc l'angle ReM est égal à son alterne DCR ; donc DC est non seulement égale , mais encore parallèle à eM ; donc $e g =$ DN.

10. Le Théoréme de l'article 878 est fondé sur la ressemblance qui se trouve entre les triangles BIA & DRX de la figure 85 de la planche V des élémens des Mathématiques, & entre les triangles IQE & TRY de la même figure. Les deux premiers de ces 4 triangles sont semblables à cause du parallélisme des lignes DR , BI , & de celui des lignes RX , AI. Par-la même raison les deux Triangles IQE & TRY sont semblables ; ils ont les côtés IQ , TR , & les côtés IE , RY exactement parallèles.

Le

Le reste de cet article n'a besoin d'aucune explication, de même que les corollaires qui en dépendent.

Vous voyez, M., que je n'ai pas eu besoin de votre secours pour comprendre les propriétés de l'hyperbole rapportée à ses asymptotes. Il n'en sera pas de même, lorsqu'il s'agira de résoudre les problèmes que M. l'Abbé de la Caille propose à la fin de son Traité des sections coniques. Je vous prie de me marquer dans votre première lettre quels sont les principes sur lesquels leur solution est fondée. j'ai l'honneur d'être &c.

<hr>

RÉPONSE.

Notions nécessaires pour comprendre la solution des trois premiers problèmes du dernier chapitre du Traité des sections coniques.

LE dernier chapitre du Traité des sections coniques de M. l'Abbé de la Caille contient, M., un très-grand nombre de problèmes dont il convient que vous cherchiez la solution. Les principaux regardent le rayon de courbure & la quadrature des courbes dont nous avons démontré les propriétés. Avant que d'en venir à ces questions épineuses, vous ne sçauriez vous dispenser d'examiner les trois premiers problèmes de ce chapitre; ils sont exprimés en ces termes.

Une portion de section conique étant donnée, en déterminer l'espèce & la position des axes.

Etant donnés de position trois points, non en ligne droite, & le foyer, y faire passer une section conique, & en déterminer l'espéce & les axes.

Trouver les asymptotes d'une hyperbole dont on a seulement deux diametres conjugués.

La dernière lettre que vous m'avez fait l'honneur de m'écrire, vous met en état de saisir à la première lecture le dernier de ces trois problèmes. Pour comprendre facilement la folution des deux premiers, je vous confeille de rélire les articles 780, 781, 782, 783, 784, 851, 852, 853, 854, 855 & 856 du Traité des fections coniques. Lorfque vous aurez réfolu ces trois problémes, nous penferons à déterminer d'aprés M. l'Abbé de la Caille le rayon de courbure en un point quelconque d'une fection conique. J'ai l'honneur d'étre &c.

LETTRE SIXIEME.

Difficultés qui fe rencontrent dans la folution du probléme 2 du dernier Chapitre du Traité des fections coniques.

JE ne vois rien de plus clair, M., que les articles 881 & 883, où l'Abbé de la Caille réfout le premier & le dernier des trois problémes que vous venez de me propofer. Il n'en eft pas ainfi de l'article 882 ; plus j'ai lû le probléme qu'il contient, & moins j'en ai compris la folution. Permettez-moi de vous propofer les principales difficultés qui fe font préfentées à mon efprit.

1°. Après avoir tiré Mm, $m\mu$, FM, Fm, Fμ (*fig.* 73, pl. IV des élémens des mathématiques), & après avoir fait FM : Fm :: ME : mE, & Fm : Fμ :: mH : μH ; je ne comprens pas comment on peut trouver $m\text{E} = \dfrac{Fm \times Mm}{Fm - FM}$, & $m\text{H} = \dfrac{Fm \times \mu m}{F\mu - Fm}$. Il me paroit que l'on devroit avoir $m\text{E} = \dfrac{Fm \times \text{ME}}{FM}$, & $m\text{H} = \dfrac{Fm \times \mu \text{H}}{F\mu}$.

2°. Je comprens encore moins comment la connoiffance de mE & de mH peut nous aider à déterminer l'efpèce de fection conique qui paffe par les trois points donnés M, m, μ ; les lignes mE & mH ne repréfenteront jamais la diftance du point m à la directrice AH.

3°. J'ai beau fuppofer que MG : FM :: AS : SF, & MG : FM :: As : sF, je ne vois pas que je puiffe avoir

$$SF = \frac{FA \times FM}{FM + GM}, \quad \& \quad Fs = \frac{FA \times FM}{GM - FM}.$$ Je vous prie, M., de m'éclaircir ces trois points, & de me marquer ensuite ce qu'il faut que je relise pour être en état de déterminer le rayon de courbure en un point quelconque d'une section conique. J'ai l'honneur d'être &c.

RÉPONSE.

Eclaircissement des difficultés proposées dans la lettre précédente. Notions nécessaires pour déterminer le rayon de courbure en un point quelconque d'une section conique.

JE vais répondre successivement, M., aux trois questions que vous venez de me proposer ; elles méritent en effet de grands éclaircissements. Vous demandez 1°, comment les deux proportions FM : Fm :: ME : mE, & Fm : $F\mu$ :: mH : μH ont pu donner les deux équations mE $= \frac{Fm \times Mm}{Fm - FM}$, & mH $= \frac{Fm \times \mu m}{F\mu - Fm}$. Voici les opérations qu'a du faire M l'Abbé de la Caille pour les trouver.

FM : Fm :: ME : mE, *par hypothése*, donc *convertendo*

Fm : FM :: mE : ME, donc *dividendo*

Fm — FM : Fm :: mE — ME : mE,

Mais mE — ME $=$ Mm, donc

Fm — FM : Fm :: Mm : mE, donc

$$m\text{E} = \frac{Fm \times Mm}{Fm - FM}.$$

Il n'est pas plus difficile de tirer mH $= \frac{Fm \times \mu m}{F\mu - Fm}$ de la proportion Fm : $F\mu$ :: mH : μH. En voici la preuve.

Fm : $F\mu$ :: mH : μH, *par hypothése*, donc *convertendo*

$F\mu$: Fm :: μH : mH, donc *dividendo*

$F\mu$ — Fm : Fm :: μH — mH : mH.

Mais μH — mH $= \mu m$, donc

$F\mu$ — Fm : Fm :: μm : mH, donc

$$m\text{H} = \frac{Fm \times \mu m}{F\mu - Fm}.$$

Vous demandez 2°, comment il peut se faire que les lignes mE & mH servent à déterminer l'espèce de section conique qui passe par les trois points donnés M, m, μ. Je comprens votre difficulté, M ; vous m'accordez que FM : Fm :: ME : mE, & que Fm : Fμ :: mH : μH ; mais vous ajoutez que, ME & mE, mH & μH ne représentant pas la distance des points M, m, μ à la directrice AH, vous ne pouvez tirer des deux proportions précédentes aucune conséquence qui vous conduise à la connoissance de l'espèce de section conique qui passe par ces trois points. Vous avez raison dans un sens, & votre objection mérite d'autant plus d'attention, qu'elle paroit fondée sur l'article 780 de ce Traité. Mais je vous prie de remarquer qu'une fois que par les deux points connus E & H j'ai tiré la directrice AH, je tire ensuite très facilement sur cette directrice les perpendiculaires MG, mg & $\mu\gamma$. Alors je compare FM à MG, & Fm à mg ; & si je trouve que FM : MG :: Fm : mg, je conclus que la ligne qui passe par les points donnés M, m, μ est une véritable section conique dont je détermine l'espèce par l'article 781. Or si vous m'accordez que FM : Fm :: ME : mE, vous devez m'accorder que FM : Fm :: MG : mg, parce que les triangles rectangles MEG, mEg étant évidemment équiangles, ils ont leurs côtés homologues proportionnels ; donc ME : mE :: MG : mg ; mais de votre aveu ME : mE :: FM : Fm ; donc de votre aveu aussi FM : Fm :: MG : mg ; donc on ne peut pas accorder que FM : Fm :: ME : mE, sans accorder en même tems que FM : Fm :: MG : mg. L'on prouvera de la même manière que si Fm : Fμ :: mH : μH, l'on aura Fm : Fμ :: mg : $\mu\gamma$, puisque les triangles rectangles mHg, μHγ sont aussi évidemment équiangles que les triangles rectangles MEG, mEg.

Vous demandez 3°. comment les proportions MG : FM :: AS : SF, & MG : FM :: As : sF, ont pu donner les deux équations $SF = \dfrac{FA \times FM}{FM + GM}$ & $sF = \dfrac{FA \times FM}{CM - FM}$. En voici le calcul dans toutes les régles.

MG : FM :: AS : SF , *par hypothèse* , donc *componendo*

MG + FM : FM :: AS + SF : SF.

Mais AS + SF = FA , donc

MG + FM : FM :: FA : SF , donc

$$SF = \frac{FA \times FM}{FM + GM}.$$

Le calcul fuivant eft pour tirer l'équation $sF = \frac{FA \times FM}{GM - FM}$ de la proportion GM : FM :: As : sF.

GM : FM :: As : sF *par hypothèse* , donc *dividendo*

GM — FM : FM :: As — sF : sF.

Mais As — sF = FA , donc

GM — FM : FM :: FA : sF ,

donc $sF = \dfrac{FA \times FM}{GM - FM}.$

Il me refte, M. , pour répondre à tous les articles de votre lettre, de vous indiquer ce que vous devez relire , pour vous mettre en état de déterminer le rayon de courbure en un point quelconque d'une fection conique. Je vous confeille de revenir fur les articles 195 , 566 , 820 , 834 , 835 , 862 & 863 du volume que nous commentons. Arrêtez-vous furtout à l'article 863 ; c'eft fans contredit le plus effentiel de tous ceux que je viens de vous citer. J'ai l'honneur d'être &c.

LETTRE SEPTIEME.

Idee générale du problême qui fert à déterminer le rayon de courbure pour un point quelconque d'une fection conique. Difficulté propofée fur la formule algébrique du rayon de courbure de la parabole.

JE viens de lire M. , avec un plaifir infini ce que dit l'Abbe de la Caille fur le rayon de courbure , & j'ajoute que je fuis extrêmement content des trois folutions qu'il donne de ce problême. Je fçais maintenant , à n'en pouvoir douter, que, pour trouver le rayon de courbure en un point quelconque M d'une section conique , je n'ai qu'à prendre le quarré du demi-diamètre conjugué à celui qui passe par le point donné , & qu'à diviser ce quarré par la ligne perpendiculaire tirée de ce point sur le même diamètre conjugué. Mais comme la parabole n'a point de diamètre conjugué , cette première solution ne peut servir , que pour l'ellipse & pour l'hyperbole. Il en est de même de la seconde solution qui donne le rayon de courbure en un point quelconque M d'une section conique , égal au cube du demi-diamètre conjugué à celui qui passe par le point donné, divisé par le produit des deux demi axes. Il n'est donc que la troisième solution qui soit applicable à la parabole , & que l'on puisse par conséquent regarder comme une solution générale. Elle est exprimée en ces termes : *le rayon de courbure en un point quelconque M d'une section conique, est égal au cube de la normale divisé par le quart du quarré du paramètre de l'axe principal.* J'ai saisi , M. , cette dernière solution aussi facilement que les deux autres. Il n'en a pas été ainsi, lorsqu'il s'est agi de la réduire en formule. Je n'ai jamais pu comprendre comment $\frac{1}{2}\sqrt{4px + pp}$ étoit égal à $\sqrt{px + \frac{1}{4}pp}$. Vous aurez la bonté , s'il vous plaît , de m'en envoyer le calcul. Quelque compliquées aussi que soient les formules du rayon de courbure, lorsqu'il s'agit de l'ellipse & de l'hyperbole , je souhaite très ardemment de les joindre à celle de la parabole. Comme M. l'Abbé de la Caille ne les a pas même indiquées , j'espère que vous voudrez bien y suppléer. J'ai l'honneur d'être &c.

R É P O N S E.

Calcul des formules qui expriment algébriquement le rayon de courbure, pour la parabole, pour l'ellipse & pour l'hyperbole.

JE vais répondre, M., successivement aux deux questions que vous me faites dans la dernière lettre que vous m'avez fait l'honneur de m'écrire. Vous voulez d'abord que je vous démontre que le radical $\frac{1}{2}\sqrt{4px + pp}$ est égal au radical $\sqrt{px + \frac{1}{4}pp}$. Vous allez être satisfait dans le moment.

$\frac{1}{2}\sqrt{4px + pp} = \sqrt{\frac{4px}{4} + \frac{1}{4}pp}$, parce que la fraction $\frac{1}{2}$ mise sous le signe $\sqrt{}$ devient $\sqrt{\frac{1}{4}}$ (*num.* 194 des élémens d'Arithmétique & d'Algébre). Mais $\sqrt{\frac{4px}{4} + \frac{1}{4}pp} = \sqrt{1px + \frac{1}{4}pp}$, parce que $\frac{4}{4} = 1$. Enfin $\sqrt{1px + \frac{1}{4}pp} = \sqrt{px + \frac{1}{4}pp}$; donc $\frac{1}{2}\sqrt{4px + pp} = \sqrt{px + \frac{1}{4}pp}$.

Vous demandez encore pour l'ellipse & pour l'hyperbole une formule algébrique qui vous donne le rayon de courbure égal au cube de la normale divisé par le quart du quarré du paramètre de l'axe principal. Avant que de le calculer, je vous prie de remarquer que lorsqu'il s'agit de trouver le rayon de courbure pour ces deux sections coniques, on ne se sert guères de la troisième solution du problême en question, afin d'éviter le cube de la normale ; on se sert plûtôt de la première ou de la seconde qui sont l'une & l'autre beaucoup moins compliquées. Mais cependant puisque vous le souhaitez, je vais calculer ce rayon, d'abord pour l'ellipse & ensuite pour l'hyperbole. Dans le premier cas je le nomme R & dans le second r.

$$R = \frac{4\,MN^3}{pp.} \quad (\textit{num. } 887 \text{ du Traité des sections coniques })$$

L iv

$$NM^2 = \frac{4\,aapx - 2\,apxx + aapp - 2\,appx + ppxx}{4\,aa}\ (n^o.\,834);$$

$$\text{donc } 4\,NM^2 = \frac{16\,aapx - 8\,apxx + 4\,aapp - 8\,appx + 4\,ppxx}{4\,aa}$$

$$= \frac{4\,aapx - 2\,apxx + aapp - 2\,appx + ppxx}{aa}.\ NM =$$

$$\frac{\sqrt{4\,aapx - 2\,apxx + aapp - 2\,appx + ppxx}}{\sqrt{4\,aa}},\ \text{donc } NM =$$

$$\frac{\sqrt{4\,aapx - 2\,apxx + aapp - 2\,appx + ppxx}}{2\,a}.\ 4\,NM^3 = 4\,NM^2$$

$$\times NM,\ \text{donc } 4\,NM^3 = \frac{4\,aapx - 2\,apxx + aapp - 2\,appx + ppxx}{aa}$$

$$\times \frac{\sqrt{4\,aapx - 2\,apxx + aapp - 2\,appx + ppxx}}{2\,a};\ \text{donc } \frac{4\,MN^3}{pp}$$

eſt égal au produit de ces deux dernières fractions diviſé par pp.

Le calcul eſt le même, lorſqu'il s'agit de trouver le rayon de courbure pour l'hyperbole, parce que dans l'hyperbole $r = \dfrac{4\,MN^3}{pp}$ ($n^o.\,887$), & que dans cette courbe l'on a ($num.\ 834$) $MN^2 =$

$$\frac{4\,aapx + 2\,apxx + aapp + 2\,appx + ppxx}{4\,aa}.\ \text{Vous voyez, M. ,}$$

que l'Abbé de la Caille a eu raiſon d'avancer que la formule algébrique du rayon de courbure pour l'ellipſe & pour l'hyperbole, lorſqu'on y fait entrer le cube de la normale, eſt trop compliquée, pour être de quelque utilité dans la pratique. Auſſi n'en-a-t'il pas fait mention dans ſes élémens. J'ai l'honneur d'être &c.

LETTRE HUITIEME.

Réflexions ſur la manière de quarrer la parabole , & ſur les corollaires tirés de cette quadrature.

J'Ai entrepris , M. , le long & difficile problême de la quadrature des ſections coniques , & ce ne ſera pas ſurement ſans votre ſecours que j'en comprendrai toutes les

folutions. Le cas de la parabole ne m'a pas infiniment em-
barrafſé ; c'eſt en faifant les réflexions fuivantes que j'ai
trouvé que l'efpace parabolique SnMP (*fig.* 78. *pl.* V des
élémens des Mathématiques) eſt les $\frac{2}{3}$ du produit de l'abſciſſe par l'ordonnée, ou les $\frac{2}{3}$ de l'aire du parallélogramme SPML.

1°. L'origine des abſciſſes étant au fommet S, l'on a
PM $= y = \sqrt{px}$. En effet dans la parabole $yy = px$; donc
$y = \sqrt{px}$; donc en faifant $p = 1$, c'eſt-à-dire, en prenant
le paramètre pour l'unité, l'on aura $y = \sqrt{1x} = \sqrt{x}$;
donc $y = x^{\frac{1}{2}}$ (*num.* 167 des élémens d'algébre).

2°. Pour quarrer l'efpace SnMP, il faut avoir la fomme des ordonnées comprifes entre S & MP, dont la dernière MP $= x^{\frac{1}{2}}$, eſt comme infiniment grande vis-à-vis la
première $= 1^{\frac{1}{2}}$.

3°. Pour avoir la fomme des ordonnées comprifes entre
S & MP, il ne s'agit que de fommer la fuite $1^{\frac{1}{2}}$. $2^{\frac{1}{2}}$ $3^{\frac{1}{2}}$
$4^{\frac{1}{2}}$ .... $x^{\frac{1}{2}}$, ou $\infty^{\frac{1}{2}}$.

4°. La fomme de cette fuite eſt $\frac{2}{3} x^{\frac{3}{2}}$ (*num.* 384 des
élémens d'algébre, & page 77 de ce commentaire).

5°. $\frac{2}{3} x^{\frac{3}{2}} = \frac{2}{3} \sqrt{x^3}$ (*num.* 167 des élémens d'algébre).
6°. $\frac{2}{3} \sqrt{x^3} = \frac{2}{3} x \sqrt{x}$ (*num.* 194 des élémens d'algébre).
Mais $y = \sqrt{x}$ (*num.* 1 de cette lettre), donc $\frac{2}{3} x \sqrt{x} =$
$\frac{2}{3} xy$; donc la fomme de la fuite des ordonnées $1^{\frac{1}{2}}$. $2^{\frac{1}{2}}$. $3^{\frac{1}{2}}$.
$4^{\frac{1}{2}}$ ...... $x^{\frac{1}{2}}$ eſt $\frac{2}{3} xy$; donc l'efpace parabolique SnMP
eſt les $\frac{2}{3}$ du produit de l'abſciſſe par l'ordonnée, ou les $\frac{2}{3}$
de l'aire du parallélogramme SPML, dont l'ordonnée
y eſt la bafe, & l'abſciſſe x la hauteur. De cette quadrature M. l'Abbé de la Caille tire les 3 corollaires fuivans.

Corollaire 1. Si on tire la droite SM, le fegment parabolique SnM eſt $\frac{1}{6} xy$. En effet fon aire eſt égale à l'aire Sn
MP, moins l'aire du triangle rectangle SPM. Mais l'aire du
triangle SPM eſt $\frac{1}{2} xy$, parce qu'elle eſt égale au produit de
la moitié de la bafe PM, ou $\frac{1}{2} y$ par la hauteur SP, c'eſt-à-

dire par x, (*num.* 592 des élémens de géométrie), & l'aire $SnMP$ $\frac{2}{3}$ xy; donc l'aire du segment parabolique SnM est $\frac{2}{3}$ xy — $\frac{1}{2}$ xy. Réduisons ces deux fractions à une même dénomination, nous aurons $\frac{4}{6}$ xy — $\frac{3}{6}$ xy = $\frac{1}{6}$ xy; donc le segment parabolique S n M est $\frac{1}{6}$ xy.

Corollaire 2. L'aire du segment parabolique SnM est la moitié de l'aire du triligne $MnSL$. En voici la démonstration. L'aire du triangle rectangle SLM est égale à l'aire du triangle rectangle SPM. Mais l'aire du triangle rectangle SPM est $\frac{1}{2}$ xy (*corollaire* précédent), donc l'aire du triangle SLM est $\frac{1}{2}$ xy. De plus l'aire du triligne $MnSL$ est égale à l'aire du triangle rectangle SLM, moins l'aire du segment parabolique SnM; donc l'aire du triligne $MnSL$ est $\frac{1}{2}$ xy — $\frac{1}{6}$ xy = $\frac{6}{12}$ xy — $\frac{2}{12}$ xy = $\frac{4}{12}$ xy = $\frac{1}{3}$ xy; donc l'aire du triligne $MnSL$ est $\frac{1}{3}$ xy. Mais $\frac{1}{3}$ xy est double de $\frac{1}{6}$ xy, donc l'aire du triligne $MnSL$ est double de l'aire du segment parabolique SnM.

Corollaire 3. Si le point P étoit au foyer, on auroit SP, $x = \frac{1}{4} p$, parce que le paramètre de l'axe principal d'une parabole est quadruple de la distance de son sommet au foyer (*num.* 816 du traité des sections coniques); l'on auroit encore PM, $y = \frac{1}{2} p$, parce que la double ordonnée qui passe par le foyer d'une section conique, s'appelle le paramètre de l'axe principal de la section (*num.* 801 du même traité); donc si le point P étoit au foyer, l'aire $\frac{2}{3}$ xy deviendroit $\frac{2}{3} \times \frac{1}{4} p \times \frac{1}{2} p = \frac{2}{12} p \times \frac{1}{2} p = \frac{2}{24} pp = \frac{1}{12} pp$; donc si le point P étoit au foyer, l'aire de l'espace parabolique $SnMP$ seroit $\frac{1}{12}$ du quarré du paramètre.

Vous voyez, M., que je me suis tiré assez facilement de la quadrature de la parabole; il n'en a pas été ainsi de celle de l'ellipse, je n'y ai presque rien compris; aussi vous prié-je de m'envoyer la solution de ce problème de la manière la plus détaillée. J'ai l'honneur d'être &c.

RÉPONSE.

Principes néceffaires pour trouver la quadrature de l'ellipfe.
Calcul de cette quadrature. Examen des conféquences qu'on
en tire.

IL ne s'agit pas , M. , dans l'article 892 de trouver la
quadrature parfaite de l'ellipfe , elle eft auffi impoffible
que celle du cercle ; il s'agit feulement d'en approcher
infiniment près ; & je vous affure qu'il n'y a rien à ajouter à la manière dont l'Abbé de la Caille a réfolu ce probléme. Vous comprendrez toute la beauté & toute la juft-effe
de fa folution , fi vous avez préfens à l'efprit les principes
fuivans.

Le radical $\sqrt{aa-xx}$ réduit en fuite infinie , donne a
$-\frac{xx}{2a}-\frac{x^4}{8a^3}-\frac{x^6}{16a^5}-\frac{5x^8}{128a^7}$ &c ; j'ai fait cette réduction au livre 1 de ce commentaire , *pag.* 69 & *fuivantes.*

Entre C & P (*fig.* 81, pl. V des élémens des Mathématiques) l'on peut imaginer une infinité d'abfciffes dont
la fuite fera 1. 2. 3. 4. 5. . . . . ∞ ou $x =$ CP ; le nombre de ces abfciffes fera donc ∞ ou x.

Entre CL & PM on peut imaginer autant d'ordonnées,
que d'abfciffes , parce qu'à chaque abfciffe répond une ordonnée particulière.

La fomme de tous les quarrés des termes de la fuite
infinie 1. 2. 3. 4. 5. . . . . ∞ ou x eft $\frac{1}{3}∞^3$, ou $\frac{1}{3}x^3$
(*num.* 383 des élémens d'algébre).

La fomme de toutes les quatriémes puiffances des termes
de la fuite infinie 1. 2. 3. 4. 5. . . . . . . ∞ ou x eft $\frac{1}{5}∞^5$, ou
$\frac{1}{5}x^5$. (*num.* 383 des élémens d'algébre).

La fomme de toutes les fixiémes puiffances des termes
de la fuite infinie 1. 2. 3. 4. 5. . . . . ∞ ou x eft $\frac{1}{7}∞^7$,
ou $\frac{1}{7}x^7$ (*num.* 383 des élémens d'algébre).

La somme de toutes les huitiémes puissances des termes de la suite infinie 1. 2. 3. 4. 5. . . . . ∞ ou x est $\frac{1}{9}\infty^9$, ou $\frac{1}{9}x^9$ (*num.* 383 des élémens d'algébre), & ainsi des autres puissances. Avec ces principes gravés bien avant dans votre esprit vous serez en état, M., de suivre l'Abbé de la Caille dans la quadrature qu'il donne de l'espace elliptique CLPM (*fig.* 81. pl. V des élémens des mathématiques).

1°. En comptant les coupées du centre, l'équation à l'ellipse est (*num.* 840) $yy = bb - \frac{bbxx}{aa} = \frac{aabb - bbxx}{aa}$;

donc $yy = \frac{bb}{aa} \times (aa - xx)$; donc $y = \frac{b}{a} \times \sqrt{aa - xx}$.

2°. Comme le radical $\sqrt{aa - xx}$ peut se réduire en la suite infinie $a - \frac{xx}{2a} - \frac{x^4}{8a^3} - \frac{x^6}{16a^5}, - \frac{5x^8}{128a^7}$ &c, il s'ensuit évidemment que chaque ordonnée entre CL & PM est égale à la fraction $\frac{b}{a}$ multipliant chaque terme de cette suite; donc chaque y compris entre CL & PM a pour valeur $\frac{b}{a} \times a, - \frac{b}{a} \times \frac{xx}{2a}, - \frac{b}{a} \times \frac{x^4}{8a^3} - \frac{b}{a} \times \frac{x^6}{16a^5}, -$

$\frac{b}{a} \times \frac{5x^8}{128a^7}$ &c. $= \frac{ab}{a} - \frac{bxx}{2aa} - \frac{bx^4}{8a^4} - \frac{bx^6}{16a^6} - \frac{5bx^8}{128a^8}$

&c. $= b - \frac{bxx}{2aa}$ & le reste de la suite.

3°. Comme il peut y avoir un nombre infini d'ordonnées entre CL & PM, il peut y avoir par conséquent un nombre infini de $b - \frac{bxx}{2aa} - \frac{bx^4}{8a^4} - \frac{bx^6}{16a^6} - \frac{5bx^8}{128a^8}$ &c.

4°. Il ne peut y avoir un nombre infini d'ordonnées entre CL & PM, que parce qu'entre C & P il peut y avoir un nombre infini d'abscisses dont la suite est 1. 2. 3. 4. 5. . . . . . ∞ ou x, & dont la somme est ∞ ou x.

5°. Quarrer l'espace elliptique CLPM, c'est trouver toutes les ordonnées qu'on peut imaginer depuis CL jusqu'à PM; donc quarrer l'espace CLPM, c'est trouver la somme infinie de chacun des termes de la suite $b -$

$\frac{bxx}{2aa} - \frac{bx^4}{8a^4} - \frac{bx^6}{16a^6} - \frac{5bx^8}{128a^8}$ &c.

6°. La somme de tous les premiers termes b de la suite en question est $b\infty$, ou bx.

7°. La somme de tous les seconds termes $-\dfrac{bxx}{2aa}$ est $-\dfrac{b}{2aa}$ multiplié par la somme des quarrés de x. Mais cette somme est $\frac{1}{3}x^3 = \dfrac{x^3}{3}$; donc la somme de tous les seconds termes $-\dfrac{bxx}{2aa}$ est $-\dfrac{b}{2aa} \times \dfrac{x^3}{3} = -\dfrac{bx^3}{6aa}$.

8°. La somme de tous les troisièmes termes $-\dfrac{bx^4}{8a^4}$ est $-\dfrac{b}{8a^4}$ multiplié par la somme des quatrièmes puissances de x. Mais cette somme est $\frac{1}{5}x^5$ ou $\dfrac{x^5}{5}$; donc la somme de tous les troisièmes termes $-\dfrac{bx^4}{8a^4}$ est $-\dfrac{b}{8a^4} \times \dfrac{x^5}{5} = -\dfrac{bx^5}{40a^4}$.

9°. La somme de tous les quatrièmes termes $-\dfrac{bx^6}{16a^6}$ est $-\dfrac{b}{16a^6}$ multiplié par la somme des sixièmes puissances de x. Mais cette somme est $\frac{1}{7}x^7$ ou $\dfrac{x^7}{7}$; donc la somme de tous les quatrièmes termes $-\dfrac{bx^6}{16a^6}$ est $-\dfrac{b}{16a^6} \times \dfrac{x^7}{7} = -\dfrac{bx^7}{112a^6}$.

1°. La somme de tous les cinquièmes termes $-\dfrac{5bx^8}{128a^8}$ est $-\dfrac{5b}{128a^8}$ multiplié par la somme des huitièmes puissances de x. Mais cette somme $\frac{1}{9}x^9 = \dfrac{x^9}{9}$; donc la somme des cinquièmes termes $-\dfrac{5bx^8}{128a^8}$ est $-\dfrac{5b}{128a^8} \times \dfrac{x^9}{9} = -\dfrac{5bx^9}{1152a^8}$.

11. L'espace elliptique CLPM est donc exprimé par

la suite infinie $bx - \dfrac{bx^3}{6aa} - \dfrac{bx^5}{40a^4} - \dfrac{bx^7}{112a^6} - \dfrac{5bx^9}{1152a^8}$, &

ainsi de suite à l'infini ; ce qui prouve qu'on n'aura jamais qu'à peu-près la quadrature de l'ellipse. Cependant M. l'Abbé de la Caille tire de cette quadrature approchée les plus importantes verités ; elles sont renfermées dans les six corollaires suivans.

Corollaire 1. Si on fait $x = a$, comme il arrive, lorsqu'on nomme $2a$ le grand axe Ss, $2b$ le petit axe Ll, & qu'on prend CL pour ordonnée ; alors l'abscisse correspondante est CS $= a$; en un mot l'on a nécessairement $x = a$, lorsque $y = b$. Dans cette supposition l'on aura, pour exprimer l'espace SCL, la suite infinie $ab - \dfrac{a^3b}{6aa}$

$- \dfrac{a^5b}{40a^4} - \dfrac{a^7b}{112a^6}$ &c. $= ab - \tfrac{1}{6}ab - \tfrac{1}{40}ab - \tfrac{1}{112}ab$ &c. Et si a & b, au lieu d'exprimer les demi axes, exprimoient les axes entiers, cette suite donneroit l'aire entière de l'ellipse.

Corollaire 2. Comme dans le cercle tous les diamètres sont égaux , & que cette courbe peut être considérée comme une ellipse à axes égaux , l'on a pour le cercle $a = b$, & la suite infinie $aa - \tfrac{1}{6}aa - \tfrac{1}{40}aa - \tfrac{1}{112}aa$ &c. donnera la quadrature de tout quart de cercle dont le diamètre aura été nommé $2a$; elle donnera encore la quadrature de tout cercle entier dont le diamètre aura été fait $= a$. Ce n'est jamais au reste , M. , qu'une quadrature approchée, & non pas une quadrature parfaite.

Corollaire 3. Il n'a besoin d'aucun commentaire. Voyez-le dans l'Auteur même.

Corollaire 4. Il est aussi clair que le précédent, pourvû que l'on ait présents à l'esprit les articles 595 & 843.

Corollaire 5. L'aire d'une ellipse est égale à celle d'un cercle dont le diamètre est moyen proportionnel entre les axes de l'ellipse. Pour le démontrer, je nomme d le diamètre de ce cercle, a le grand axe , & b le petit axe de cette ellipse.

1°. $a : d :: d : b$, *par hypothèse* ; donc $ab = dd$.

2°. L'aire du cercle qui a pour diamètre d est (*coroll.* 2) $dd - \frac{1}{6} dd - \frac{1}{40} dd - \frac{1}{112} dd$ &c, & l'aire de l'ellipse dont il s'agit, est $ab - \frac{1}{6} ab - \frac{1}{40} ab - \frac{1}{112} ab$ &c. (*coroll.* 1.). Mai $ab = dd$, donc $dd - \frac{1}{6} dd - \frac{1}{40} dd - \frac{1}{112} dd$ &c. $= ab - \frac{1}{6} ab - \frac{1}{40} ab - \frac{1}{112} ab$ &c ; donc l'aire d'une ellipse est égale à celle d'un cercle dont le diamètre est moyen proportionnel entre les axes de l'ellipse. Il y a dans ce corollaire une faute d'inattention ; l'auteur, au lieu de renvoyer à l'article 894, a renvoyé à l'article 849.

Corollaire 6. Les surfaces de deux ellipses quelconques sont entre-elles comme les produits de leurs axes. La démonstration de l'Abbé de la Caille n'a besoin d'aucune espèce de commentaire. Voilà, M., les verités importantes que l'on tire de la quadrature approchée de l'ellipse. La quadrature de l'hyperbole n'est pas plus exacte que celle que je viens de vous mettre sous les yeux. Il me paroit que vous la trouverez sans peine ; le calcul de cette courbe est, aux signes près, le même que celui de l'ellipse. Rappellez-vous seulement que le radical $\sqrt{aa + xx}$ se réduit en la suite infinie $a + \frac{xx}{2a} - \frac{x^4}{8a^3} + \frac{x^6}{16a^5} - \frac{5x^8}{128a^7}$ &c ; vous pourrez, pour vous en convaincre, relire le premier livre de ce commentaire, depuis la page 68 jusqu'à la page 75. J'ai l'honneur d'être &c.

LETTRE NEUVIEME.

Commentaire des articles qui contiennent la quadrature de l'hyperbole. Difficultés que presentent les deux scholies qui suivent cette quadrature.

POur trouver, M., la quadrature approchée de l'hyperbole, je jette les yeux sur la figure 77 de la planche V des élémens des Mathématiques. Je nomme b le demi grand axe SC, a le demi petit axe CL, y la ligne M H ordonnée au petit axe, x l'abscisse correspondante CH prise depuis le centre C, & j'aurai PM $= x$, CP $= y$, SP $= y - b$, s P $= y + b$; j'aurai encore (*num*. 840 du traité des sections coniques) la proportion suivante : PM² : SP $\times s$ P : : CL² : SC² ; donc $xx : yy - bb : : aa : bb$; donc $bbxx = aayy - aabb$; donc $aayy = aabb + bbxx$; donc $yy = \dfrac{aabb + bbxx}{aa}$; donc $yy = \dfrac{bb}{aa} \times (aa + xx)$; donc $y = \dfrac{b}{a} \times \sqrt{aa + xx}$. Le reste du calcul est inutile ; c'est, à quelques signes près, le même que celui de l'ellipse.

Il n'est pas aussi facile, M., de quarrer un espace hyperbolique pris entre les asymptotes. J'ai cependant suivi l'Abbé de la Caille dans la quadrature qu'il donne de l'espace ARMZ compris entre les deux ordonnées AZ, RM (*fig*. 74. pl. V des élémens des mathématiques). Je me suis d'abord bien convaincu que CA $\times$ AZ $=$ CY², parce que la ligne AZ est tirée du point Z de l'hyperbole ISi sur l'asymptote voisine CA, parallèlement à l'autre asymptote CB, & que le raisonnement qu'on a fait à l'article 870 sur MR $\times$ RC doit s'appliquer à CA $\times$ AZ. Mais CA $= b + x$, AZ $= y$, CY² $= aa$, donc $by + xy = aa$, donc $y = \dfrac{aa}{b + x}$. J'ai ensuite réduit la fraction $\dfrac{aa}{b + x}$ en la suite infinie $\dfrac{aa}{b} - \dfrac{aax}{bb} + \dfrac{aaxx}{b^3} - \dfrac{aax^3}{b^4} + \dfrac{aax^4}{b^5}$ &c. Cette réduction ne m'a presque rien couté ; j'avois pour modéle celle que vous avez faite sur la fraction $\dfrac{aa}{a + b}$ dans le premier livre de ce commentaire pag. 67. J'ai enfin sommé chacun des termes de cette suite, en suivant la méthode que vous m'avez indiquée dans votre dernière lettre. Je ne vous cacherai pas cependant, M, que la somme de tous les seconds termes $- \dfrac{aax}{bb}$, ne s'est pas d'abord présentée à mon esprit. Elle est néanmoins, comme

l'a

l'a marqué l'Abbé de la Caille, — $\frac{aaxx}{2bb}$. En effet la somme de tous les seconds termes — $\frac{aax}{bb}$ est — $\frac{aa}{bb}$ multiplié par la somme des premières puissances de x. Mais cette somme est $\frac{1}{2} x^2 = \frac{x^2}{2}$, par la même raison que la somme des secondes puissances, ou des quarrés de x est $\frac{x^3}{3}$; donc la somme de tous les seconds termes — $\frac{aax}{bb}$ est — $\frac{aa}{bb} \times \frac{x^2}{2} = -\frac{aaxx}{2bb}$. La somme des autres termes s'est présentée d'elle même; & il m'est maintenant évident que la quadrature approchée de l'espace hyperbolique ARMZ est donnée par la suite infinie $\frac{aax}{b} - \frac{aaxx}{2bb} + \frac{aax^3}{3b^3} - \frac{aax^4}{4b^4}$ &c.

Le Corollaire que l'Abbé de la Caille tire de cette quadrature ne présente aucune difficulté. Il n'en est pas ainsi des deux scholies qui le suivent; je vous prie de m'en envoyer le commentaire, & de me croire très parfaitement &c.

P. S. Il y a dans l'article 900 que je viens de commenter, une faute d'inattention. Lisez $CY^2 = a^2$, & non pas $CY^e = a$.

R É P O N S E.

Commentaire de la scholie de l'article 902 du Traité des sections coniques. Réflexions sur la scholie de l'article 903 du même Traité.

LEs deux scholies dont vous me parlez dans votre dernière Lettre, M., ont en effet besoin d'un ample commentaire. L'Abbé de la Caille assure dans la première que si on fait $CY = 1$ (fig. 74, pl. V des élémens des Mathématiques), & que l'on prenne les abscisses CR, CA,

M .

Ct en progreſſion géométrique, l'on aura l'aire hyperbolique ARMZ $=$ à l'aire hyperbolique AZkt. Avant que de
vous démontrer cette propoſition, je vous prie de vous
imaginer que la figure 74 eſt bien faite; ce qui n'eſt pas
dans la réalité, puiſque le ſegment At eſt beaucoup plus
petit qu'il ne faut. Je vous prie encore de bien prendre
garde qu'en faiſant CY $=$ 1, $tk = y$, CR $= b$, AR $=$
x, CA $= f$, & A$t = z$, l'on aura néceſſairement $f =$ CA
$=$ CR $+$ AR $= b + x$, & C$t =$ CA $+$ A$t = f + z$.
Cela ſuppoſé, voici comment je raiſonne.

1°. Puiſque CR, CA & Ct ſont en progreſſion géométrique, l'on dira CR : CA :: CA : Ct, ou, $b : b + x ::$
$f : f + z$; donc $bf + bz = bf + fx$; donc en ôtant de
part & d'autre bf, l'on aura $bz = fx$; donc en diviſant
par bf, l'on aura $\dfrac{bz}{bf} = \dfrac{fx}{bf}$; donc $\dfrac{z}{f} = \dfrac{x}{b}$.

2°. L'aire ARMZ eſt repréſentée par la ſuite infinie
$$\frac{aax}{b} - \frac{aaxx}{2bb} + \frac{aax^3}{3b^3} - \frac{aax^4}{4b^4} \ \&c,$$ donc, en faiſant CY
$=$ 1, ou, ce qui revient au même, en faiſant $a =$ 1,
l'on aura pour la valeur de l'aire ARMZ la ſuite infinie
$$\frac{x}{b} - \frac{xx}{2bb} + \frac{x^3}{3b^3} - \frac{x^4}{4b^4} \ \&c.$$

3°. Pour trouver l'aire hyperbolique AZkt, faiſons d'a-
bord, comme dans la lettre précédente CY$^2 = aa$; j'aurai ($num.$ 870 du traité des ſections coniques) C$t \times t\,k =$
CY^2; donc $(f + z) \times y = aa$; donc $y = \dfrac{aa}{f + z} = \dfrac{aa}{f}$
$$- \frac{aaz}{ff} + \frac{aazz}{f^3} - \frac{aaz^3}{f^4} \ \&c.$$

4°. La ſomme de tous les termes de cette ſuite ſera
évidemment $\dfrac{aaz}{f} - \dfrac{aazz}{2ff} + \dfrac{aaz^3}{3f^3} - \dfrac{aaz^4}{4f^4} \ \&c.$

5°, Faiſons maintenant CY ou $a =$ 1; la ſuite précé-
dente ſe changera en celle-ci, $\dfrac{z}{f} - \dfrac{zz}{2ff} + \dfrac{z^3}{3f^3} - \dfrac{z^4}{4f^4}$
$\&c$; & cette ſuite donnera l'aire hyperbolique AZkt.

6°. $\dfrac{z}{f} = \dfrac{x}{b}$ ($num.$ 1. de cette lettre); donc la ſuite

$$\frac{z}{f} - \frac{zz}{2ff} + \frac{z^3}{3f^3} - \frac{z^4}{4f^4} \&c. = \frac{x}{b} - \frac{xx}{2bb} + \frac{x^3}{3b^3} - \frac{x^4}{4b^4} \&c.$$

Mais la seconde de ces deux suites donne l'aire ARMZ (*num.* 2. de cette lettre), & la premiere donne l'aire AZ*kt* (*num.* 5) ; donc l'aire ARMZ est égale à l'aire AZ*kt* ; donc les aires hyperboliques qui ont pour bases les différences des abscisses en progression géométrique, sont égales entre elles.

7°. Si CY, CR, CA, C*t* sont en progression géométrique, ces 4 quantités seront représentées par q^0. q^1. q^2. q^3. qui forment une progression géométrique (*num.* 314 dès élémens d'algébre.)

8°. Puisque CR, CA, C*t* sont en progression géométrique, & que par-là même les aires dont YR, RA, A*t* sont les bases, sont égales entre elles, il s'ensuit que l'aire YAZS est double de l'aire YRMS, & que l'aire Y*t*kS est triple de l'aire YRMS ; donc les aires dont YR, YA, Y*t* sont les bases, sont entre-elles comme la suite des nombres 1, 2, 3 ; donc elles sont comme les exposants des quantités q^1. q^2. q^3, ou CR, CA, C*t*, & par conséquent comme les logarithmes de ces mêmes quantités (*num.* 337 des élémens d'algébre, & pag. 45 & suivantes de ce commentaire) ; donc on peut calculer les logarithmes par le moyen des aires hyperboliques, & réciproquement. Voilà, M., le commentaire de la premiere scholie.

Vous comprendrez à la première lecture la seconde scholie, pourvû que vous soyez bien convaincu des quatre points suivans.

Une quantité élevée à une puissance dont l'exposant est un nombre entier négatif, n'est autre chose que l'unité divisée par la puissance positive de cette quantité (*num.* 168 des élémens d'algébre) donc $x^{-1} = \frac{1}{x}$.

Si nous faisons $m = 1$, nous aurons $x^{-1} = x^{-m}$; & la somme de tous les x^{-m} sera (*num.* 384 des élémens d'algébre) $\dfrac{x^{-m+1}}{-m+1} = \dfrac{x^{-1+1}}{-1+1} = \dfrac{x^0}{0}$.

Une quantité élevée à la puissance o, n'est autre chose que l'unité (*num.* 166 des élémens d'algébre) ; donc x^0 = 1 , donc $\dfrac{x^0}{0} = \dfrac{1}{0}$.

Le quotient de 1 divisé par o est infini, parce qu'il y a une distance infinie de zero à 1. Muni de ces principes lumineux, vous vous tirerez facilement de la seconde scholie. J'ai l'honneur d'être.

LETTRE DIXIEME.

Différentes manières de couper le cone. Obscurité de la demonstration qui les suit.

ME voici enfin arrivé , M. , à la fin du dernier chapitre du Traité des sections coniques. l'Abbé de la Caille l'a terminé par les 5 manières dont on peut couper le cone. Si on le coupe , *dit-il*, par sa pointe , perpendiculairement à sa base , l'on aura un triangle. Si on le coupe parallèlement à sa base , l'on aura un cercle. Si on le coupe obliquement à sa base & parallèlement à un des côtés du cone , l'on aura une parabole. Si on le coupe obliquement à sa base & aux côtés , de manière que la section coupe les deux côtés du cone , l'on aura une ellipse. Enfin si on le coupe obliquement à la base & aux côtés du cone , de manière que la section , prolongée en haut , aille couper un des côtés , aussi prolongé , l'on aura l'hyperbole. M. l'Abbé de la Caille démontre ensuite que les trois dernières sections donnent les trois équations à la parabole , à l'ellipse & à l'hyperbole. C'est-là un des endroits de son Traité qui m'a paru le plus obscur. Si vous croyez qu'il soit nécessaire de l'éclaircir, vous aurez la bonté de me communiquer vos remarques. J'ai l'honneur d'être &c.

RÉPONSE.

Causes de l'obscurité de la démonstration qui suit les différentes manières de couper le cone. Remarques qui mettent cette démonstration à la portée des commençans.

LA démonstration dont vous me parlez dans votre dernière lettre, M., est très claire en elle même. Ce qui la rend obscure, c'est que les articles qui doivent en faciliter l'intelligence, y sont cités tout de travers. Et d'abord pour prouver que les droites MM, *mm* des figures 82, 83 & 84 sont parallèles entre-elles, on renvoye à l'article 633 qui dit que la somme des angles de tant de plans qu'on voudra qui ont une même ligne d'intersection, est de 360 degrés ; c'est une faute ; il faloit renvoyer à l'article 637 qui dit que les intersections de deux ou de plusieurs plans parallèles par un troisième plan, sont des droites parallèles. Or il est évident que le plan de la parabole *m*MSM*m* (*fig.*82) coupe en M, M & en *m*, *m* les deux plans circulaires parallèles EMM D, B*mm*C. Il en est de même des points M, M & *m*, *m* des figures 83 & 84 ; donc les droites MM, *mm* sont parallèles entre elles.

Pour prouver ensuite que les *Sp* des trois figures que je viens d'indiquer sont dans le plan du triangle ABC, on renvoye à l'article 623 qui dit qu'un triangle détermine un plan & sa position ; c'est encore une faute ; il faloit renvoyer à l'article 627 qui dit que si deux droites qui sont dans un plan, sont coupées par une troisième, hors de leur point d'intersection, si elles en ont un, cette droite qui les coupe est aussi dans le même plan. Or les deux lignes ED, BC qui sont dans le plan du triangle ABC (*fig.* 82), sont coupées en P & en *p* par *Sp* ; donc *Sp* est dans le plan du triangle ABC. Il en est de même des *Sp* des figures 83 & 84.

M iij

Enfin pour démontrer que $pm^2 = Bp \times p\ C$ (*fig.* 82),
on renvoye à l'article 562 qui dit que la somme des quarrés
des deux côtés d'un triangle rectangle est égale au quarré
de l'hypothénuse ; on a tort ; il faloit renvoyer à l'article
565 qui dit qu'une perpendiculaire menée de la circonférence d'un cercle sur un diamètre, est moyenne proportionnelle entre les segments de ce diamètre. Voilà, M.,
des remarques que je regarde comme très nécessaires pour
mettre dans tout leur jour les démonstrations des articles
909, 910 & 911. Après y avoir jetté un coup d'œil, je
vous conseille de passer au calcul infinitésimal, dont
l'Abbé de la Caille a donné les principes dans les 14 der-
nieres pages de ses élémens des Mathématiques. J'ai l'honneur d'être &c.

LE GUIDE

DES JEUNES

MATHÉMATICIENS

*Dans l'étude des Elémens des Mathématiques
de M. l'Abbé* DE LA CAILLE.

LIVRE CINQUIÉME

*Contenant les éclaircissemens des endroits les plus difficiles
du calcul infinitésimal.*

INTRODUCTION.

L E Calcul infinitésimal, ou le calcul des quantités infiniment petites, se divise en *différentiel* & en *intégral*. Le calcul différentiel consiste à trouver une quantité infiniment petite, laquelle étant prise un nombre infini de fois, soit égale à une quantité donnée. Le calcul intégral au contraire consiste à trouver la quantité à laquelle appartient la différence infiniment petite qu'on vous donne. Dans l'un l'on connoit la somme, & l'on cherche la différence infiniment petite ; dans l'autre l'on connoit la différence infiniment petite, & l'on cherche la fomme. On peut même affurer, *dit M. le Marquis de l'Hopital*, que cette fublime analyfe s'étend au de-là de l'infini : car elle ne fe borne pas aux différences infiniment petites ; Mais elle découvre les rapports des différences de ces différences, ceux encore des différences troifiémes, quatriémes, & ainfi de fuite, fans trouver jamais de terme qui la puiffe arrêter. De forte qu'elle n'embraffe pas feulement l'infini, mais l'infini de l'infini ou une infinité d'infinis. Une analyfe de cette nature pouvoit feule nous conduire jufqu'aux véritables principes des lignes courbes ; ces lignes ne font que des poligones d'une infinité de côtés, & elles ne différent entre-elles que par la différence des angles que ces côtés infiniment petits font entre-eux. Auffi M. l'Abbé de la Caille, après s'être fervi du calcul différentiel pour trouver les tangentes, foutangentes, normales, founormales, les rayons de courbure & les *Maxima & Minima*, a-t-'il employé le calcul intégral pour parvenir à la quadrature & à la rectification des courbes, à la cubature des folides &c. Le lecteur ne comprendra que trop tôt combien néceffaire eft le Commentaire que nous allons lui mettre fous les yeux ; l'on a été furpris avec raifon de voir tant de chofes renfermées en 14. pages.

LETTRE PREMIERE.

Réflexions sur les premières notions & les premières formules du calcul différentiel, à commencer depuis l'article 913 jusqu'à l'article 924.

PUisque vous voulez continuer, M., à me communiquer vos lumières, je me détermine à apprendre les régles du calcul infinitéfimal dans les Elémens qu'en a donné l'Abbé de la Caille. Je comprens que fans ce fecours je m'expoferois à perdre mon tems ; cette dernière partie de fon ouvrage eft celle fans contredit qui a le plus befoin de Commentaire. Je vous dirai cependant que j'ai trouvé très-claires & à la portée de tout le monde, les notions qu'il donne de ce calcul depuis l'article 913 jufqu'à l'article 918. Je vous dirai encore que je fais grand cas des formules des articles 919 & 921 ; elles m'ont fervi à différentier une foule de quantités variables dont les unes font additionnées, les autres fouftraites, & les autres multipliées. Oui, M., je fçais maintenant, à n'en pouvoir douter, que la différence du polynome $a + x + c + y$ eft $dx + dy$; que celle du binome $a - z$ eft $- dz$; que celle du monome xy eft $ydx + xdy$, & que par conféquent la différence d'un produit compofé de deux quantités variables fera toujours la différence de la première quantité multipliée par la feconde $+$ la différence de la feconde quantité multipliée par la première. Auffi la différence du quarré xx eft-elle $xdx + xdx = 2xdx$, & celle du monome axx eft-elle $axdx + axdx = 2axdx$. Je fçais encore que la différence du produit xyz compofé de trois quantités variables eft $yzdx + xzdy + xydz$, c'eft-à-dire, je fçais que la différence du produit xyz eft une fomme compofée de la différence de x multipliée par yz, de la différence de y multipliée par xz, de la différence de z multipliée par xy, & qu'ainfi j'aurai infailliblement la

différence d'un produit composé de trois quantités varia=
bles, en multipliant le produit des quantités posées de deux
en deux par la différence de la troisième. C'est pour cette
raison la même que la différence du cube xxx est $xxdx +$
$xxdx + xxdx = 3xxdx = 3x^2dx = 3x^{3-1}dx$. Je sçais enfin qu'en général la différence de x^m, quelle que soit la
puissance représentée par m, est $mx^{m-1}dx$, & que par conséquent celle de x^{-m} sera $-mx^{-m-1}dx$. Mais ce qui m'a arrêté, c'est la différentielle de $\sqrt[n]{x^m}$; je n'ai jamais pu comprendre pourquoi elle est $\frac{m}{n} x^{\frac{m-n}{n}} dx$. Je vous prie de
m'en envoyer la démonstration, de même que des suivan-
tes. Vous obligerez celui qui sera toute sa vie avec autant
de respect, que de reconnoissance, &c.

REPONSE.

*Commentaire des formules les plus difficiles du calcul dif-
férentiel, à commencer au milieu de l'article 925 jusqu'à la fin de l'article 932.*

POur répondre sans confusion à toutes les questions que
vous me faites en deux mots dans votre dernière lettre, je vous envoye, M., la solution des problémes suivans.

Probléme 1. Trouver la différence de $\sqrt[n]{x^m}$.

Résolution. La différence demandée est $\frac{m}{n} x^{\frac{m-n}{n}} dx$.

Démonstration. 1°. $\sqrt[n]{x^m} = x^{\frac{m}{n}}$ (*num.* 167 des Elémens
d'algébre.).

2°. La différence de $x^{\frac{m}{n}}$ est évidemment $\frac{m}{n} x^{\frac{m}{n}-1} dx$
$= \frac{m}{n} x^{\frac{m-n}{n}} dx$; donc &c.

Probléme 2. Trouver la différence de $\frac{1}{x^m}$.

Résolution. La différence demandée $-mx^{-m-1}dx$.

Démonstration. $\frac{1}{x^m} = x^{-m}$ (*num.* 168 des Elémens d'algébre). Mais la différence de x^{-m} est évidemment $-mx^{-m-1} dx$; donc &c.

Probléme. Trouver la différence de $\sqrt{(xy + yy)}$.

Résolution. La différence demandée est $\frac{ydx + xdy + 2ydy}{2\sqrt{(xy + yy)}}$.

Démonstration. 1°. Faisons d'abord $\sqrt{(xy + yy)} = u$, nous aurons $xy + yy = uu$.

2°. La différence du binome $xy + yy$ est évidemment égale à la différence de uu ; donc $ydx + xdy + 2ydy = 2udu$; donc $du = \frac{ydx + xdy + 2ydy}{2u}$.

3°. $2u = 2\sqrt{(xy + yy)}$, donc $du = \frac{ydx + xdy + 2ydy}{2\sqrt{(xy + yy)}}$. Mais du, différence de u, est la même que la différence de $\sqrt{(xy + yy)}$, parce que ce radical est supposé $= u$, donc &c.

Probléme 4. Trouver la différence de $\dfrac{1}{\sqrt[n]{x^m}}$.

Résolution. La différence demandée est $\dfrac{-mdx}{n\sqrt[n]{x^{m+n}}}$.

Démonstration. 1. $\dfrac{1}{\sqrt[n]{x^m}} = x^{-\frac{m}{n}}$. En effet $\dfrac{1}{\sqrt[n]{x^m}} = \sqrt[n]{x^{-m}}$ (*num.* 168 des Elémens d'algébre). Mais $\sqrt[n]{x^{-m}} = x^{-\frac{m}{n}}$, (*num.* 167 des mêmes élémens) ; donc $\dfrac{1}{\sqrt[n]{x^m}} = x^{-\frac{m}{n}}$.

2. La différence de $x^{-\frac{m}{n}}$ est évidemment $-\frac{m}{n}x^{-\frac{m}{n}-1} dx = -\frac{m}{n} x^{-\frac{m-n}{n}} dx$.

3. $x^{-\frac{m-n}{n}} = \dfrac{1}{x^{\frac{m+n}{n}}}$ (*num.* 168) $= \dfrac{1}{\sqrt[n]{x^{m+n}}}$ (*num.* 167).

4. La différence $-\frac{m}{n}x^{\frac{-m-n}{n}} dx = -m \times x^{\frac{-m-n}{n}} \times dx$

$$= - \frac{m}{n} \times \frac{1}{\sqrt[n]{x^{m+n}}} \times dx = \frac{-\,m\,dx}{n\sqrt[n]{x^{m+n}}} \; ;$$ donc la différence du

du radical $\dfrac{1}{\sqrt[n]{x^m}}$ est $\dfrac{-\,m\,dx}{n\sqrt[n]{m+n}}$.

Probléme 5. Trouver la différence $\dfrac{ax^{m+1}}{m+1}$.

Résolution. La différence demandée est $ax^m dx$.

Démonstration. La différence de $\dfrac{ax^{m+1}}{m+1}$ est évidemment

$$\frac{m+1\,ax^{m+1-1}\,dx}{m+1} = \frac{m+1\,ax^m\,dx}{m+1} = ax^m dx \; ;$$ donc &c.

Probléme 6. Trouver la différence de la fraction $\dfrac{x}{y}$.

Résolution. La différence demandée est $\dfrac{ydx - xdy}{yy}$.

Démonstration.

$$1. \quad \frac{x}{y} = t$$
$$2. \quad x = ty$$
$$3. \quad dx = ydt + tdy$$
$$4. \quad ydt = dx - tdy$$
$$5. \quad dt = \frac{dx - tdy}{y}$$
$$6. \quad dt = \frac{dx}{y} - td$$
$$7. \quad dt = \frac{dx}{y} - \frac{xd}{y}$$
$$8. \quad dt = \frac{ydx}{yy} - \frac{xdy}{yy}$$
$$9. \quad dt = \frac{ydx - xdy}{yy}.$$

Explication. La premiere équation est une pure suppo-
fition qu'il est impossible de ne pas admettre.

La feconde équation ne contient aucune difficulté.

La troifième équation est fondée fur ce Principe : fi la
grandeur x est égale à la grandeur ty, la différence de x
fera égale à la différence de ty.

La quatrième équation ne différe de la troifième, qu'en

ce que tdy qui étoit dans un membre avec le signe $+$ est passé dans l'autre avec le signe $-$.

On a eu la cinquième équation en divisant par y les deux membres de la précédente.

La sixième équation se présente d'elle même ; tout le monde voit que $-\dfrac{tdy}{y} = -td$.

On a eu la septième équation en substituant à t sa première valeur $\dfrac{x}{y}$.

La huitième équation n'a pas besoin d'explication ; il est évident que $\dfrac{dx}{y} = \dfrac{ydx}{yy}$, & que $\dfrac{-xd}{y} = -\dfrac{xdy}{yy}$.

Enfin la neuvième équation donne la différence de la quantité t égale à $\dfrac{ydx - xdy}{yy}$. Mais la différence de la quantité t est la même que la différence de la fraction $\dfrac{x}{y}$, puisque l'on a fait $\dfrac{x}{y} = t$; donc la différence de la fraction $\dfrac{x}{y}$ est $\dfrac{ydx - xdy}{yy}$.

Corollaire 1. En général la différence d'une fraction est égale au produit de la différence du numérateur par le dénominateur, $-$ au produit de la différence du dénominateur par le numérateur, le tout divisé par le quarré du dénominateur.

Corollaire 2. La différence de $\dfrac{y}{a} = \dfrac{dy}{a}$. En effet, puisque le dénominateur a n'a point de différence, il s'ensuit que la différence de $\dfrac{y}{a} = \dfrac{ady}{aa} = \dfrac{dy}{a}$.

Corollaire 3. Par là même la différence de $\dfrac{a}{x}$ sera $\dfrac{-adx}{xx}$.

Corollaire 4. La différence de $\dfrac{ay}{x}$ sera $\dfrac{axdy - aydx}{xx}$. Toutes ces démonstrations me paroissent plus claires que celles que donne l'Abbé de la Caille aux articles 926, 927, 928 & 929. Les problémes suivans servent à trouver les différences secondes, ou les différences des différences ; on en fait affez fouvent ufage dans le calcul, pour nous croire obligés d'en donner les régles avec la dernière exactitude.

Probléme 7. Trouver la différence feconde de ax, ou la différence de adx.

Réfolution. La différence demandée eft $addx$.

Demonftration. La différence feconde de ax eft ax multiplié par le quarré de d, donc la différence de ax eft $addx$.

Probléme 8. Trouver la différence feconde de x^m, ou la différence de $mx^{m-1}dx$.

Réfolution. La différence demandée eft $(mm-m)$ $x^{m-2}dx^2 + mx^{m-1}ddx$.

Démonftration. Faifons $x^{m-1} = y$, & $dx = \zeta$; & fouvenons-nous que le quarré de dx n'eft pas $ddxx$, ou $dxdx$, mais dx^2, parce que dx eft une quantité fimple, & non pas le produit de d par x. Cela fuppofé, voici comment je raifonne.

1°. Puifque $x^{m-1} = y$, l'on aura la différence de x^{m-1} égale à la différence de y; donc $m-1 \, x^{m-2} \, dx$ $= dy$.

2°. Puifque $dx = \zeta$, & $x^{m-1} = y$; donc $mx^{m-1} \, dx$ $= my\zeta$; donc la différence de $mx^{m-1} \, dx$ eft égale à la différence du produit $my\zeta$ dans lequel fe trouve la conftante m.

3°. La différence de $my\zeta$ eft $m\zeta dy + myd\zeta$ (lettre précédente).

4°. fubftituons à ζ fa valeur dx (*num.* 2 de ce problême 8), à dy fa valeur $m-1 \, x^{m-2} \, dx$, & à y fa valeur x^{m-1} (*num.* 1), nous aurons $m\zeta dy + myd\zeta = m \times dx \times (m-1)$ $x^{m-2} \, dx + m \times x^{m-1} \times ddx$.

5°. $m \times dx \times (m-1) \, x^{m-2} \, dx = (mm-m)$ $x^{m-2} \, dx^2$, parce que m, coéfficient de dx, doit multiplier $m-1$, coéfficient de $x^{m-2} \, dx$; & dx qui a m pour coéfficient, doit multiplier dx dont le coéfficient eft $m-1$.

6°. $m \times x^{m-1} \times dd \, x = mx^{m-1} \, ddx$; donc $m\zeta dy + myd\zeta = (mm-m) \, x^{m-2} \, dx^2 + mx^{m-1} \, ddx$.

7°. La différence de $my\zeta$ eft la même que celle de

$m x^{m-1} dx$ (*num.* 2 de ce probléme) ; donc la différence de $m x^{m-1} dx = (mm - m) x^{m-2} dx^2 + m x^{m-1} ddx$.

Corollaire 1. La différence feconde de x^2 eft $2dxx + 2xddx$, parce que le m de la formule précédente valant 2, cette formule devient $(4 - 2) x^{2-2} dxx + 2x^{2-1} ddx = 2x^0 dxx + 2xddx = 2dxx + 2xddx$, parce que $x^0 = 1$ (*num.* 166 des élémens d'algébre.)

Corollaire 2. La différence feconde de x^3 eft $6xdxx + 3xxddx$, parce que le m de la formule précédente valant 3, cette formule devient $(9 - 3) x^{3-2} dxx + 3x^{3-1} ddx = 6xdxx + 3xxddx$.

Probléme 9. Trouver la différence feconde de xy, ou la différence de $ydx + xdy$.

Réfolution. La différence demandée eft $yddx + xddy + 2dxdy$.

Démonftration. 1. La différence de ydx eft $dxdy + yddx$ (lettre précédente).

2°. La différence de xdy eft $dxdy + xddy$ (lettre précédente) ; donc la différence de $ydx + xdy = yddx + dxdy + dxdy + xddy = yddx + xddy + 2dxdy$.

Probléme 10. Trouver la différence feconde de $\frac{a}{y}$, ou la différence de $-\frac{ady}{yy}$.

Réfolution. La différence demandée eft $\frac{-ayddy + 2ady^2}{y^3}$.

Démonftration. 1. La différence du numérateur $-ady$ eft $-addy$, & celle du dénominateur yy eft $2ydy$.

2. La différence d'une fraction eft compofée de la différence du numérateur multipliée par le dénominateur, — la différence du dénominateur multipliée par le numérateur, le tout divifé par le quarré du dénominateur (*coroll.* 1. du prob. 6 de cette lettre) ; donc la différence de la fraction $\frac{-ady}{yy} = \frac{yy \times -addy, \& -ady \times -2ydy}{y^4} = \frac{-ayyddy + 2aydy^2}{y^4}$

$= \frac{-ayddy + 2ady^2}{y^3}$; auffi me paroit-il que l'Abbé de la Caille s'est trompé en assignant $\dfrac{+\, ayddy - 2ady^2}{y^3}$ pour la différence seconde de $\dfrac{a}{y}$.

Probléme 11. Trouver la différence de la fraction déjà différentiée $\dfrac{ydy}{dx}$, en prenant dx pour une quantité constante & invariable.

Résolution. La différence demandée est $\dfrac{dyy + yddy}{dx}$.

Démonstration. 1. La différence du produit ydy est (lettre précédente) $dy \times dy = dy^2 = dyy , + yddy$.

2. La différence de la fraction $\dfrac{ydy}{dx}$ sera donc (*coroll.* 1. du probléme 6 de cette lettre) $= \dfrac{dx \times dyy + dx \times yddy}{dx \times dx} = \dfrac{dyy + yddy}{dx}$. Voilà , M. , les différentes formules dont M. l'Abbé de la Caille va se servir pour trouver la solution des problémes les plus intéressans. Faites-en vous même l'application à ces problémes ; ce sera le moyen de ne jamais en oublier la formation. J'ai l'honneur d'être &c.

LETTRE SECONDE.

Remarques sur l'usage du calcul différentiel pour trouver les tangentes , soutangentes , normales , sounormales & rayons de courbure. Calcul raisonné de quelques équations difficiles qui se trouvent aux articles 946 & 948.

JE commence à comprendre , M. , qu'il n'est rien d'outré dans les éloges extatiques que l'on donne au calcul infinitésimal ; il est très-facile de trouver par ce calcul les tangentes , soutangentes, normales & sounormales des courbures ; il ne faut pour cela que bien se convaincre que le triangle infiniment petit M*rm ,* rectangle en *r* (*fig.* 94, pl. VI. des élémens des Mathématiques) est senblable au triangle MRB, rectangle en R ; au triangle

gle TSB, rectangle en S; au triangle TPM, rectangle
en P; & au triangle MPN, rectangle en P. Or la chose
saute aux yeux. Le triangle rectangle M*rm* & le triangle
rectangle MRB ont un angle aigu opposé au sommet; il en
est de même du triangle rectangle MRB & du triangle
rectangle TSB. L'angle commun T rend équiangles le
triangle rectangle TSB & TPM. Enfin les deux triangles
rectangles TPM & MPN font femblables entr'eux, puifque chacun d'eux est évidemment femblable au grand
triangle rectangle NMT.

La figure 93 de la pl. VI. n'a pas autant de triangles femblables que la figure 94; elle en a cependant quatre de
la reffemblance defquels il faut être bien convaincu. Et
d'abord le triangle infiniment petit M*rm* est femblable au
triangle MRB, à caufe des angles en M oppofés au
fommet, & des parallèles *pm* & SR qui donnent les angles alternes égaux *r* & R. Par la même raifon le triangle
MRB & BST font équiangles. Enfin à caufe de l'angle
commun T & des parallèles SR & PM, les triangles BST
& MPT ont tous leurs angles égaux. Avec ces connoiffances
élémentaires, j'ai été en état de trouver les formules renfermées entre les articles 935 & 944. Celle de l'article 939
est donnée par la proportion M*r* : *rm* : : PM : PN & non
pas par la proportion *rm* : M*r* : : PM : PN; c'est une inattention de l'Auteur, ou une faute d'impreffion.

Deux chofes m'ont arrêté quelque tems, dès qu'il s'est
agi d'appliquer ces formules générales aux courbes. Je n'ai
pas vu d'abord comment il falloit s'y prendre (*num.* 946)
pour tirer $\frac{2ax - xx}{a - x} = \frac{ydx}{dy}$ de l'équation à l'ellipfe *aayydy*
$= abbydx - bbxydx$; j'ai encore moins vu comment il
falloit manier l'équation $\frac{2ax - xx}{a - x} = \frac{ydx}{ay}$ pour en tirer l'é-
quation $\frac{ax}{a - x} = \frac{ydx - xdy}{dy}$. Mais enfin après quelques
heures de méditation je l'ai trouvé; & le calcul fuivant
en fera une affez bonne preuve.

N

Probléme 1. Tirer l'équation $\frac{2ax - xx}{a - x} = \frac{ydx}{dy}$ de l'équation $aayydy = abbydx - bbxydx$.

Résolution. 1°. L'équation à l'ellipse est $aayy = 2abbx - bbxx$ (*num.* 810 du Traité des sections coniques).

2°. Cette équation différentiée suivant les régles ordinaires devient $2aaydy = 2abbdx - 2bbxdx$; donc, en divisant tout par 2 & en multipliant tout par y, l'on aura $aayydy = abbydx - bbxydx$.

3°. Divisons les deux membres de cette équation par $abb - bbx$, nous aurons $\frac{aayydy}{abb - bbx} = ydx$.

4°. Divisons tout par dy, nous aurons $\frac{aayy}{abb - bbx} = \frac{ydx}{dy}$.

5°. Substituons au numérateur $aayy$ sa valeur $2abbx - bbxx$ (*num.* 1 de ce Probléme) nous aurons $\frac{2abbx - bbxx}{abb - bbx} = \frac{ydx}{dy}$. Mais $\frac{2abbx - bbxx}{abb - bbx} = \frac{2ax - xx}{a - x}$, donc $\frac{2ax - xx}{a - x} = \frac{ydx}{dy}$.

Probléme 2. Tirer l'équation $\frac{ax}{a - x} = \frac{ydx - xdy}{dy}$ de l'équation $\frac{2ax - xx}{a - x} = \frac{ydx}{dy}$.

Résolution. 1°. $x = \frac{xdy}{dy}$, parce que $\frac{dy}{dy} = 1$.

2°. $\frac{2ax - xx}{a - x} = \frac{ydx}{dy}$, donc $\frac{2ax - xx}{a - x} - x = \frac{ydx}{dy} - \frac{xdy}{dy}$, donc $\frac{2ax - xx - ax + xx}{a - x} = \frac{ydx - xdy}{dy}$; donc, en ôtant les quantités qui se détruisent dans le premier membre de cette équation, l'on aura $\frac{ax}{a - x} = \frac{ydx - xdy}{dy}$.

M. l'Abbé de la Caille se sert ensuite du calcul différentiel pour trouver le rayon de courbure des courbes. Je l'ai suivi très-facilement dans sa marche. Les opérations de l'article 947 sont fondées sur la ressemblance des triangles M*m*B, N*n*n & sur celle des triangles IMN, M*m*C (*fig.* 95. pl. VI. des élémens des Mathématiques). Les deux derniers sont évidemment équiangles à cause de l'angle commun M, & du parallélisme des lignes IN, *m*C. Pour les triangles M*m*B,

N*tn* rectangles, l'un en B & l'autre en *t*, ils ont encore l'angle aigu N égal à l'angle aigu M , parce que la ligne N*n* étant parallèle à la ligne MB , & la ligne N*t* à la ligne M*m*, la ligne N*t* est nécessairement autant inclinée sur la ligne N*n*, que la ligne M*m* sur la ligne MB ; donc le triangle N*tn* est aussi évidemment semblable au triangle M*m*B , que le triangle M*m*C au triangle IMN , & par conséquent toutes les opérations de l'article 947 doivent se présenter à l'homme du monde le moins attentif. L'article 948 n'en contient qu'une de difficile. On ne voit pas d'abord comment $\frac{dy^2}{pp}(4yy + pp) \frac{dy}{p} \sqrt{(4yy + pp)}$, le tout multiplié par $\frac{p}{2dy^3}$, donne la formule

$$\frac{(4yy + pp) \sqrt{(4yy + pp)}}{2pp}.$$

Mais qu'on prenne garde que $\frac{dy^2}{pp} \times \frac{dy}{p} \times \frac{p}{2dy^3} = \frac{dy^3 p}{2p^3 dy^3} = \frac{dy^3}{2ppdy^3} = \frac{1}{2pp}$; & l'on sera convaincu de la bonté de ce résultat.

Enfin M. l'Abbé de la Caille se sert du calcul différentiel pour trouver les *Maxima* & les *Minima* des lignes courbes. Ce Chapitre m'a paru beaucoup plus obscur que les autres ; je vous prie de m'en envoyer le Commentaire & de me croire &c.

RÉPONSE

Contenant le calcul de presque tous les articles qui composent le Chapitre où M. l'Abbé de la Caille applique le calcul différentiel à la méthode qui sert à trouver les Maxima *&* les Minima.

VOus n'attendrez pas long-tems ma réponse , M. Comme j'étois assuré que vous me demanderiez des éclaircissemens sur les *Maxima* & *Minima*, j'avois commencé depuis quelques jours le Commentaire que je vous envoie. Je n'ai rien à ajouter à la manière dont M. l'Abbé de la

Caille explique, aux articles 949 & 950, ce que l'on doit entendre par le *Maximum* & le *Minimum* d'une quantité variable ; on ne peut pas le faire d'une manière plus claire que lui. Il n'en est pas ainsi des problèmes qu'il propose à cette occasion ; ils ont besoin d'être présentés tout différemment qu'ils ne le font. Entrons en matière sans autre préambule.

Problème I. Trouver la plus grande ordonnée au grand axe d'une ellipse.

Résolution. La plus grande ordonnée au grand axe d'une ellipse est la moitié du petit axe.

Démonstration. 1°. je nomme le grand axe d'une ellipse quelconque, $2a$; le petit axe, $2b$; une ordonnée quelconque, y ; une abscisse quelconque correspondante, x.

2°. Dans le point où l'ordonnée y est devenue la plus grande, son accroissement est devenu nul, ou o, & sa différentielle dy est dans ce point $=$ o.

3°. L'équation aux axes de l'ellipse est (*num.* 810 du Traité des sections coniques) $aayy = 2abbx - bbxx$.

4°. Cette équation différentiée devient $2aaydy = 2abbdx - 2bbxdx$.

5°. Comme l'ordonnée qu'on cherche, est supposée arrivée à son *maximum*, elle aura à ce point sa différentielle $dy =$ o ; donc $2aaydy = 2aay \times dy = 2aay \times$ o $=$ o ; donc l'équation du *num.* 4 devient $2abbdx - 2bbxdx =$ o ; donc $2abbdx = 2bbxdx$.

6°. Divisons cette dernière équation par $2bbdx$, l'on aura $a = x$; donc lorsque $x = a$, alors l'ordonnée de l'ellipse est arrivée à son *maximum*.

7°. a représente la moitié du grand axe d'une ellipse quelconque, & x une abscisse quelconque ; donc lorsque l'ordonnée a pour abscisse correspondante la moitié du grand axe, alors elle est arrivée à son *maximum*. Mais la moitié du petit axe est une ordonnée qui a pour abscisse correspondante la moitié du grand axe ; donc la moitié du petit axe est la plus grande ordonnée au grand axe d'une ellipse.

Après la folution de ce premier Problème, M. l'Abbé de la Caille fuppofe une courbe géométrique dont l'équation eft $0,1125\,x^4 — 0,725x^3 + 0,9735x^2 + 0,875x = y$; & il demande quelles feront les valeurs des ordonnées y en fuppofant les abfciffes x fucceffivement égales à 1, 2, 3, 4, 5, 6 & 7. J'ai cru, M., devoir réfoudre dans toutes les formes ces 7 Problèmes ; l'Abbé de la Caille n'en a pas toujours donné une folution exacte. Il n'eft pas néceffaire de vous faire remarquer que dans l'équation précédente x^4 & x^2 ont pour coéfficiens des fractions décimales dont le dénominateur eft 10000, & x^3 de même que x, des fractions décimales dont le dénominateur eft 1000.

Problème 2. Trouver la valeur de l'ordonnée y, en fuppofant l'abfciffe $x = 1$, dans l'équation $0,1125x^4 — 0,725x^3 + 0,9735x^2 + 0,875x = y$.

Réfolution. Dans cette hypothèfe l'on aura $y = 1,2360$.

Démonftration. 1°. En fuppofant $x = 1$, l'équation donnée devient $0,1125 \times 1 — 0,725 \times 1 + 0,9735 \times 1 + 0,875 \times 1 = y$, parce que la première, feconde, troifième & quatrième puiffance de 1 eft 1 ; donc $y = 0,1125 — 0,725 + 0,9735 + 0,875$; donc $y = 1,9610 — 0,725$; donc $y = 1,2360$.

2°. M. l'Abbé de la Caille affure qu'en faifant $x = 1$, l'on aura $y = 1,2$. Cette folution fait y un peu moindre qu'il ne doit être ; la fraction $\frac{2}{10}$ eft un peu plus petite que la fraction $\frac{2360}{10000}$.

Problème 3. Trouver la valeur de l'ordonnée y, en fuppofant l'abfciffe $x = 2$, dans l'équation du problème 2.

Réfolution. Dans cette hypothèfe l'on aura $y = 1,6440$.

Démonftration. 1°. En fuppofant $x = 2$, l'équation donnée devient $0,1125 \times 16 — 0,725 \times 8 + 0,9735 \times 4 + 0,875 \times 2 = y$, parce que le quarré de 2 eft 4, fon cube eft 8, & fon quarré-quarré eft 16 ; donc $y = \frac{18000}{10000} — \frac{5800}{1000} + \frac{38940}{10000} + \frac{1750}{1000}$; donc $y = 1,8000 + 3,8940 + 1,750 — 5,800$; donc $y = 7,4440 — 5,800$; donc $y = 1,6440$.

2°. M. l'Abbé de la Caille affure qu'en faifant $x = 2$,

l'on aura $y = 1,5$. Cette folution n'eft pas tout-à-fait exacte; la fraction $\frac{6440}{10000}$ eft un peu plus grande que la fraction $\frac{5}{10}$.

Probléme 4. Trouver la valeur de l'ordonnée y, en fuppofant l'abfciffe $x = 3$, dans l'équation du probléme 2.

Réfolution. Dans cette hypothèfe l'on aura $y = 0,9240$.

Démonftration. 1°. Puifque le quarré de 3 eft 9, fon cube 27, & fon quarré-quarré 81, l'équation donnée, en fuppofant $x = 3$; devient $0,1125 \times 81 - 0,725 \times 27 + 0.9735 \times 9 + 0,875 \times 3 = y$; donc $y = \frac{91125}{10000} - \frac{19575}{1000} + \frac{87615}{10000} + \frac{2625}{1000}$; donc $y = 9,1125 + 8,7615 + 2,625 - 19,575$; donc $y = 20,4990 - 19,575$; donc $y = 0,9240$.

2°. Suivant l'Abbé de la Caille, en faifant $x = 3$, l'on aura $y = 0,6$; il faut qu'il n'ait pas pris la peine de faire lui-même le calcul; jamais on ne dira que la fraction $\frac{9240}{10000}$ foit égale à la fraction $\frac{6}{10}$.

Probléme 5. Trouver la valeur de l'ordonnée y, en fuppofant l'abfciffe $x = 4$, dans l'équation du probléme 2.

Réfolution. Dans cette hypothèfe l'on aura $y = 1,4760$.

Démonftration. 1°. Puifque le quarré de 4 eft 16, fon cube 64, & fon quarré-quarré 256, l'équation donnée, en fuppofant $x = 4$, devient $0,1125 \times 256 - 0,725 \times 64 + 0,9735 \times 16 + 0,875 \times 4 = y$, donc $y = \frac{288000}{10000} - \frac{46400}{1000} + \frac{155760}{10000} + \frac{3500}{1000}$; donc $y = 28,8000 + 15,5760 + 3,500 - 46,400$; donc $y = 47,8760 - 46,400$; donc $y = 1,4760$.

2°. L'Abbé de la Caille affure qu'en faifant $x = 4$, l'on aura $y = 0,9$; cette erreur eft confidérable; $0,9$ eft bien inférieur à $1,4760$.

Probléme 6. Trouver la valeur de l'ordonnée y, en faifant $x = 5$, dans l'équation du probléme 2.

Réfolution. Dans cette hypothèfe l'on aura $y = 8,4000$.

Démonftration. 1°. Le quarré de $5 = 25$, fon cube $= 125$, fon quarré-quarré $= 625$; donc l'équation donnée devient $0,1125 \times 625 - 0,725 \times 125 + 0,9735 \times 25 + 0,875 \times 5 = y$; donc $y = \frac{703125}{10000} - \frac{90625}{1000} + \frac{243375}{10000} + \frac{4375}{1000}$; donc $y = 70,3125 + 24,3375 + 4,375 - 90,625$; donc $y = 99,0250 - 90,625$, donc $y = 8,4000$.

2°. L'Abbé de la Caille fait $y = 7,5$, en suppofant $x = 5$; c'eft une erreur dont il a été néceffaire d'avertir.

Probléme 7. Trouver la valeur de l'ordonnée y, en faifant $x = 6$, dans l'équation du probléme 2.

Réfolution. Dans cette hypothêfe l'on aura $y = 29,5960$.

Démonftration. Le quarré de $6 = 36$, fon cube $= 216$, & fon quarré-quarré $= 1296$; donc l'équation donnée devient $y = 0,1125 \times 1296 - 0,725 \times 216 + 0,9735 \times 36 + 0,875 \times 6$; donc $y = \frac{1458000}{10000} - \frac{156500}{1000} + \frac{350460}{10000} + \frac{5250}{1000}$; donc $y = 145,8000 + 35,0460 + 5,250 - 156,500$; donc $y = 186,0960 - 156,500$; donc $y = 29,5960$.

2°. M. l'Abbé de la Caille fait $y = 28,2$, en suppofant $x = 6$; ce qui eft inférieur à la valeur trouvée.

Probléme 8. Trouver la valeur de l'ordonnée y, en faifant $x = 7$, dans l'équation du probléme 2.

Réfolution Dans cette hypothèfe l'on aura $y = 75,2640$.

Démonftration. 1°. Le quarré de $7 = 49$, fon cube $= 343$, & fon quarré-quarré $= 2401$; donc l'équation donnée devient $0,1125 \times 2401 - 0,725 \times 343 + 0,9735 \times 49 + 875 \times 7$; donc $y = \frac{2701125}{10000} - \frac{248675}{1000} + \frac{477015}{10000} + \frac{6125}{1000}$; donc $y = 270,1125 + 47,7015 + 6,125 - 248,675$; donc $y = 323,9390 - 248,675$; donc $y = 75,2640$.

2°. L'Abbé de la Caille fait, je ne fçais pourquoi, dans la même hypothèfe, $y = 73,5$.

3°. La table exacte des x & des y eft donc

x	y
1	1,2360
2	1,6440
3	0,9240
4	1,4760
5	8,4000
6	29,5960
7	75,2640

4°. Avec cette table & par la méthode que donne M. l'Abbé de la Caille à l'article 952, l'on conftruira la figure 97 de la planche VI des élémens des Mathématiques ; & l'on fe fervira des problémes fuivans pour trouver dans cette figure la valeur du *Maximum* R*r*, & celle du *Minimum* T*t*.

Probléme 9. Différentier l'équation $0,1125x^4 - 0,725x^3 + 0,9735x^2 + 0,875x = y$.

Réfolution. L'équation différentiée fera $0,45x^3 dx - 2,175x^2 dx + 1,947x dx + 0,875 dx = dy$.

Démonftration. 1°. Si l'équation propofée étoit $x^4 - x^3 + x^2 + x = y$, cette même équation différentiée feroit évidemment $4x^3 dx - 3x^2 dx + 2x dx + dx = dy$; donc l'équation propofée différentiée fera $0,1125 \times 4x^3 dx - 0,725 \times 3x^2 dx + 0,9735 \times 2x dx + 0,875 dx = dy$.

2°. $0,1125 \times 4x^3 dx = 0,4500x^3 dx = 0,45x^3 dx$.

3°. $-0,725 \times 3x^2 dx = -2,175x^2 dx$.

4°. $0,9735 \times 2x dx = 1,9470x dx = 1,947x dx$, & non pas $1,875x dx$, comme l'a marqué l'Abbé de la Caille à l'article 973 ; donc l'équation propofée différentiée deviendra $0,45x^3 dx - 2,175x^2 dx + 1,947x dx + 0,875 dx = dy$; laquelle équation différe infiniment peu de celle que donne l'Auteur que nous commentons (*num.* 953).

5°. Dans le cas du *Maximum*, ou du *Minimum*, l'on a $dy = 0$ (*num.* 2 du probl. 1); donc l'on aura $0,45x^3 dx - 2,175x^2 dx + 1,947x dx + 0,875 dx = 0$; donc, en divifant tout par dx, l'on aura l'équation du troifième degré $0,45x^3 - 2,175x^2 + 1,947x + 0,875 = 0$.

Probléme 10. Trouver la première racine pofitive de l'équation du troifième degré $0,45x^3 - 2,175x^2 + 1,947x + 0,875 = 0$.

Réfolution. La première racine pofitive fera $x = 1,7$ à peu-près.

Démonftration. 1°. Comme la racine que l'on cherche doit être jointe à une fraction, je me fers, pour réfoudre ce probléme, de la méthode que donne l'Abbé de la Caille, à l'article 257 des élémens d'algébre.

2°. Dans l'équation proposée je substitue successivement 1 & 2 à la place de l'inconnue x.

3°. En faisant $x = 1$, l'équation proposée deviendra $0,45 - 2,175 + 1,947 + 0,875 = +1,097$.

4°. En faisant $x = 2$, l'équation proposée deviendra $0,45 \times 8 - 2,175 \times 4 + 1,947 \times 2 + 0,875 = 3,60 - 8,700 + 3,894 + 0,875 = -0,331$.

5°. Comme en faisant $x = 2$, la quantité à laquelle l'équation proposée a été réduite, a changé de signe, je conclus que la première racine de cette équation est 1 + une fraction quelconque que je nomme d ; donc $x = 1 + d$.

6°. Je substitue $1 + d$ à x dans l'équation proposée, & j'ai

$$+ 0,45x^3 = 0,45 + 1,35d + 1,35dd + 0,45d^3$$
$$- 2,175x^2 = - 2,175 - 4,350d - 2,175dd$$
$$+ 1,947x = + 1,947 + 1,947d.$$
$$+ 0,875 = + 0,875.$$
$$\overline{\qquad + 1,097 - 1,053d - 0,825dd + 0,45d^3}$$

7°. Je néglige $0,45d^3$ par la raison que M. l'Abbé de la Caille a donnée, à l'article 257 de ses élémens d'algébre, & il me reste l'équation $0,825dd + 1,053d = 1,097$.

8° Je calcule cette équation du second degré de la même manière que j'ai calculé (liv. 1 de ce Commentaire, pag. 36 & 37) l'équation $144dd + 295d = 116$; & je trouve que la valeur la plus approchée de d est $0,7$; donc si $x = 1 + d$, il sera $= 1,7$. Voyez-en le calcul à la fin de cette lettre.

9°. Je substitue la valeur de x dans l'équation primitive $0,1125x^4 - 0,725x^3 + 0,9735x^2 + 0,875x = y$, & je trouve dans cette hypothèse $y = 1,39985125 = 1,399$, à peu-près, donc si dans la figure 97 on prend $SR = 1,7$ à peu-près, & y ou $Rr = 1,399$ à peu-près, l'on aura le lieu & la grandeur du *Maximum* demandé. Ce sera par le probléme suivant que l'on trouvera le point & la valeur du *Minimum*.

Probléme 11. Trouver la feconde racine pofitive de l'équation du troifième degré $0,45x^3 - 2,175x^2 + 1,947x + 0,875 = 0$.

Réfolution. La feconde racine pofitive fera 3,16 à peu près.

Démonftration. 1°. Je me fers encore, pour réfoudre ce probléme, de la méthode que donne l'Abbé de la Caille, à l'article 257 des élémens d'algébre, parce qu'il s'agit de trouver une racine fractionnaire.

2°. Comme dans le probléme précédent j'ai fubftitué fucceffivement dans l'équation propofée 1 & 2 à la place de l'inconnue x, je fubftitue fucceffivement dans celui-ci 3 & 4 à la place de la même inconnue.

3°. En faifant $x = 3$, l'équation propofée devient $0,45 \times 27 - 2,175 \times 9 + 1,947 \times 3 + 0,875 = 12,15 - 19,575 + 5,841 + 0,875 = - 0,709$.

4°. En faifant $x = 4$, l'équation propofée devient $0,45 \times 64 - 2,175 \times 16 + 1,947 \times 4 + 0,875 = 28,80 - 33,800 + 7,788 + 0,875 = + 3,663$.

5°. Comme en faifant $x = 4$, la quantité à laquelle l'équation propofée a été réduite, a changé de figne, je conclus que la feconde racine de cette équation eft $3 +$ une fraction quelconque que je nomme d, donc $x = 3 + d$.

6°. Je fubftitue $3 + d$ à x dans l'équation propofée, & j'ai

$$0,45x^3 = + 12,15 + 12,15d + 4,05dd + 0,45d^3$$
$$- 2,175x^2 = - 19,575 - 13,050d - 2,175dd$$
$$1,947x = + 5,841 + 1,947d$$
$$0,875 = + 0,875$$

$$\overline{\quad\quad - 0,709 + 1,047d + 1,875dd + 0,45d^3}$$

7°. Je néglige $0,45d^3$ par la raifon que M. l'Abbé de la Caille a donnée, à l'article 257 de fes élémens d'algébre, & il me refte l'équation $1,875dd + 1,047d = 0,709$.

8°. Je calcule cette équation du fecond degré, comme j'ai calculé au probléme précédent l'équation $0,825dd +$

1,053d = 1,097 , & je trouve que la valeur la plus approchée de d eſt 0,16 ; donc ſi $x = 3 + d$, il ſera $= 3,16$.
Voyez-en le calcul à la fin de cette lettre.

9°. Je ſubſtitue la valeur de x dans l'équation primitive 0, 1125x^4 — 0, 725x^3 + 0, 9735x^2 + 0,
875$x = y$, & je trouve dans cette hypothèſe $y = 0$,
826595328000 = 0, 826 à peu-près ; donc ſi dans la
figure 97 on fait ST $= 3$, 16 à peu-près, & Tt =
0, 826 à peu-près, on aura le point & la valeur du *Minimum*. Vous voyez, M., qu'avec un peu de patience
on peut trouver le *Maximum* & le *Minimum* des lignes
courbes par les régles que donne l'Abbé de la Caille.
La plupart de mes réſultats, je le ſçais, ſont tant ſoit
peu différents de ceux de cet Auteur ; il me paroit cependant que mon calcul eſt exact. Si vous veniez à y
découvrir quelque faute d'inattention, je vous prie de
me la communiquer. Je vous demande inſtamment cette
grace, de même que celle de me croire très ſincèrement &c.

P. S. Voici, M., les calculs que je vous ai annoncés
dans ma lettre ; peut-être ne ſerez vous pas faché de
voir toutes les opérations que j'ai faites pour trouver
au probléme 10 la quantité $d = 0, 7$. & au probléme
11 la quantité $d = 0, 16$.

1°. j'ai trouvé $d = 0, 7$, en maniant l'équation du
ſecond degré 0, 825 $dd + 1, 053d = 1,097$ en la
manière ſuivante.

Opérations analogues au probléme 10.

1ere,   0,825 $dd + 1,053 d = 1,097$.
2e ,   0,8250$dd + 1,053 d = 1,097$
3e ,   0,8250$dd + 1,053 d + 0,36 = 1,097 + 0,36$
4e ,   0,8250$dd + 1,053d + 0,36 = 1,457$
5e ,   0,8250$dd + 1,053d + 0,36 = 1,4570$
6e ,   0,90 $d + 0,6 = 1,20$
7e ,   0,90 $d = 1,20 — 0,6$
8e ,   0,90 $d = 0,60$
9e ,   0,10 + 0,90 $d = 0,10 + 0,60$
10 ,   1$d = 0,70$
11 , $d = 0,7$

Explication des opérations précédentes.

La première opération a été démontrée bonne, au probléme 10.

Puiſque la fraction décimale 0,8250 eſt évidemment égale à la fraction décimale 0,825 , la ſeconde opération eſt auſſi bonne que la première.

La troiſiéme opération s'eſt paſſée à compléter le quarré imparfait 0,8250 dd + 1,053d. Pour en venir à bout, j'ai d'abord eu préſent à l'eſprit le quarré parfait xx + $2ax$ + aa , dont les deux racines ſont $x + a$. Je me ſuis enſuite apperçu que le ſecond terme de ce quarré eſt compoſé de la ſeconde racine a multipliée par le double de la première racine x. Cela ſuppoſé , voici comment j'ai raiſonné. Le quarré imparfait 0, 8250 dd + 1,053d a pour première racine 0, 90d ; donc le ſecond terme 1 , 053d eſt le produit de 1 , 80d multipliés par la ſeconde racine que je cherche ; donc l'on aura cette ſeconde racine en diviſant 1 , 053d par 1 , 80d ; donc cette ſeconde racine ſera 0,6 ; donc en ajoutant le quarré de 0,6 dans chaque membre de l'équation propoſée , j'aurai droit de dire 0,8250 dd + 1 , 053d + 0,36 = 1,097 + 0,36.

J'ai eu la quatriéme opération en ajoutant la quantité 1 , 097 à la quantité 0 , 36.

La cinquième opération s'eſt préſentée d'elle même ; la quantité 1 , 4570 eſt évidemment égale à la quantité 1 , 457.

La ſixième opération eſt fondée ſur ce principe : ſi deux quarrés ſont égaux , leurs deux racines ſeront égales.

Pour faire la ſeptiéme opération , j'ai ſouſtrait la fraction 0,6 de chaque membre de l'équation précédente.

La huitiéme opération a conſiſté à ſouſtraire la fraction 0,6 de la quantité 1,20.

Pour avoir la neuviéme équation , j'ai ajouté 0 , 10 dans chaque membre de l'équation précédente.

Puisque $0,10 + 0,90 = \frac{100}{100} = 1$, & que $0,10 + 0,60 = 0,70$, donc $0,10 + 0,90d = 1d = d$; donc $d = 0,70$; & c'est-là la dixiéme opération.

Enfin la onzième opération est fondée sur ce principe ; $0,70 = 0,7$.

2°. Après avoir trouvé $x = 1,7$, j'ai substitué cette valeur de x dans l'équation primitive $0,1125x^4 - 0,725x^3 + 0,9735x^2 + 0,875x = y$.

3°. Le quarré-quarré de $1,7 = 3,5721 = x^4$; donc $0,1125x^4 = 0,1125 \times 3,5721 = 0,40186125$.

4°. Le cube de $1,7 = 3,213 = x^3$; donc $-0,725 x^3 = -0,725 \times 3,213 = -2,329425$.

5°. Le quarré de $1,7 = 1,89$; donc $0,9735x^2 = 0,9735 \times 1,89 = 1,839915$.

6°. $x = 1,7$; donc $0,875 x = 0,875 \times 1,7 = 1,4875$.

7°. $y = 0,1125 x^4 - 0,725 x^3 + 0,9735 x^2 + 0,875x$; donc $y = 3,72927625 - 2,329425$; donc $y = 1,39985125$; & c'est-là le *Maximum* Rr de la courbe *Srd* représentée par la figure 97 de la planche VI des élémens des Mathématiques. C'est par les opérations suivantes que j'ai trouvé le *Minimum* Tt de la même courbe. Il s'agit de trouver d, $= 0,16$, en maniant l'équation du second degré $1,875dd + 1,047d = 0,709$.

Opérations analogues au probléme 11.

1ere $1,875 dd + 1,047d = 0,709$

2e, $1,8750 dd + 1,047d = 0,709$

3e, $1,8750 dd + 1,047d + 0,16 = 0,709 + 0,16$

4e, $1,8750 dd + 1,047d + 0,16 = 0,869$

5e, $1,8750 dd + 1,047d + 0,16 = 0,8690$

6e, $1,37d + 0,4 = 0,93$

7e, $1,37d = 0,93 - 0,4$

8e, $1,37d = 0,53$

9e, $1,d = 0,53 - 0,37$

10, $d = 0,16$

Explication des opérations précédentes.

La première équation est démontrée bonne, au problème 11.

La seconde équation est la même que la première ,
puisque 1,875 = 1,8750.

Pour former la troisième équation , j'ai fait comme au
problème précédent. J'ai d'abord tiré la racine quarrée
de 1,8750dd ; c'est 1,37d à peu-près. J'ai ensuite
divisé 1 , 047d par le double de la racine trouvée , c'est-
à-dire , par 2,74 , & j'ai eu pour quotient 0,4. J'ai
enfin mis le quarré de ce quotient dans chaque membre
de la seconde équation , & j'ai eu le quarré completé
1,8750 dd + 1,047d + 0 , 16 = 0,709 + 0,16.

J'ai eu la quatrième équation , en ajoutant la fraction
0,709 à la fraction 0,16.

La cinquième équation s'est présentée d'elle-même ;
il est évident que 0,869 = 0,8690.

La sixième équation s'est formée en extrayant la racine quarrée de chacun des membres de l'équation précédente.

J'ai eu la septième équation , en ôtant de part &
d'autre la fraction 0,4

J'ai formé la huitième équation , en ôtant 0 , 4 de 0 ,
93 , & j'ai eu 1,37d = 0,53.

J'ai eu la neuvième équation , en ôtant de part &
d'autre dans l'équation précédente la fraction 0,37.

Enfin j'ai eu pour dixième équation d = 0,16, parce que 0,53 — 0,37 = 0,16.

8°. Après avoir trouvé x = 3,16 , j'ai substitué cette
valeur de x dans l'équation primitive 0,1125x^4 — 0,
725x^3 + 0,9735x^2 + 0,875x = y.

9°. Le quarré-quarré de 3 , 16 = 99,71220736 ;
donc 0,1125x^4 = 0,1125 × 99,71220736 = 11,2176233
28000.

10. Le cube de 3,16 = 31,554496 ; donc — 0,

$725x^3 = -0,725 \times 31,554496 = -22,877009600$.

11. Le quarré de $3,16 = 9,9856$; donc $0,9735$ $x^2 = 0,9735 \times 9,9856 = 9,72098160$.

12. $x = 3,16$; donc $0,875x = 0,875 \times 3,16 = 2,76500$.

13. $y = 0,1125x^4 - 0,725x^3 + 0,9735x^2 + 0,875x$; donc $y = 23,703604928000 - 22,877009600$; donc $y = 0,826595328000$; & c'est-là le *Minimum* Tt de la courbe en question.

LETTRE TROISIEME.

Idée générale du calcul intégral présenté par M. l'Abbé de la Caille. Remarques sur la quadrature de la parabole trouvée par le calcul intégral.

CE sera ici la dernière lettre, M., que j'aurai l'honneur de vous écrire sur les élémens des Mathématiques de M. l'Abbé de la Caille. J'ai lû le peu qu'il dit sur le calcul intégral depuis l'article 959 jusqu'à l'article 963. J'ai même trouvé assez façilement par la régle générale qu'il donne, la quadrature de la parabole & de l'ellipse. Quelques moments de réflexion m'ont suffi pour comprendre, en calculant la première, que $\dfrac{p^{\frac{1}{2}} x^{\frac{1}{2}+1}}{\frac{1}{2}+1}$

$= p^{\frac{1}{2}} \times \frac{2}{3} \times x^{\frac{3}{2}}$. En effet $\dfrac{p^{\frac{1}{2}} x^{\frac{1}{2}+1}}{\frac{1}{2}+1} = p^{\frac{1}{2}} \times \dfrac{x^{\frac{3}{2}}}{\frac{3}{2}}$. Or $\frac{3}{2}$ divisant

$\dfrac{x^{\frac{3}{2}}}{1} = \dfrac{2x^{\frac{3}{2}}}{3}$ (pag. 76 & 77 de ce Commentaire), $= \frac{2}{3} x^{\frac{3}{2}}$;

donc $p^{\frac{1}{2}} \times \dfrac{x^{\frac{3}{2}}}{\frac{3}{2}} = p^{\frac{1}{2}} \times \frac{2}{3} x^{\frac{3}{2}}$. Mais l'Abbé de la Caille a déjà démontré que $p^{\frac{1}{2}} = \dfrac{y}{x^{\frac{1}{2}}}$; donc $p^{\frac{1}{2}} \times \frac{2}{3} x^{\frac{3}{2}} = \dfrac{y}{x^{\frac{1}{2}}} \times \frac{2}{3} x^{\frac{3}{2}}$

$$= \dfrac{y}{x^{\frac{1}{2}}} \times \dfrac{2 x^{\frac{3}{2}}}{3} = \dfrac{2 y x^{\frac{3}{2}}}{3 x^{\frac{1}{2}}} = \tfrac{2}{3} y x^{\frac{3}{2} - \frac{1}{2}} = \tfrac{2}{3} y x.$$

Pour l'article 966 qui contient la quadrature de l'ellipfe, je l'ai faifi à la première lecture. Il n'en a pas été ainfi des articles 968, 969 & 970 qui donnent la quadrature du folide connu fous le nom de *fufeau parabolique*, parce qu'il eft fuppofé formé par une parabole que l'on fait tourner fur fon axe ; je les ai lus 3 à 4 fois, fans y prefque rien comprendre. Si vous voulez avoir la bonté de m'en envoyer le commentaire, vous me ferez plaifir ; vous pourrez y ajouter, fi vous le jugez à propos , les éclairciffemens néceffaires pour comprendre les chapitres qui traitent de la *rectification des courbes* , de la *quadrature des folides* , de la *méthode inverfe des tangentes*. Si cependant vos occupations vous empêchent de m'accorder la grace que je vous demande , je ne ferai pas de plus vives inftances ; bien des perfonnes m'ont confeillé de ne pas apprendre le calcul intégral dans les élémens de la Caille ; cet Auteur dit en termes exprès que comme ce calcul eft fujet à de grandes difficultés , il n'en peut donner qu'une légère idée avec un ou deux exemples dans les cas les plus fimples. Il ne me refte qu'à vous remercier des fervices importans que vous m'avez rendus depuis le jour que j'ai commencé à vous connoître, & qu'à vous affurer que je ferai toute ma vie avec autant de refpect que de reconnoiffance &c.

REPONSE.

RÉPONSE.

Calcul de la quadrature de la surface courbe du fuseau parabolique. Remarques sur la rectification des courbes, la cubature des solides & la méthode inverse des tangentes.

VOus ferez bien, M., de ne pas apprendre le calcul intégral dans les élémens de l'Abbé de la Caille ; c'eſt-là le morceau le moins travaillé de ſon ouvrage. Je vous envoye cependant les éclairciſſemens que vous m'avez demandés dans votre dernière lettre, vous en ferez l'uſage que vous jugerez à propos. Je commence par la quadrature du fuſeau parabolique.

Probléme. 1. Trouver la quadrature de la ſurface d'un fuſeau parabolique

Explication. L'on me donne la parabole mMS (*fig.* 94. pl. 6. des élémens des Mathématiques) , dont le paramètre eſt a , une abſciſſe quelconque x , une ordonnée quelconque y, un côté quelconque infiniment petit mM $= \sqrt{dy^2 + dx^2}$ (*num* 938 des élémens du calcul différentiel). L'on ſuppoſe que cette parabole tourne ſur ſon axe ; elle formera un fuſeau parabolique dont la ſurface courbe aura pour élément différentiel la quantité $\sqrt{(dx^2 + dy^2)} \times \dfrac{cy}{r}$ (*num.* 968). L'on demandè l'intégration de cette quantité.

Réſolution. La ſurface courbe d'un fuſeau parabolique ſera $\dfrac{c(aa + 4yy)\sqrt{(aa + 4yy)} - a^3 c}{12\,ar}$

Démonſtration 1°. $ax = yy$ (*num.* 819 du Traité des ſections coniques) ; donc la différentielle de ax eſt égale à la différentielle de yy ; donc $adx = 2ydy$.

2°. Deux racines égales ont leurs deux quarrés égaux ; donc $aadx^2 = 4yydy^2$; donc $dx^2 = \dfrac{4yydy^2}{aa}$.

O

3°. Un élément quelconque de la surface du solide en question $= \frac{cy}{r} \sqrt{(dy^2 + dx^2)}$. Mais $dx^2 = \frac{4yy\,dy^2}{aa}$; donc $\frac{cy}{r} \sqrt{(dy^2 + dx^2)} = \frac{cy}{r} \sqrt{\left(dy^2 + \frac{4yy\,dy^2}{aa}\right)}$

$= \frac{cy}{r} \sqrt{\left(\frac{aa\,dy^2 + 4yy\,dy^2}{aa}\right)}$.

4°. $\frac{cy}{r} \sqrt{\left(\frac{aa\,dy^2 + 4yy\,dy^2}{aa}\right)} = \frac{cy}{r} \sqrt{aa + 4yy} \times \frac{dy^2}{aa}$. De plus $\sqrt{\frac{dy^2}{aa}} = \frac{dy}{a}$ $\sqrt{(num.194)}$; donc $\sqrt{aa + 4yy} \times \frac{dy^2}{aa} = \frac{dy}{a} \sqrt{aa + 4yy}$; donc $\frac{cy}{r} \sqrt{aa + 4yy} \times \frac{dy^2}{aa} = \frac{cy\,dy}{ar} \times \sqrt{(aa + yy)} = \frac{cy\,dy \sqrt{(aa + 4yy)}}{ar}$.

5°. Pour réduire cette expression en une où la régle générale de l'intégration soit appliquable, faisons $\sqrt{aa + 4yy} = z$, donc $aa + 4yy = zz$; donc la différentielle du premier membre de cette équation est égale à la différentielle du second membre ; donc $8y\,dy = 2z\,dz$; donc $y\,dy = \frac{2z\,dz}{8}$; donc $y\,dy = \frac{z\,dz}{4}$.

6°. $y\,dy = \frac{z\,dz}{4}$, & $\sqrt{aa + 4yy} = z$, donc $\frac{cy\,dy \sqrt{(aa + 4yy)}}{ar} = \frac{cz^2\,dz}{4ar}$.

7°. L'intégrale de $\frac{cz^2\,dz}{4ar} = \frac{cz^{2+1}}{3 \times 4ar} = \frac{cz^3}{12ar}$.

8°. $z = \sqrt{(aa + 4yy)}$, & $zz = aa + 4yy$, donc $\frac{cz^3}{12ar} = \frac{c(aa + 4yy)\sqrt{(aa + 4yy)}}{12ar}$.

9°. Comme en faisant $y = 0$, la formule $\frac{c(aa + 4yy)\sqrt{(aa + 4yy)}}{12ar}$ devient $\frac{aac\sqrt{aa}}{12ar} = \frac{a^3c}{12ar} = \frac{aac}{12r}$,

M. de la Caille remarque avec raison que la formule qui donnera la surface courbe du fuseau parabolique sera $\frac{c(aa + 4yy)\sqrt{(aa + 4yy)}}{12ar} - \frac{aac}{12r} =$

$\dfrac{c\,(aa + 4yy)\,\sqrt{(aa + 4yy)} - a^3c}{12ar}$. Voyez la raison qu'il en

donne *num.* 970. Donc la furface courbe du fufeau parabolique eft telle que l'affigne l'Abbé de la Caille, à la fin du chapitre où il cherche par le calcul intégral la quadrature des furfaces planes & courbes.

Remarque. Dans la formule $\dfrac{c\,(aa + 4yy)\,\sqrt{(aa + 4yy)} - a^3c}{12ar}$,

$c = 22$, & $r = 7$, parce que c fignifie une furface quelconque circulaire, r le rayon correfpondant, & que dans tout cercle la circonférence eft au rayon, à peu-près comme 22 eft à 7.

Probléme 2. Réduire en fuite infinie le radical $\sqrt{1 + 4yy}$.

Réfolution. Ce radical donne la fuite infinie $1 + 2y^2 - 2y^4 + 4y^6 - 10y^8$ &c.

Démonſtration. La fuite en queſtion eft fondée fur des opérations dont la bonté a été démontrée, au livre 1 de ce commentaire *pag.* 69 & fuivantes, lorfqu'il s'eft agi de réduire en fuite infinie les radicaux $\sqrt{aa - xx}$ & $\sqrt{aa + xx}$. Les voici dans le plus grand détail.

Quarré imparfait $1 + 4yy$.

Première Opération.

Premier quarré	1	(1ere racine 1
1er. refte	$+ 4yy$	

Seconde Opération.

Dividende	$+ 4yy$	
Divifeur	2	(2e. racine $2y^2$
Opérations indiquées par $2ax + xx$	$- 4y^2 + 4y^4$	
3e. refte	$- 4y^4$	

Troiſième Opération.

Dividende	$- 4y^4$	
Divifeur	$2 + 4y^2$	(3e. racine $- 2y^4$

Opérations indiquées
par $2ax + xx$ $- 4y^4 - 8y^6 + 4y^8$
3e. reste $+ 8y^6 - 4y^8$

Quatrième Opération.

Dividende $+ 8y^6 - 4y^8$
Diviseur $2 + 4y^2 - 4y^4$ (4e. racine $4y^6$
Opérations indiquées
par $2ax + xx$ $+ 8y^6 + 16y^8 - 16y^{10} + 16y^{12}$

4e. reste $- 20y^8 + 16y^{10} - 16y^{12}$

Cinquième Opération.

Dividende $- 20y^8 + 16y^{10} - 16y^{12}$
Diviseur $2 + 4y^2 - 4y^4 + 8y^6$ (5e. racine $- 10y^8$

Probléme. 3. Appliquer la formule de l'article 192 des
Élémens d'algébre de M. l'Abbé de la Caille à la quantité $(1 - yy)^{-\frac{1}{2}}$.

Résolution. Le résultat sera $(1 - yy)^{-\frac{1}{2}} = 1 + \frac{1}{2}y^2$
$+ \frac{3}{8}y^4 + \frac{5}{16}y^6 + \frac{35}{128}y^8$ &c.

Démonstration. 1°. La lettre m de la formule de l'article
192 devient égale à $-\frac{1}{2}$.

2°. Dans cette même formule $a = 1$, & $b = yy$; donc
la formule en question devient $1 - myy + \frac{m. \overline{m - 1}}{1. 2} y^4$

$- \frac{m. \overline{m - 1}. \overline{m - 2}}{1. 2. 3} y^6 + \frac{m. \overline{m - 1}. \overline{m - 2}. \overline{m - 3}}{1. 2. 3. 4} y^8$ &c.

$3°. \ 1 - my^2 = 1 - \times - \frac{1}{2}y^2 = 1 + \frac{1}{2}y^2.$

$4^\sigma. \ + \frac{m. \overline{m - 1}}{1. 2} y^4 = + \frac{-\frac{1}{2} \times - \frac{3}{2}}{2} y^4 = \frac{3}{4}y^4 = + \frac{3}{8}y^4.$

$5°. \ - \frac{m. \overline{m - 1}. \overline{m - 2}}{1. 2. 3} y^6 = - \frac{-\frac{1}{2} \times - \frac{3}{2} \times - \frac{5}{2}}{6} y^6 =$

$- \frac{+ \frac{3}{4} \times - \frac{5}{2}}{6} y^6 = - \frac{-\frac{15}{8}}{6} y^6 = + \frac{15}{48} y^6 = + \frac{5}{16} y^6.$

$6°. \ + \frac{m. \overline{m - 1}. \overline{m - 2}. \overline{m - 3}}{1. 2. 3. 4} y^8 = +$

$$- \frac{\frac{1}{2} \times - \frac{3}{2} \times - \frac{5}{2} \times - \frac{7}{2}}{24} y^8 = + \frac{+ \frac{3}{4} \times - \frac{5}{2} \times - \frac{7}{2}}{24}$$

$$y^8 = + \frac{- \frac{15}{8} \times - \frac{7}{2}}{24} y^8 = + \frac{+ \frac{105}{16}}{24} y^8 = + \frac{105}{384} y^8 =$$

$$+ \frac{35}{128} y^8 \text{; donc } (1 - yy)^{- \frac{1}{2}} = 1 + \frac{1}{2} y^2 + \frac{3}{8} y^4 + \frac{5}{16} y^6$$

$$+ \frac{35}{128} y^8 \text{ \&c.}$$

7°. Tout ce qui peut arrêter un commençant dans le calcul précédent, c'est de voir (*num.* 5) $\frac{15}{48} y^6 = \frac{5}{16} y^6$, \& (*num.* 6) $\frac{105}{384} y^8 = \frac{35}{128} y^8$; mais qu'il réduise ces deux fractions à de moindres termes, en les divisant par 3, \& il trouvera le même résultat que l'Abbé de la Caille.

8°. Tout homme qui a résolu les deux derniers problêmes, doit lire sans peine le chapitre de la rectification des courbes. Le problême suivant a rapport à la cubature des solides.

Problême 4. Trouver par le calcul la solidité d'une sphére.

Résolution. La solidité de la sphére entière est égale aux deux tiers du produit de l'axe par la surface de son grand cercle.

Démonstration. 1°. L'expression générale de la cubature ou de la solidité d'un élément d'un solide de révolution est $\frac{cy^2 \times dx}{2r}$ (*num.* 975), \& l'intégration de cette expression donnera la solidité entière de ce solide.

2°. Puisque la sphére est produite (*num.* 660 des élémens de géométrie) par la révolution d'un cercle, je nomme r le rayon du cercle générateur de la sphére, \& l'équation à ce cercle devient (*num.* 768 des sections coniques) $yy = 2rx - xx$.

3°. Substituons la valeur de yy dans la formule $\frac{cy^2 \times dx}{2r}$, nous aurons $\frac{2crxdx - cxxdx}{2r} = cxdx - \frac{cxxdx}{2r}$.

4°. Intégrons cette dernière formule, nous aurons

$$\frac{cx^{1+1}}{2} - \frac{cx^{2+1}}{3 \times 2r} = \frac{1}{2} cxx - \frac{cx^3}{6r}, \text{ c'est-à-dire, nous au-}$$

rons la folidité d'un fegment de fphére dont le rayon eft r, & l'épaiffeur x.

5°. Lorfqu'il s'agit de la folidité de la fphére entière, l'épaiffeur x devient $= 2r$.

6°. Subftituons $2r$ à x dans la formule de *num.* 4, nous aurons $\frac{4crr}{2} - \frac{8cr^3}{6r} = \frac{4crr}{2} - \frac{8crr}{6} = \frac{24crr - 16crr}{12} = \frac{8crr}{12}$

$= \frac{2}{3} crr = \frac{2}{3} \times 2r \times \frac{1}{2} cr$.

7°. $2r$ repréfente l'axe de la fphére en queftion, & $\frac{1}{2} cr$ la furface d'un grand cercle quelconque; donc la folidité de la fphére entière eft égale aux deux tiers du produit de l'axe par la furface de fon grand cercle.

Le dernier chapitre des élémens des Mathématiques de M. l'Abbé de la Caille roule fur la *méthode inverfe des tangentes.* Il ne dit, il eft vrai, que deux mots fur cette matière, mais il les dit de la manière du monde la plus claire pour ceux qui fe rappellent les formules différentielles comprifes entre les articles 935 & 944, & pour ceux qui fçavent que l'équation au cercle eft $yy = 2ax - xx$, lorf-qu'on fait le diamètre du cercle $= 2a$ (*num.* 768 du Traité des fections coniques); que l'équation à la parabole dont on fait le paramètre $= 2a$, eft $yy = 2ax$; & qu'elle fe-roit $2x = yy$, fi le paramètre étoit fuppofé $= 2$ (*num.* 819 du Traité des fections coniques). Vous voilà main-tenant en état, M., de vous conduire vous même dans l'étude des Mathématiques. Je connois affez la trempe de votre efprit, pour vous affûrer que vous êtes en état de faire dans cette fcience les progrés les plus furprenans, fi vous voulez vous y addonner uniquement. Perfonne ne prendra plus de part à vos fuccés, que celui qui fera toute fa vie avec l'attachement le plus inviolable &c.

FIN.

TABLE

Des Matières contenuës dans cet ouvrage.

O iv

mettent cette démonſtration à la portée des commençans 181.

F I N.

Fautes à corriger.

Page	9	ligne 14	b	liſez	b^3
Page	41	ligne 1	$-\dfrac{50+10.}{2}$	liſez	$-\dfrac{50}{2}+\dfrac{10}{2}$
Page	63	ligne 24	terme		retranchez ce mot.
Page	86	ligne 11	ont	liſez	ſont
Page	164	ligne 37	CM	liſez	GM
Page	187	ligne 25	$—m$	liſez	$—\dfrac{m}{n}$
Page	192	ligne 25	courbure	liſez	courbes
Page	200	ligne 20	973	liſez	953

Par inattention on a mis 2 fois *lettre ſeptième* au Livre premier de ce commentaire.

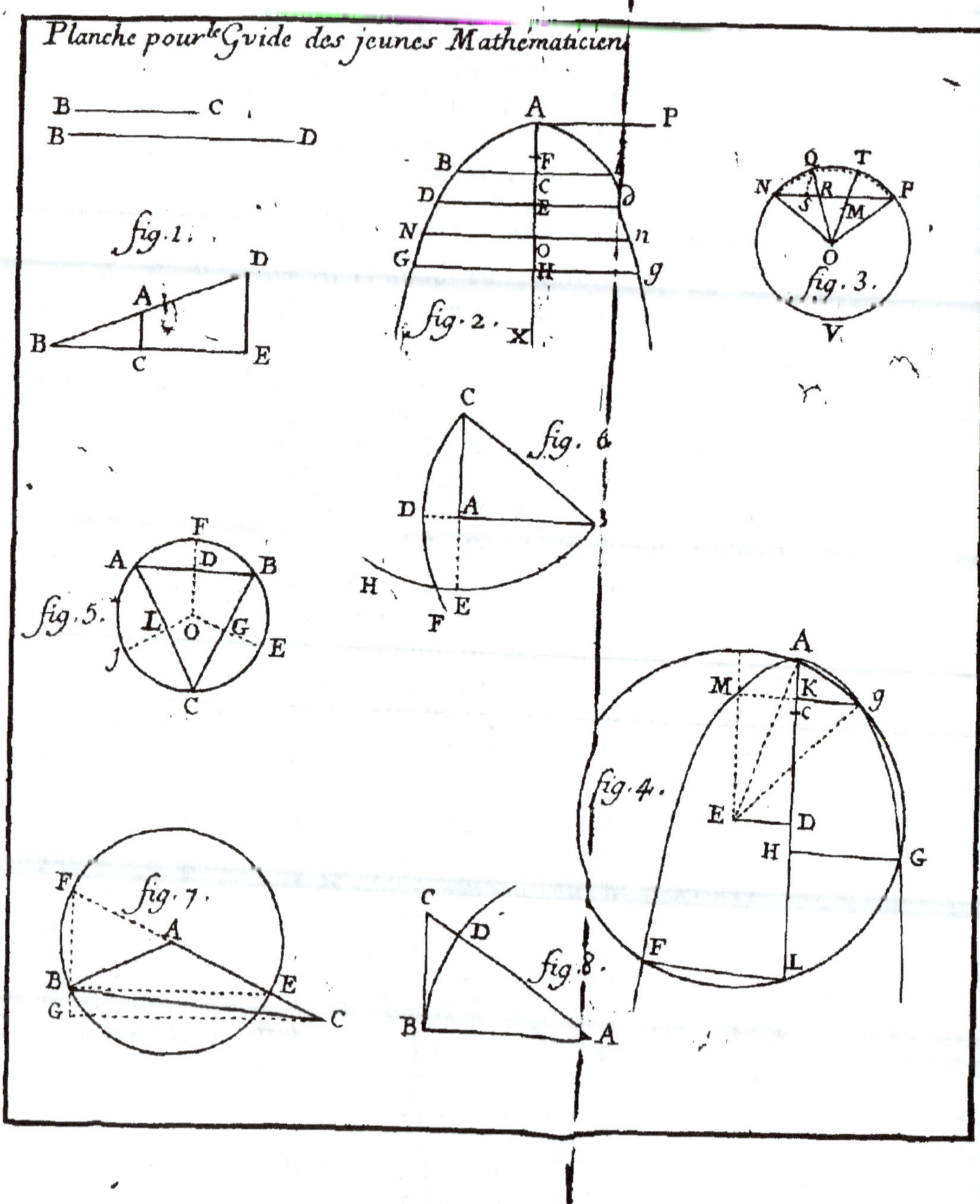

Planche pour le Guide des jeunes Mathématiciens
B — C
B — D
fig. 1.
A
B C E
fig. 2.
A
B F C
D E
N O
G H X
P
Q T
N R P
S M
O
fig. 3.
V
C
fig. 6.
D A
H
F E
F
A D B
L O G
J E
C
fig. 5.
A
M K g
c
fig. 4.
E D
H G
F L
F
fig. 7.
A
B E
G C
C
D
B A
fig. 8.